LOCUS

LOCUS

LOCUS

LOCUS

from

vision

from 32　遞進民主
作者：王力雄
特約編輯：陳俊斌　責任編輯：湯皓全
法律顧問：全理法律事務所董安丹律師
出版者：大塊文化出版股份有限公司
台北市 105 南京東路四段 25 號 11 樓
www.locuspublishing.com
讀者服務專線： 0800-006689
TEL ：(02) 87123898　FAX ：(02) 87123897
郵撥帳號： 18955675　戶名：大塊文化出版股份有限公司

總經銷：大和書報圖書股份有限公司　地址：台北縣五股工業區五工五路 2 號
TEL ：(02) 89902588 (代表號)　FAX ：(02)22901658
排版：天翼電腦排版印刷有限公司　製版：源耕印刷事業有限公司
初版一刷： 2006 年 2 月

定價：新台幣 380 元
Printed in Taiwan

遞進民主

王力雄 著

目次

III 以遞進民主實現中國的平順轉型

引言：中國需要第三條路

「第三條路」（The Third Way）及類似的辭彙，在上個世紀大部分時間中都有不同的人在用，展現了人類希望超越現實世界二元格局的長久願望，同時也暴露出二元格局的長久存在，以及人類選擇的貧乏。當今中國也面對這樣一種二元對立——不是中共體制，就是西式民主，二者相互否定，不共戴天。即使人們對兩者各有批判或懷疑，也會不自覺地陷入再無他物、只可二者擇一的思維定勢。這種結果使不少中國人沒有因此選擇民主，而是選擇了現狀。現狀固然不令人滿意，畢竟還能穩定生存，實行民主的前途卻是吉凶難卜。從這個角度看，非此即彼的選擇並非有利於民主。

一個開放系統應該容許懷疑和超越，民主也是這樣。不能斷言當前世界已經擁有了一切，只需選擇一個去效忠就足矣。同樣，我也懷疑「拿來」西方民主就能解決中國的問題。人們做一個小小工程都會搞出幾個方案反覆評估，在面對改造中國的大業時，怎麼可以只信賴一種模式？

從這個意義上，我認為中國應該有「第三條路」。近代政治的特點是不同主義你死我活，理想和現實分道揚鑣。以往的經歷證明，以主義為出發點，結果總會難以和現實互補。也許我們應該從另一個方向著手——以面臨的問題為出發點，尋找解決的方法，而讓主義在對問題的解決中體現。

「遞進民主」正是我在這方面思考的結果。它首先是一種方法。「遞進」既指時間和範圍的漸進，更主要的是指由「逐層遞選制」和「遞進委員會制」形成的一種遞進結構。這種結構既能避免社會轉型對中國社會造成震盪，最終又能實現自由、民主與共和的理想。

我知道眼下思潮對制度設計普遍反感。波普爾（K. Poper）對總體論的批判及其「零碎工程學」基本上成為大陸思想界、學界的共識。然而美國從一片荒原變成超強大國，當年那幾十個集聚費城的人類頭腦殫精竭慮設計的美國憲法，正是決定因素之一。美國憲法二百年不變，中國憲法十來年一換，後者要「零碎」得多，何以論定「零碎」就比「總體」要好？

既然歷史發展受人類能動的強烈影響，設計就不會沒有作用，當然不會都是好的作用，甚至多數是壞的。然而毛澤東、希特勒等人是不會因爲學界喜歡「零碎」就不搞總體的。我們不能因爲批判總體主義，就放棄對總體的考慮和把握。哪怕只爲防止總體性的破壞，就已經離不開總體性的防範和應對，否則只能被動地等著二戰或文革降臨。

何況，「零碎」能夠演變連續的過程，卻不一定具有從根本上改變道路的能力。對於已經在物質主義路上深入挺進的人類，能否依靠「零碎」而自拔是令人懷疑的。在這一點上，我堅信人類需要一種總體改變，否則必會陷入窮途。當然，這種總體改變不能來自救世主、英明領袖或老大哥，而是需要通過制度變革而實現人類的自我節制。這是我對遞進民主制更深一層的期望。

我曾把遞進民主制的主要原理寫成《溶解權力》一書（明鏡出版社，一九九八年，http://www.dijin-democracy.net/wanglx/index.html），該書是爲了建立框架。這本書則是結合現實問題具體展開。我的主要目的在於拋磚引玉。因爲找到能讓中國走出困局的「第三條路」，個人是不足承擔的，需要心繫中國命運的人們共同努力。

I

中國政治轉型的困境

1　中共自我改革是中國之幸

一、亂不起的中國

中國的政治改革：可控或失控

中國需要政治改革，對此沒人有異議，分歧只在怎麼改，那麼爲何談了多年卻無實質動作？通行的解釋是中共只把政治改革掛在口頭，實際並不想改。中共無疑有很多只想抓權得利的人，「死後哪怕洪水滔天」，但肯定也存在有識之士，有社會責任感，也能看到歷史的趨勢，以及危機到來的緊迫。鄧小平、胡耀邦、趙紫陽都曾做過政治改革的努力，並非都是假的，然而並未觸及中國政治的實質。政治改革不是無法落實，就是半途而廢。

僅把原因歸於當政者的道德，不能解釋一切。不弄清根本問題所在，也就不能指望各方面都不比鄧、胡、趙更強的中共後來者可以啓動政治改革，或者啓動了也會同樣夭折。今日中共當政者迴避政治改革，除了出於保守，也是因爲沒有看到出路。

而目前體制外所主張的政治改革，基本上是照搬西方體系。那是否適合中國，或怎樣與中國的根基接合，雖有重重疑問，尙爲下步問題。首先要考慮的是會不會導致「亂」。

正是怕亂的心理，成爲中國政治改革的主要障礙之一。不解決這個問題，哪怕是再開明的當政者也不會啓動改革，即使啓動了也不會得到多數社會成員回應。有人認爲亂只是亂了當政集團，中國和人民卻會從中得到好處。但是在我看來，更怕亂的不是當政者，正是中國和人民。

我把亂分爲兩種，一種是可控的，一種是失控的。可控的亂意味著社會還能保持整體秩序與協調，亂的只是局部。對這種亂不必特別擔心，即使人民因此生活困難，但不會活不下去；國家一時衰敗，但不會亡國，社會終能走出谷底，完成改革的過渡。

失控的亂則是崩潰，社會失去整體性整合，法律秩序蕩然無存，國家和民族陷入災難，即使最終重新穩定，也將導致文明倒退、國土分裂、人民大量死亡。那種亂是毀滅性的，概率再小也不能掉以輕心，何況對中國而言，概率並非很小。

主張西式民主的人士往往只談可控狀態，不考慮出現失控的可能，或只是簡單否定。然而當政者也好，老百姓也好，都不會認爲可控狀態是不證自明的。要解除各方對政治改革的顧慮，靠的不是迴避，而是要直面各種可能，把亂當作必須下功夫研究的問題，把對亂的防範和解決當作政治改革的起點。即使是理念再好的政治改革，只要有導致亂的可能，就需要割愛。我認爲，中國的政治改革只能從這個角度切入——因爲怕亂而改革，保證不亂才改革。找到能夠避免失控之亂的途徑，實爲啓動中國政治改革的關鍵。

玻璃桶裝散沙的穩定

中共曾擁有「鐵桶江山」，既不怕內部折騰，也不怕外部打擊。毛時代的內部鬥爭和國際對抗幾乎無休無止，卻未曾感到政權恐慌。現在的中共因爲失去了信仰粘結，「鐵桶」變成了「玻璃桶」。從材料學的角度論，玻璃的硬度不比鐵差，只是分子間的結合變弱，也就是通常所說的「脆」。對這種「玻璃桶」，無論是來自內部的擊打，還是來自外部的震盪，都容易造成破碎，且一碎就是粉碎。

想保持玻璃不碎，唯一的狀態是穩定，因此中共政權把「穩定壓倒一切」當作頭等大事，一點也不奇怪。

爲了避免來自內部的擊打，當政者的做法是讓桶裏裝的只有散沙，沒有結成「塊」的物體，也就是不允許存在政權以外的其他政治組織與民間整合。六四以來的當政集團於此卓有成效。今日中國除了政權體系外，幾乎皆爲散沙狀態，而散沙無論如何是無法挑戰桶的。即使是玻璃桶，對散沙而言也強大無比。因此中國目前這種前所未有的穩定，並非因爲「桶」的堅固，只是因爲散沙的無力。

如果啓動西式民主的政治改革，隨之出現的反對黨、自由輿論、公民社會等，相當於把散沙凝聚爲塊狀物體，並使其進入運動和衝突狀態，「玻璃桶」就可能被塊狀物體打碎。這是當政者最爲擔心的事，但也不能簡單地認爲對中國而言就是好事，因爲在多數散沙還沒有凝聚起來的情況下，「玻璃桶」突然破碎，結果將是散沙四處飛揚，落入所謂「粉末化」的亂局。

那麼反過來說，是否當政集團只要確保桶內裝的總是散沙，就可以保證「玻璃桶」永遠不碎呢？那當然也是幻想。因爲一個政權只能做到讓國家內部是散沙，卻不能做到讓國家外部也是散沙。事實上，在中國「玻璃桶」的外部，國際社會「巨石」林立，遍佈強大的實體和難以預測的能量。無論國家間的衝突、全球化的經濟危機，還是SARS一類的災難，都可能造成意想不到的震盪，暴露出中國「玻璃桶」的脆弱。對此，伊拉克的薩達姆政權便是例證。

因此，把內外安全合在一起看，一個政權之「桶」對外脆弱與對內強大有著相反相成的關係。「桶」之所以變成「玻璃」，正是因爲失去了內在凝聚力。一個社會越是能凝聚在一起，也就越有能力抵禦外部震盪。即使政權之「桶」一時破碎，社會也能維繫，民族仍會團結，且可以很快形成新的整合，避免落入整體崩潰。應該說，那才是眞正的穩定狀態，也是中國政治改革所要達到的目標。

整合中國繫於中共政權一身

一個眞正穩定的社會具有多重整合機制。從組織整合的角度，政權只是其中一種，還有宗教組織、民間組織、其他政黨等。表面上這種多元並存會發生競爭，製造衝突，但是從大局著眼，對保持穩定卻不可少。在多黨競爭的政治制度下，如果政權垮臺，反對黨馬上可以成爲新的核心，凝聚社會，使權力能夠和平有序地移交，從而保證不發生權力眞空造成的社會失序。

文化傳統、宗教信仰、道德倫理、意識形態等也是對整合社會發揮重要作用的機制；還有完善的法治，良好運轉的市場，以及服從憲法的國家化軍隊等，都會在社會日常狀態或危機關頭發揮應有作用。這些不同的整合機制或是同時運行，或是在某一機制失效時其他機制出來塡補。

而目前中國只剩政權的整體性整合。其他整合因素要麼已被剷除，要麼無法生長，都無法再擔負整體整合的功能。毛時代消滅了絕大部分傳統的整合機制，鄧時代又瓦解了毛時代所培育的替代機制，當今政權則把一切異己力量當作「不穩定因素」消滅於萌芽，於是中國只剩一個完全依靠行政體系和員警手段的一黨政權，巨細無遺地看管十三億人。

這種狀態下的中國，任何對政權的不服從都是以卵擊石。社會被政權指揮棒隨意指揮。然而這樣的穩定伴隨著非常嚴重的風險——只要政權喪失功能，整個中國就會落入整合眞空，失控和崩潰也就會隨之發生。因此在我眼中，這種穩定恰恰是中國社會的危機所在。

正是從這個意義上，有人認爲中共把中國變成了人質——只要中共亡，中國就得同歸於盡。隨之也就有了這種邏輯：不想讓中國亡，就得讓中共統治維持下去。

且不管這種人質關係的形成是處心積慮還是自然而然，卻已經是需要面對的現實。在當政者以怕亂爲由迴避政治改革時，無法簡單斷言僅是出於對自身垮臺的擔心，因爲中國的確也會被同樣的原因帶進險境。雖然這裏存在著不言而喻的不公，但如同面對綁架首先要考慮人質安全，而非對綁架者的義憤一樣，我們現在的任務首先也是要考慮中國的安全，不能讓中國落入險境。

阿凡提打油：毛澤東與鄧小平

文化有審美、娛樂、傳播知識等功能，最重要卻是規範與調整社會成員的關係。那種整合只能出自完整的文化結構。具象地比喩：中國文化的結構由「忠」、「孝」、「仁」、

「義」四根支柱搭建。「孝」是核心，向上延伸爲「忠」，橫向擴展爲「義」，向下普施是「仁」，互爲支撐，形成一個完整框架，再衍生出中國文化的意義、價値、倫理與道德的體系。

毛時代實行公有制，與立足於私有制基礎的「家」文化不能相容，必然要求「家」與國家分離，並視「家」爲國家之威脅，因此導致對中國文化的根本解構。在那個年代，除了「偉大領袖」所需要的「忠」，並且將其推向極端，文化結構的其他支柱都遭到徹底砍伐。

然而缺少「孝」、「仁」、「義」從縱橫方向的支撐，一個孤零零的「忠」不可能保持穩定。隨著毛離開人世，被其全部據爲己有的「忠」再無他人可以繼承；同時鄧的改革一方面解構毛的神性，一方面爲促成經濟起飛而「下放權力」，進一步消解國家和中央權威，最終僅剩的「忠」也被砍倒。

文化結構倒塌使道德倫理失去依附而枯萎，鄧時代的物質主義氾濫與「獨生子女」政策更是雪上加霜。失掉文化整合的社會疏離爲億萬個體，每個個體都在無制約地惡性膨脹，彼此排斥或衝突。

維吾爾民間故事有這樣一段：阿凡提奉老婆之命拿碗去打油，碗裝滿後油還剩一點，店家問放哪，阿凡提把碗翻過來，把剩下的油放在碗底凹槽裏。阿凡提端著那點油回家，老婆問其他油在哪？於是阿凡提把碗再一翻。對於中國文化結構而言，毛澤東翻的是前面那一下，鄧小平翻的是後面那一下。現在，中國的碗裏已經一無所有。

社會是個人的結合，因此社會的有效整合不應該出自強制，而是文化賦予社會成員的自覺。如果有這種自覺，即使政權喪失了對社會的整合，社會成員之間也能保持協調關係，避免社會墜入混亂，爲重建政權整合爭取到緩衝時間。然而對文化結構倒塌了的中國而言，這一點已無指望。

生態之門將在管理危機時關閉

一個失去政權整合和文化整合的社會，最後一個承托是生態。如果生態良好，地廣人稀，自然產出豐富，人們在最糟情況下能靠農耕或採集狩獵而活，可以不必殘殺爭奪，等待社會實現新的整合。然而中國對此也無指望。

有人會表示反對：中國現在並無短缺問題，而是生產過剩，是積壓的農產品賣不出去，何以認爲中國的生態不夠維持中國人生存？的確，當前人類即使在百孔千瘡的生態環境中也能生產足夠產品，不但滿足需要，還有過剩。然而這種狀況的本質在於——絕大部分產品不是來自生態「表面」，而是從生態「深層」壓榨出來的。

生態「表面」的產出指的是依靠小規模協作和簡單勞動——如傳統農耕、放牧、採集和狩獵等——就能獲得的資源。古代人類只需要這種資源就能維持生存。而要把生態「深層」的資源壓榨出來，必須具備三個因素：大規模社會協作、複雜勞動和科學技術。保證這三個因素的前提是組織和管理。

具體舉例，中國目前的農業離不開以石油天然氣爲原料的化肥，否則僅糧食一項，產量就會下降一半。化肥怎樣變成糧食？所謂生態「深層」的概念對此非常直接——石油天然氣正是從地殼之下開採出來的；要投入龐大資金，調動衆多人員；要建造管線或油輪運送，透過煉油廠和化工廠製造出化肥；還得有覆蓋全國的分配網路和運輸系統，才能把化肥送達萬家農戶，下到地裏，最終變成中國的一半糧食產量。可想而知，實現這樣一個用生態「深處」能量供養人類的過程，絕無任何力量可以獨立完成，只能靠社會的整合。

而在社會整體性整合全被中共政權把持的中國，一旦政權垮臺，就意味整合功能喪失。先不考慮其他方面的問題，只要上述石油開採、提煉製造、資金、分配和運輸鏈條上任一環節中斷，中國很多農田就會陷入沒有化肥可施的境地。那時，即便幾億農民都能處驚不亂地保持正常生產，糧食總產量也會減少很多，當前的「糧食吃不了」立刻就會變成大饑荒。

這裏舉的僅是化肥一例，類似情況在每一個能量鏈條或物流鏈條上都會出現。饑荒已足以造成危機，何況饑荒還會與生產繼續下降形成循環，導致壓榨生態「深層」的生產體系徹底解體。在那種情況下，生態環境遭到破壞的危害就會凸顯出來——生態「表面」無法提供維持人類生存的基本資源，因此在社會重新整合、恢復對生態「深層」進行壓榨的能力以前，難以避免大批生命的喪失。

計算中國崩潰可能導致的死亡

如果中國發生政權崩潰，失去壓榨生態深層資源的能力，只靠生態表面產出，可以維持多少人的生存？我希望各方專家做一次定量計算——在中國的天上、地上和水裏，自然產出的可食用動植物能有多少？而在沒有化肥、農藥和良種條件下的農牧生產，又能收穫多少糧食，餵養多少牲畜？

我對此相當悲觀。中國面積雖不小，但一大半是高原、雪山、沙漠和戈壁，很多地方寸草不生。爲數不多的平原、草場和森林已在掠奪性開發中嚴重退化。最樂觀的估計，我也不認爲夠養活現有中國人口的三分之一。

問題還在於，即使知道有三分之二人口養活不了，也不可能讓他們離開中國，只能讓十三億人擠在一起爭搶中國境內的稀少資源。可想而知競爭會達到何等程度，導致情況變得更糟，因爲即使是自然經濟的農牧業，也得有基本穩定的環境。假如連種籽都要遭搶，或者是剛出生的牛羊也被饑民吞食，就不會有人願意生產和能夠生產。

落到那種境地，必然出現由饑餓、瘟疫，以及相互殘殺造成的大規模死亡。死亡何時停止，取決於何時出現平衡點——即生存資源和存活的人口調和、人們不再相互爭搶也能活下去的時候。只有到了那個平衡點，社會才有回歸穩定、重新整合的前提。

不言而喻，生態資源在那種狀況下不可能增加。若是沒有其他資源的輸入，要達到平衡點就只能靠人口減少。要減少到怎樣的程度？對遠古人類進行的研究顯示，以採集狩獵爲生，維持一個人長期生存平均需要一平方英里的土地。我們假設只需要一平方公里，中國全部面積能養活的人也只有九百六十萬。當然，今天的人類會比遠古人類知識多，能力大，把各種有利因素都考慮進來，讓存活人口增加十倍、二十倍、三十倍……，也才不過二、三億。那就意味著死亡人口將超過中國現有人口的大半。

國際社會能否救中國

很少有人正視中國發生全面崩潰的可能，追問理由，大都會提到國際社會——難道世界能坐視中國毀滅而不救？中國如果崩潰，不也是全球災難？

的確，中國命運會影響到全球安危。但即使國際社會有救中國之心，又有沒有救中國之力？中國不是蕞爾小國，幾場大牌歌星的義演就夠救濟。如果中國沒了飯吃，誰能給十三億人提供食物呢？

慈善行爲一般只會拿出財富的零頭。要救濟十三億人，很多國家就得讓自己的人民忍饑挨餓，何以指望？當年西方爲鼓勵俄羅斯民主做出不少許諾，然而相對於俄國的規模，再多援助也只是杯水車薪。中國人口是俄國的六倍，更難指望。

再想像中國落入無政府狀態，能否靠國際社會幫助重建秩序？伊拉克人口只有兩千多萬，幾十萬聯軍長期無法平息那裏的混亂。依此類推，未來的國際社會得派多少軍隊和人員進中國，才能管得住十三億人的社會呢？

何況國際社會並不是一部高效機器。只有中國面積一八九分之一、中國人口二五〇分之一的波士尼亞—赫塞哥維納（Bosnia and Herzegorina），當年在歐洲心臟打了那麼多年戰爭才盼到國際力量干涉。期待國際社會能齊心協力、自我犧牲地背起中國這樣一個巨大包袱，是一廂情願的幻想。

當然，更無法指望世界各國會接受中國移民。當年漂洋出海的越南船民只有幾十萬，已把世界搞得天翻地覆。一旦中國出現難民潮，其他國家最合理的反應就是封鎖中國，避免「黃禍」淹沒世界。

而中國人能否像我在《黃禍》裏寫的那樣衝破封鎖，走向世界呢？其實我當年寫《黃禍》時就知道沒有可能，只是不忍心讓那麼多人死，才編造出種種奇蹟般的條件（包括科幻小說裏才會出現的「薯瓜」），讓遷移人群完成旅程。我那時用計算機不停計算，分給哪個洲多少人，每個國家多少人，如何把人送過去，過海怎麼辦，步行怎麼走，多長時間，交通工具，往返次數，燃料用量……，一旦進入具體細微的計算，就會明白是根本無法完成的工程，也無法否認的確是能淹沒世界的「黃禍」。我之所以那麼寫了，只是因爲小說裏是我說了算。

如果中國眞的崩潰，實際情況會比任何想像都恐怖得多！即便把國際社會的作用想到最高，救下兩億人，已是頂了天，等於救下一個俄羅斯。然而對十三億人的中國，卻只是零頭，總的結局並未改變。

槍桿子已經不能出政權

今日中國與以往有了一點不同——因爲不再有文化框架支撐和生態底座承托，也就喪失了進行造反革命或奪權戰爭的基礎。

造反和戰爭是中國以往政權變化的主要方式。政權崩潰的情況也屢屢發生。那時通常會湧現形形色色的武裝集團，雖有不同名號，本質上都是軍閥土匪，相互征戰。直到打出個最大的土匪登基稱帝，就成了正統，再重建法律秩序。之所以有軍閥土匪混戰的可能，前提是過去的中國有文化框架支撐，或至少有生態底座承托，社會因此不會徹底墜落。

造反和戰爭顛覆秩序，破壞管理，從而降低社會對生態「深層」的壓榨。這種壓榨對今日中國不容鬆懈半分。中國政府之所以不斷追求經濟發展的速度（相當於壓榨生態的程度），就是因爲速度一降，產出減少，各種社會危機就可能隨之引發。日益緊密的「一體化」使管理體系特別容易發生連鎖反應，亂了一個開頭，就會進入「管理紊亂→產出減少→社會動亂」的循環，不斷加深。那時即使推翻了舊政權，社會也將繼續循環墜落，難以自拔。

具象比喻，沒有文化框架支撐和生態底座承托的社會就像走鋼絲，一旦失去平衡就只能一墜到底，不可能墜落一半再返回鋼絲上。所以且不談今日中國沒有發動革命的條件，即使眞能發生革命，結果也是同歸於盡。

權力之間的戰爭也是一樣。暴力的作用不再是無限。一個社會失去了文化結構支撐，人與人、團體與團體間的衝突就會大於合作。再加上生態資源緊缺，更會加劇彼此爭搶，從而導致衝突不斷擴展，生產持續萎縮。那時只有到處奔走的饑民，還有什麼權力可爭？所謂的打天下、占地盤不都等於是自找負擔？我問過歷史學家秦暉，中國史書上描寫的十室九空、餓殍遍野，土匪還有什麼可搶？秦暉說搶的是人，不為別的，是為吃。那時的生產就是醃製人肉，行軍時後面一串大車拉著醃人肉的大缸。中國歷史人口最多時也不過現在的三分之一，生態比現在好很多，都落到如此慘狀，因此千萬不能認為「車到山前自有路」。一旦用「先變再說」的思路把中國推上失去政權整合的軌道，那軌道就可能帶著我們、以及整個中國一道滑向滅亡的深淵。

二、當政者自我改革的侷限與途徑

中國為何走不了俄國路

改革既是自上而下的行為，就只能由權力主導。即使基層自發改革，也要有高層權力同意才能合法和普及。而如何讓當政者接受改革，首先得考慮動力在哪。如果當政者沒有內在動力，光從外部推，改革是不會啓動和持續的。

一般而言，當政者的改革動力有二——或是可以利用改革得到利益，或是可以透過改革避免危險。先看前者。把當政集團視為一個利益環節結成的網鏈，能從改革獲得好處的環節會支持改革，受到損失的則會反對改革。如果得利環節占多數，當政集團就有內生的改革動力，改革便能順利進行；反之，多數環節受損，改革便很難推進。前二十五年的中國經濟改革之所以成效彰著，便是因爲當政集團普遍能從中得到好處，然而進行政治改革卻不一樣。

俄國是透過當政集團自我改革實現政治轉型的。雖然政治改革使原有當權者不能再把政治權力據爲私有，但是一方面他們控制的政治資源最多，即使在民主政治中也有掌權機會（如兩任民選總統都是當年的蘇共菁英），更有吸引力的是，政治改革能提供利用私有化進程巧取公有財產的機會，並在民主法治名義下使之變成合法私產。爲此即使失去政治權力，換來的財產也足以使他們繼續置身高層。況且西方民主制把私有財產奉爲神聖的性質，使得在民主制度下擁有財產比在專制制度下擁有權力更安全，並能終身享有，遺傳子孫。俄國的政治轉型儘管由多種因素共同促成，當政集團能從中撈取最多份額，因而有主動變革的動力，無疑有決定性的作用。

在中國卻不一樣。中國也有利用改革巧取公有財產的權勢集團，也希望將其財富合法化，甚至可以呼籲實行憲政保護私產。然而區別在於俄國是政治改革在先，權勢集團從一開始就主導了民主和法治的演進，使之成為爲其佔取公產提供合法性的工具，因此儘管有諸多不公，其佔有的財富在法律面前卻是「白」的。而中國是經濟改革在先，政治改革至今未動。從一時看，這可以爲當政集團提供最大好處，既不必支付制度變遷成本，避免政治改革對其權力造成威脅，又能利用經濟改革混水摸魚，把社會財富據爲己有。然而從長期角度觀之，沒有政治改革對合法性進行及時轉變，始終打著馬列旗號（儘管是掛羊頭賣狗肉），其佔有的財富在法律面前只能是「黑」的。且這種「黑」再也改不了顏色，因爲從法理上，法律不能追認以前的非法爲合法；從政治上，民衆也不會同意不再追究以前的非法。

曾經自鳴得意的經濟改革先行說，現在開始顯露原來看不到的層面——雖會一時順利，卻導致政治改革越來越難啓動的困境。因爲後行的政治改革不但不能爲當政集團利用經濟改革撈到的好處帶來合法性，反而失去專制政治的保護，很多人馬上會面臨法律追究與民衆清算。因此從總體而言，中共權力集團將不會有出自利益追求進行政治改革的動力。

中共能否出「聖人」

這裏用「聖人」之詞，不是就道德而言。只要是在「改革亡黨，不改革亡國」的選擇之間，最終選擇救中國的中共當政者，不管是出於什麼動機，都可歸入這類「聖人」。

當政集團主動進行政治改革的另一動力來源——以改革避免危險，在中國目前政體下也很渺茫。皇朝時代江山是自家所有，皇位傳給後代，所以明事理的皇帝都會有及早解決潛在危險的動力，避免危險拖到積重難返的地步。毛時代是終身掌權，有創造新世界的藍圖，也要保持「江山萬代紅」。今天變成了任期制（一般是兩屆、十年），表面上是一種進步，但因爲專制制度本質依舊，僅實行任期制則會導致一種既非民主、反倒更不負責的短期化心態和行爲。

政治改革是一項很大的「系統工程」，需要的週期也許遠超過當政者任期。也就是說，危險可能不在現任當政者眼前，成果也不能由現任當政者收穫，那麼何必要啓動改革，在自己任期支付改革成本，承擔社會衝擊及官僚集團的不滿呢？合理的選擇應是只求自己任期安穩，進取則是儘可能地攫取和揮霍資源，爲自己任期增添盛世光彩，至於任期之後會發生什麼，已經與己無關。

其實今日中共當政者如何不知中國政治遲早要改，越晚改越麻煩？但只是想方設法把危機往後推，只要不會在自己任期爆發，就儘量不碰。然而臨到危機爆發再改，又如何來得及？所以，能按政治改革週期的需要提前啓動改革，必有高瞻遠矚的眼光和承擔風險的勇氣。

在權力集團整體沒有改革動力的情況下，中國能否啓動自上而下的政治改革，取決於能否出現這種「聖人」——其興趣不全在權力（權力只是「建功」手段），還在「改變歷史」。這並非要求其眞如「聖人」般無私，只是野心再大一點而已——去追求「劃時代」的永恆，而不甘心混同於過眼雲煙的萬千弄權者；或者哪怕只是把謀私角度擴展一下——從政治改革中尋求權力鬥爭的法寶，這是迄今唯一尚未挖掘的資源，雖有風險，也有誘人的寶藏。

無疑，這需要兼備非凡的勇氣和謀略——因爲其所做之事是對專制政權的背叛，卻又需要利用專制政權的資源；改革將遭受整個官僚階層的對抗，又必須透過官僚體系貫徹；面對亂不起的中國，其不能做一了百了的戈巴契夫，只能學循序漸進的蔣經國。而在比臺灣大百倍的大陸，對付比臺灣總人口還多的官僚集團，需要的才幹又何止於蔣？

這樣的「聖人」簡直是百年不遇呀！何以指望能在逆向淘汰人才的中共體制中出現？沒錯，這是奇蹟。正因爲是奇蹟，能否產生以及如何產生就無法討論，只能期望而已。命運不可寄託於奇蹟，如果這種奇蹟不能發生，當政集團自我改革就希望渺茫。中國的政治轉型主要就得在體制外進行，難免承受更多曲折和更大動盪。

中共難出「聖人」的侷限

中共六千多萬黨員中的普通黨員和中國普通百姓一樣，不屬於當政集團，他們會擁護有利民衆的政治改革。當政集團則分爲兩部分：官僚階層和高層當政者。前者會強烈反對政治改革，後者雖然多數也不例外，但其中若有異數，卻能發揮不同於一般的作用。

人到了權力頂峰，多少都會萌生「名垂青史」的願望。最能給今日中國「劃時代」的是政治改革，這一點恐怕無人不知。政治改革中有資源，明白人也都看得出。然而「聖人」並非有心就能當，政改資源也非隨便可以用。首先要有途徑。如果明擺著政改結果只有社會失控和身敗名裂，誰會去碰？反之，若能確保成功，樂於一試的當政者就可能比較容易出現。

由於專制體制的侷限，中共當政者是很難自己找到這種途徑的。一是其時間、精力被日常政務佔據，很少能從事超越性思考，更不要說新型政治道路的體系構建；二是其長期浸淫體制形成的思維定勢，已失掉突破已知模式的創造性；三是中國更根本的危機在文化解體和生態毀壞，解決問題的出路因此不能只靠權力，然而中共當政者擅長用權，解決文化與生態難題的素質卻嚴重缺乏。

不錯，當政者可以招聘幕僚，但幕僚是以效忠換取賞賜的食客家臣，與主人結成同生共死、榮辱不分的關係，如何指望他們去設想讓主人放棄權力，同時讓自己失去蔭蔽的政治改革呢？

當政集團的局限性可以從中共自身理論的百孔千瘡看出來。無論其高層當政者，還是其機構與幕僚，都沒有能力對意識形態做出像樣的修補，任其潰爛爲謊言代稱和民眾笑料。一個眼中只有權力的集團不會有精神創新的追求與活力，也無從開發出新的思想資源。創建新的思想體系、尋找新型政治道路所需的自由立場、深厚哲學及人文積澱，都是當政集團不具備、也無法從其內部獲得的。

所以，考慮中國的政治改革，一方面要看到最佳途徑是當政者自我改革，同時也要看到僅靠當政者自身無法完成。權力能夠推動改革進程，但是改革的靈魂——思想體系、深層關懷和體現變革理念的方案，都需要從另外的管道而來。

獨立思想者的角色

所謂「獨立思想者」含義廣泛，這裏特指在體制外對中國政治轉型進行思考的人士。「獨立」的含意是不依附政權體制；「思想者」並非漢語辭彙的「知識分子」，來自社會任何階層皆不拘。

獨立思想者並非是一個整體。他們可能互無聯繫，觀點相左，甚至針鋒相對，但他們為中國的政治改革提供了一項民間思想資源。當政集團無法逾越的侷限，只有他們才能突破。由此可以說，獨立思想者是中國政治改革的必要條件。

獨立思想者並非都自創體系，他們專業不同，興趣不同，關注對象分散於不同領域，但批判現實、警告危機、「報憂不報喜」是他們的共同特點之一。雖然預言災難不受歡迎，發生作用的方式又是「預言的自我否定」——即危機可能被預言引起的防範避免，從而使預言淪爲虛假，然而這種批判、警告和經常不兌現的預言，對保持社會清醒、促使當政者自我改革，卻是必不可少的棒喝。

獨立思想者的另一功能是解決「怎麼辦」的問題，包括尋找中國政治轉型的方向與路徑。他們是理想主義者，不會放棄終極正義，同時也是現實主義者，善於從「能夠怎樣」入手而不浮誇於「應該怎樣」的空談，卻又不把「能夠」僅當成無可奈何的妥協，而是推動「能夠」不斷擴大，並在其中埋下達到「應該」的脈絡。

如何避開轉型過程的險境，防止失控和亂局，這種思考對今日中國絕非只是技術問題，而是政治改革的關鍵。正是在這一點上，獨立思想者充當了當政者能否出「聖人」的前提。雖然有了這種思考不一定就會出「聖人」，但是沒有這種思考則一定不會出「聖人」。

獨立思想者不會把希望寄託於「聖人」，卻會盡最大努力爭取這種於社會最有利的和平之路。從這個角度，獨立思想者雖然不會成爲「幕僚」、「智囊」、「帝王師」，卻不怕被當政者「利用」——因爲思想實現的方式就是被利用。權力利用思想之時，也就是思想利用權力之日。

獨立思想者不追隨權力，也不追隨群衆。以往靠戰爭、奪權進行社會變革，人多勢衆最爲有效，群衆因此是需要依靠的對象，而今中國的困境深入到文化與生態層次，恰是在這些方面——道德喪失、信仰淪落、物欲橫行、掠奪和破壞生態——群衆本身即是危機本身。透過人多勢衆的方式解決這種危機，無異於南轅北轍。因此，保持對群衆的批判和引導，找到使群衆自我節制的方式，是獨立思想者的另一使命。

任何時代都有獨立思想者存在，今日中國對這種角色的需求最爲迫切。

思想引導權力

權力體系、文化結構、生態底座是整合社會的三種基本機制。當前中國失去了文化結構與生態底座，社會整合維繫於中共政權。而中共政權如立足流沙，沒有多重整合機制共同支撐的基礎，眼下看似穩定的中國，實則離災難僅一步之遙——何時這個政權出問題，中國就可能落入崩潰。

以往中國沒有三種整合機制喪失其二的情況。只要有文化結構支撐和生態底座承托，總能給社會提供基本穩定，以及震盪時的緩衝，因此以往社會變革可以透過權力更替來進行，「歷史規律」也總是以權力之間的「物競天擇」來體現。在那樣的時代，思想起不了決定作用，大多只是面對具體問題的「後知後覺」，或是在權力鬥爭中效力某方的工具。那時的社會變革不一定需要思想指導，完全可以在「不知不覺」中往下走，頂多代價大一些，曲折多一點。思想扮演的角色或是依附權力的策士，或是遠離社會的隱士。

馬克思主義是一次「先知先覺」的思想主動引導歷史的實驗，然而當時社會沒有這種引導仍可自行發展——這大概是馬克思主義未獲成功的原因之一。但是今天的中國不同，由於只剩下政權整合，還如以往那樣透過權力鬥爭實現社會變革，無法避免新舊權力交替出現整合眞空，從而引發社會崩潰。因此今日變革最好是在始終保持政權整合的狀態下，由當政者自我完成。這時「先知先覺」的思想就有了必不可少的作用，因爲權力自我轉變的前提就是擺脫盲目的「物競天擇」，事先確定目標和途徑，清楚轉型的操作以及如何控制……，這些都要產生於思想。缺乏這種思想指導的權力是無法自我轉變的。

當然，當政者並不一定事先全盤清楚政治改革的「一盤棋」。他們也許只需要就事論事地解決問題。但只要不是被虛假資訊包圍，以其擁有的資訊優勢，無疑會更知道危機的程度，也更清楚無能爲力的困境。到了「形勢比人強」、「急病亂投醫」之時，他們將不得不去尋求其他思想資源。那時什麼方法可以令其擺脫眼前困境，他們就可能接受和嘗試，不是出於主義，只是因爲操作上的可行。從這個角度，思想就特別需要從解決問題入手，以方法的姿態出現，靠著操作性的優良與安全吸引當政者接受——這是思想利用權力的另一條途徑。

不過，這並不意味著讓思想淪爲策論或摺子。有生命力的思想一定是善於解決具體問題的，而且一定可以貫穿解決問題的方法。只要當政者接受了方法，在達到所希望的穩定社會和擺脫危機之同時，社會也就被帶上了伏設於方法中的軌道，不可逆轉地駛向思想所確定的方向——這就是思想對權力的引導。

2　千年專制已到頭

一、窮途末路與迴光返照

中共的意識形態自殺症

統治依靠的基本力量一是強力，一是意識形態。強力顧及不到之處很多，意識形態卻無孔不入，讓人自覺服從。同時，意識形態還爲當權者提供合法性，以及駕御菁英、教化民衆、裁判異端等。如果意識形態缺失或混亂，僅靠強力統治是不會長久穩定的。今日中國就是這樣。

一方面，中共不能公開放棄馬列毛的「天道」——即共產黨要帶領民衆消滅剝削壓迫，實現理想世界。這關乎根本，中共正是因爲扮演了救民於水火的「恩人」角色，才可以不加解釋地自命「領導一切」，理所當然地讓其各級書記佔據一把手之位，任意支取國庫用於黨的開銷，各地黨委無償佔有黃金地段房產（包括中南海），以及由人民納稅供養的軍隊必須聽從中共指揮等。若是沒有馬列毛貫穿下來的公理，它這一切宣稱和佔有都無法解釋，也不會被接受。從這個角度，中共只能充當以馬列毛主義爲旗號的革命黨，而不能變成擺脫意識形態束縛的執政黨。

然而在實踐方面，今日中共早已背離其「天道」，變成了以發展經濟爲目標的世俗權力集團。其採納的資本主義經濟手段，與其宣稱的「天道」背道而馳；馬列毛宣稱要解放的社會主體——工農大衆重新淪落底層；而馬列毛發誓要消滅的資產階級成了社會主人；中共自身則變成國際資本和國內工商界的同盟者與保護人。

對這種說與做之間不可調和的分裂，鄧小平的策略是理論上以「不爭論」迴避，行動上則放任言行不一的機會主義。這種策略雖然最爲簡單易行，卻也最不負責。對社會的長遠安定、包括對統治集團自身都不利。因其在意識形態上繼續尊奉馬列毛，國內外資本家即使從其相反行動中得到利益，卻不會對其信任；而其在行動上與馬列毛背離，則會被底層民衆視爲叛賣，從此不再對其認同。這種口是心非使意識形態喪失眞誠，也就失去對社會的說服和對統治的維護；這種分裂同時還造成其作爲合法性根據的意識形態成爲對其自身行爲的否定，等於是自己爲反對者提供武器。目前中國每年多達幾十萬起的底層抗議活動，大都是以當政者的意識形態來反對當政者的行爲，最終勢必會延伸至否定當政者本身。

「三個代表」的機智與得不償失

中共對意識形態進行重構的努力，見於近年提出的「三個代表」——即宣稱中共「代表中國先進生產力的發展要求，代表中國先進文化的前進方向，代表中國最廣大人民的根本利益」。比起「不爭論」，「三個代表」是一項超越。因爲「不爭論」本身不是意識形態，只是一個專制禁令。它可以迴避意識形態領域的矛盾，卻也無法利用意識形態的社會功能。而在社會衝突日益激烈的今天，僅靠「穩定壓倒一切」的權力意志缺乏說服力，不得不尋找能夠把理論與現實統一起來的意識形態新框架。

「三個代表」可以擺脫馬列毛的束縛。首先把共產黨原本代表底層大衆變成了代表全民，以此解決其與資產階級聯盟的矛盾；二是把共產黨原本消滅剝削壓迫的任務變成了發展生產力，以此爲其放棄社會公平、追求經濟效率找到說法；三是把共產主義社會的理想目標變成了「先進文化的前進方向」，從而不再受限於空想教條，可以「與時俱進」地走哪算哪。

相較於簡單粗糙的「穩定壓倒一切」，「三個代表」機智得多，可以爲現實各種矛盾提供一種左右逢源的解釋話語，並以此解除底層群衆的思想武器——毛澤東思想。以往官僚面對群衆「爲人民服務」的要求和質問時，往往理屈詞窮。有了「三個代表」則可以理直氣壯地打起「先進生產力」和「先進文化」旗號，否定顯然不那麼「先進」的工農；打起「最廣大人民的利益」之旗號，否定就具體事情而言只可能是局部的群衆。

不過這並非眞地解決了意識形態的矛盾。鄧小平雖然專橫，還有對事實的尊重，至少他知道資本主義和社會主義在理論上無法調和，不能同時被代表，於是只有不爭論，不問姓資姓社。「三個代表」則是要同時姓資姓社，同時代表。其如此自封的根據，不在於理論上有了出路，而僅僅因爲「權力就是眞理」。

「三個代表」拆掉了原本的障礙，提供了更寬廣的空間，但同時帶來新的問題。一是其對馬列毛的背離雖使行動更爲自由，也使中共難以再利用過去的意識形態資源。口頭上強說「三個代表」是對馬列毛的發展，實際上連過去批判過的「修正主義」都不如。赫魯雪夫當年搞「全民黨」，還有宣佈蘇聯社會已經消滅了資產階級的前提，邏輯上不與馬克思主義違背。「三個代表」本質雖是「全民黨」的老調重彈，卻是在重新製造出一個資產階級後提出的。即使加上了「與時俱進」的注脚，一個以「共產」命名的政黨代表資本家（並吸收資本家入黨），也如掛著素菜招牌的飯館賣牛排一樣不合情理。企圖同時代表矛盾的不同層面，結果只會是指鹿爲馬。

二是「三個代表」雖然可以擴充周旋餘地，卻導致本來衝突的各方都能從同一鍋雜燴裏各取所需，都可利用「三個代表」爲自己辯護和爭利，卻沒有一個能駕御全局的邏輯架構進行裁判，結果不但不能消除矛盾，反而可能加劇衝突。當然當政者可以從中得到最大方便，只要隨時根據情況轉換所代表的對象，就能怎麼做都有理。其實，什麼都代表等於什麼都不代表，最終只代表權力本身。這種方便的投機固然能爲當政者帶來好處，但也會同時失去長久的說服力和公信力，最後招致各方都把怨氣集中於當政者。

三是中共將由此失去「革命黨」的身份。以往號稱爲底層大衆翻身解放時，中共有「領導一切」的理由，也可以把階級鬥爭、防止復辟等作爲專制根據，爲所欲爲地使用權力和支配社會資源。但是當其把代表性擴大到整個社會時（儘管只是名義上的），性質上就變成了「執政黨」。革命是不需要徵得同意的，執政卻需要徵得同意。這時，所謂「三個代表」首先要解決「誰同意你代表」的問題，而共產黨也要面對「憑什麼你執政」的質疑。專制統治因此會比原來更缺乏合法性。

政權有效性不等於合法性

所謂政權合法性，歸根結底是當權者憑什麼掌權、別人憑什麼服從的問題。合法性理論把合法性歸納爲三種來源，一種是來自神意、宇宙秩序、絕對觀念……，如「君權神授」、「奉天承運」等；一種是來自人的契約，如公民選舉、公民對憲法原則的同意等；還有一種是所謂對價值準則的反射式認同。

中國政權是沒有社會契約基礎的；作爲最大的無神論社會，政權也沒有宗教基礎。毛澤東掌握政權靠的是第三種合法性：一是中國人在傳統觀念上對「打江山坐江山」的認同；二是毛以其「爲人民服務」宗旨交換的人民擁護。毛把人民（當然只是「人民」的概念）放在至上位置。在他眼裏，古代的王位繼承是壞的，西方的選舉也是假的，因爲那些帝王、總統都是爲個人利益，只有他是眞正爲人民。不僅他的奪權是爲了「解放人民」，而且他的執政也始終嘗試把權力交給人民、由人民看管官僚集團（「文化大革命」是此種意圖的集中體現）。世上哪個統治者會讓百姓造官員的反呢？僅憑這一點，他就可以認爲他有充分的合法性，而中國民衆也的確在相當程度上認同了這種合法性。

今天，中共打江山的一代已全部離位。毛曾試圖給予人民的權力也被收回。官僚集團重新成爲社會主人，施威於人民。不過當權者還得繼續尊奉毛，因爲既非民選，又非神授，當權者的合法性惟有繫於對前任的繼承——無論是「接班人」，還是「第×代」，或是「打江山坐江山」的邏輯，都只能在前任基礎上存在。否定前任就意味否定自己。正因爲這一點，鄧不敢否定毛，江不敢否定鄧。胡錦濤之所以能上臺，保障也在鄧的隔代指定。這種來自前任的合法性是無法更換源頭的，只能沿著源頭（開源者爲毛）往下流。

然而中共的權力繼承從源頭流傳下來，原本的「爲人民服務」卻偷換成與官僚資本結盟，於是今日政權隨之喪失了第三種合法性（價值認同）來源。目前，中共與資本的結盟已無法解除（除非放棄市場經濟），因此無論是當政集團的「愛民」姿態或是當政者個人的「親民」表演，都是宣傳與做秀。人民對此心如明鏡——如今的中共已不是毛的中共。底層人民懷念毛的思潮不能全部解釋爲愚昧，因爲毛至少有三種合法性的一種，現政權卻是三者皆無，與其視爲群衆懷念毛，不如視爲群衆在要求當政者的合法性。

目前中共用以代替合法性的是有效性——即此政權是眼前現實，別無選擇，人們因此只有服從。有效性並不等於合法性。一個具有有效性但缺少合法性的政權是可以存在的，甚至能維持相當時間，然而前提是要取決於有效性的程度。對僅僅基於有效性的政權，一是公衆會無止境地要求其有效承擔一切責任和解決一切問題；二是一旦有效性下降，社會不服從馬上就會成正比地上升。合法性卻是相反，它往往不是在有效性強的時候體現，而是在有效性不夠的時候體現。「合法性的本質就在於它不管實行了怎樣有偏差的政策而仍舊承認這個政權。」（白魯恂〔Lucian W. Pye〕）有效性獲得的是服從，合法性獲得的卻是忠誠。不言而喻，這兩者對維繫社會的效用不可同日而語。

經濟主義的「拐點」

與毛時代要求人人成爲政治人相反，中共現政權努力把全民塑造爲經濟人。現政權的有效性主要體現於經濟發展，其合法性的缺失也主要靠滿足人的物質需求彌補。而其維繫社會穩定的策略，則是把中國塑造成一個純粹的經濟社會，人人一心逐利，不涉政治，從而也就不會對權力形成挑戰。

在我看來，無論是把人全變成政治人還是全變成經濟人，都會導致失衡。前者的惡果經歷過毛時代的人都會記憶猶新，後者的壞處現在雖已放眼可見，但還沒有完全暴露。「改革開放」是一個從前者向後者轉換的過程。過程前半部以「矯枉過正」的積極效果爲主，既放棄了「政治掛帥」，又沒有走到「一切向錢看」的極端。雖然有這樣那樣的問題，總體是利大於弊。然而隨著發展會出現一個「拐點」，經濟人社會的弊病將日益凸顯：

一是一旦社會全部目標在於逐利，失去信仰、理念和意識形態的支撐，就具有動物社會的性質。有足夠的肉餵食狼群，控制局面（保持社會穩定繁榮）並不難，而當肉少狼多的時候，狼群就會起而爭搶，相互攻擊，尋找新的吞食目標，局面就容易失控。在政治掛帥的年代，經濟與政治是分開的。經濟出現問題，對政權穩定影響不大。經濟至上的社會則不同，任何經濟問題都會變成政治問題。那些平時看似只追逐利益不過問政治的人，一旦利益喪失，就會立刻成爲激進的甚至非理性的政治反對者。

二是人對物質的追求沒有止境。在尚未溫飽之前，物質增加會給人滿足感；在溫飽之後，物質的增加不但不讓人滿足，反而更刺激人的貪心。物質主義作爲中國的發展道路，也符合這條曲線——其在消滅貧困的階段具有積極效果，到了追逐物欲的階段則會變成負面效果。決定「拐點」出現的是人口與生態的關係。中國的生態不能提供十三億人滿足貪欲的資源，因此人們在有限資源中追求無限欲望的滿足，很大程度只能靠與他人爭搶。那些爭搶在個人層次上也許都是日常小事，但是廣泛分佈於社會的日常衝突經過社會階梯式的積累、富集和傳遞，最終就可能匯合成社會整體的緊張，直到演變成全面動盪。

三是當社會變成經濟至上後，就只能在追求效率的路上不斷往下走。開始也有一個積極階段——拋棄了絕對平均主義，又沒有出現嚴重的兩極分化。改革開放的前十幾年體現了這種積極面。隨著「拐點」出現，喪失公正造成的問題會越來越大。這種「拐點」的出現是不以人的意志轉移的，因爲效率是經濟的生命，公正卻是效率的障礙。中國社會走到今天這種罔顧公正的狀態，並非鄧小平的本意，也非後來的當政者所能扭轉。經濟社會雖是當今世界的主流，民主國家因爲存在多黨競爭，以公正爲宗旨的左派政黨可以利用民選機制進行平衡，約束政權不向效率和資本過度傾斜（雖然效果並不理想）。而專制社會沒有這種民主平衡機制，要麼「專」於毛澤東之「制」，要麼「專」於鄧小平之「制」，因此只要走上經濟至上之路，結果必然遠離公平。

今日社會的兩極分化是從一個平等起點——毛時代的經濟平等（至少城鄉兩大集團內部相對平等）——開始的，是在一代人目睹下擴大到今天這種地步，因此中國百姓不會再像古代那樣（那時人從出生就看到長久固定的貧富之差）把這種貧富視爲天命，而是對此充滿憤怒和報復的衝動。不公正可能對社會造成的危險，比過去任何年代都要大。

爲何國外與國內人看中國不一樣

近年出現一個有意思的現象，國外人士——包括在國外生活的中國人，大都認爲中國狀況很好，且會越來越好，國內的看法卻往往相反。爲什麼會有這種差別？國外人除了對中國經濟增長的數字印象深刻，到過中國的幾乎都對財富增加和建設速度驚歎不已。那是親眼所見，不能否認。然而需要把眼光伸展得遠一點，看一看中國的財富是在朝什麼方向聚斂和流動——那是一種從農村流向城市、從下層汲取到上層、從「面」上向「點」和「線」集中的方向。它既是經濟上的兩極分化導致的趨勢，也是國家資本主義催生的結果，同時專制政權對其官僚體系進行評價和激勵的「政績」要求，也在鞭策各級官吏不遺餘力地製造「看得見」的繁榮。

國外人士到中國來，看到的是哪一部分中國呢？——是城市，而且是大城市或都市；接觸的是上層；如果不懂中文，甚至只能和講英語的中國人對話；即使他們有機會「下去」走動，也離不開觀光點和交通幹線。那麼充斥他們視野的，諸如高工資、高消費、高樓大廈拔地而起、公路橋樑日新月異……，是一點也不奇怪的，因爲正是在城市、上層、「點」和「線」上，不僅是當今中國的財富聚斂之地，是各級財政投入之地，也是層層官員大顯「政績」之地。要知道，上個世紀二、三十年代的中國雖有那麼多饑餓、戰亂與死亡，不也有燈紅酒綠的上海，其繁榮被譽爲遠東的巴黎嗎？

沒錯，城市、上層、「點」和「線」也都屬於中國，然而那僅僅是中國的一小部分。更大的中國是在農村、在底層、在我們九六〇萬平方公里的每一寸國土上。也正因爲如此，如果有可能深入那些地方，就會瞭解中國的總體狀況到底怎樣，也就會理解爲什麼有識之士常是憂心忡忡。而被社會發展越甩越遠，被不斷吸光血液，同時集中了大部分社會矛盾的農村、底層和中國的廣大地區，本應是我們國家得以立身的基礎。可是，如果在那裏分佈的反而是貧窮、衰敗和憤怒，哪怕從國外看到的中國再輝煌，也不過是建在流沙上的摩天大廈，不定何時就會轟然倒塌。

專制政治是中國「經濟騰飛」的翅膀

導致中國經濟二十多年高速增長的原因來自多方面，其中專制政治是一個重要原因。舉例說，中國經濟大量吸收外資，二〇〇二年中國引進的外資數量達世界第一（五二七億美元），占中國GDP的四%，是中國GDP年增長率八%的一半（尚不考慮虛報的GDP），足見外資在中國經濟增長中所占的份額。爲何在永遠追求最大利潤的資本眼裏，中國成爲樂土？資本如同水一樣，總是往低處流——哪裡沒有民主法治的衆多制約，只需打通權力；哪裡不允許工人爲自身權益鬥爭，可以儘量壓低工人福利；哪裡沒有對環境保護的嚴苛要求，或者要求也是表面文章；哪裡的政府不是維護本國人，而是專給外國資本開綠燈，資本當然就會往哪裡去。中國之所以能成爲世界資本情有獨鍾之地，專制政治的「保駕護航」功不可沒——只要當權者希望引進外資，就可以迎合資本的意願提供各種方便，民衆卻沒有表達意見和反對的可能。

資本在中國可以把成本壓到最低，從而廉價地向世界傾銷產品，把中國變成「全球製造中心」。但這種「製造中心」並非值得驕傲的角色——付出的是資源，留下的是污染，供給的是外國人。一棵生機勃勃的樹長在地上不是ＧＤＰ，把它砍倒了就成爲ＧＤＰ，把它賣到國外就成了出口額。即使眼下能夠掙到一點錢，對一個已經處於生態危機邊緣的社會，長期利弊孰輕孰重？

專制政治對經濟的另一種拉動是財政投資——所謂的「上專案」。專制權力——尤其是由工程師構成的專制權力——永遠有建設大工程的動力。一方面其個人的紀念碑情結會物化於「世界之最」、「史無前例」一類的工程；另一方面無論是爲解決社會難題還是表現個人政績，當其他方法難以推動經濟時，政府投資就成了最方便的手段。而對於各層官僚，「項目」中有衆多獲利機會與弄權可能，因此上下一心，相互配合，「上項目」成爲九十年代以來中國權力集團最熱衷的活動。整個中國成了一個欣欣向榮的大工地。無疑，所有專案都會成爲ＧＤＰ，並且帶動創造更多ＧＤＰ的鏈條。然而這種ＧＤＰ帶來的好處只是一時。長遠看，由於專案是被權力意志決定而非產生於社會需求，很多專案的結果都會是勞民傷財，破壞生態，沒有效益，反而導致巨額財政負擔甚至財政破產。這在中國地方政府的專案中已是普遍現象。中央政府的大型項目，若干年後將會顯露更嚴重的惡果。

中國的專制制度覆蓋廣泛，其政權對銀行的控制程度世界少有。這也是專制政治拉動經濟的重要手段。其可任意調用居民存款，一方面作爲上專案的資金，一方面可以填補以往造成的虧空。中國銀行的幾兆元壞帳，應該說絕大部分都是權力製造的。而那幾兆元往外花時都算ＧＤＰ，也都構成經濟增長的百分點，造成的問題卻被掩蓋於黑箱。然而無論財政赤字還是銀行壞帳，最終都不能因爲被掩蓋而消失，只是延後而已。拖得時間愈久，未來麻煩愈大。

除了以上所述，還有各級政府對資料的虛報，也應該算作專制政治對經濟的獨特「拉動」。

上述幾方面加在一起，對中國經濟的拉動到底達到多少，恐怕不易算清。我相信占的比例不會小。但如果就此得出專制政治適於經濟發展的結論，卻不能讓人同意，因爲這就像農民諷刺的那種「拿蓋房錢下飯館」的敗家子，頭幾年可以吃得滿嘴流油，以後卻會連安身之地都找不到。

中國經濟的出路在政治改革

如果政治和經濟不是同步改革，就會像一個人腳踏駛往不同方向的兩條船，終會掉入水中。當中國從「短缺經濟」變成「過剩經濟」時，中國的政治和經濟兩條船就開始駛往不同方向。

上個世紀七十年代前的缺吃少穿和八十年代的能源、交通及原物料緊張是短缺經濟的典型表現。相對而言，解決短缺經濟比較簡單，需要的只是提高生產。生產多一點，短缺就緩解一點，社會也就改善一點。在政治方面，那時只需要配合增加生產的目的，進行類似「大包乾」、「自主權」一類的調整就可以，不必觸及根本。解決短缺經濟這種相對簡單的性質，使得經濟改革先行的模式容易獲得成功。生產發展了，即使政治改革沒有跟上，社會狀況也會明顯改善。甚至以專制政治的權威性，對此還可能比民主政治有更高的效率。

過剩經濟卻是供大於求。從九十年代末期，中國已經成爲生產過剩的社會。這時就變得複雜起來，再繼續發展生產等於火上澆油；而減少生產，且不說各級政府和官員的有效性與「政績」都靠經濟發展速度維持，僅僅是社會每年需要安置的勞動力（包括下崗失業人口），如果不能繼續擴大經濟規模也無法吸收，成爲威脅社會穩定的隱患。

生產的產品超過需求，又必須繼續發展經濟，在這種兩難面前，解決途徑只有兩個：一是想辦法擴大產品銷路；二是靠提供服務的第三產業，而非提供產品的第一和第二產業擴大經濟規模。

前一個途徑，中國現在很大程度是靠出口（外貿依存度超過五〇％）。但是作爲世界第一的人口大國，無論何時都應把主要市場放在國內，而擴大國內市場的產品銷路，前提是國內消費者要有錢。

中國目前的十多兆元居民儲蓄看似不少，且不說其中七二％屬於八·九％的富人（何清漣），即使全部按人頭分，每個中國人也才七千多元。對人們寄於這些錢的養老、醫療、撫養和教育子女等目標，不是多了，而是太少。歐美人習慣借錢消費，原因在於有完善的社會保障，不必擔心未來。中國卻不僅占人口百分之七十的農民沒有社會保障，即使國有企業職工當年以低工資換取的高保障也已大多被廢除。因此儘管人們收入普遍比過去高，卻儘量儲蓄而不消費。從這個角度，建立有效的社會保障應該是促進社會消費的有效途徑。

更有效的途徑是讓多數底層勞動者上升爲中產階級。當一個社會以中產階級爲主時，才會有支撐經濟發展的消費基礎。而對一個只有權勢集團和低收入勞動者的兩極社會，經濟「過剩」在本質上是不可解決的。前面說的擴大經濟規模靠第三產業，前提也是中產階級成爲社會主體，因爲只有達到中產階級的收入水準和生活狀況，才能更多地購買服務，而不是把有限收入都去購買日常生活所需的物資。

說到這，問題已經比較清楚，無論是建立社會保障，還是培育中產階級，都跟社會分配有關。分配問題歸根結底是政治問題，因而這樣的結論就是順理成章——中國經濟繼續發展的出路，只有透過政治改革才能解決。

「新中國」的中產階級之淪落

今日中國有沒有日益擴大的新生中產階級，對此有不同說法。這裏只從穩定社會的角度觀察。中產階級不是權勢階級，但他們從所在社會獲得好處——教育良好，收入可靠，生活穩定，生老病死有保障，因此對社會秩序認同，是社會的穩定因素。毛時代的國有企業職工以今天標準衡量收入雖不高，但從穩定、有保障的角度，符合中產階級特點，他們也的確構成了那時社會穩定的基礎，因此被有些社會學家視爲「有中國特色」的中產階級。

而今，下崗、失業、喪失社會保障成爲國有企業職工相當一部分人的命運，原本的穩定不再，飯碗朝不保夕，醫療失去保障，社會地位淪落，他們對當前社會也不再認同。

那麼在中國走向市場經濟的過程，是否產生了另一個新生的中產階級呢？雖然人們收入普遍增加，但是把購買住房、子女教育、養老和醫療考慮進去，收入增加的幅度要打很大折扣。尤其是在養老、醫療兩方面有保障的人爲數很少。病一場傾家蕩產是多數人面對的現實。從這個意義上，今日社會中產階級可能還達不到毛時代的規模。

一方面是舉世矚目的經濟高速發展，一方面是原有的中產階級淪落，新的中產階級卻未壯大，這種反差從側面說明了改革以來社會分配存在的不公——經濟發展的主要成果被少數人攫取，而沒有被多數人享用。

有人會問：在中國城市——尤其是大城市——存在一個人數可觀的高消費群體，他們不是中產階級又是什麼呢？那其中確有一部分市場經濟的成功者和工薪階層的金領貴族、高級專業人士，包括一部分今朝有酒今朝醉的年輕人。但是從整個中國看，高消費階層主要是由權勢集團及其親屬構成的。中國官員衆多，遍佈整個社會，尤其集中在城市。如果有條件對中國的高消費狀況進行具體分析和追蹤，會發現高檔消費要麼是直接由公款支付（如中國四百萬輛公車每年耗費三千億元，超過國防費用），要麼是有求於權力的請客送禮，或者是來自當權者的貪污受賄，總之大多會與權力有直接或間接的關係。無疑，這個具有特權的集團是從當前社會秩序得到最大好處的，也是最爲認同這個社會的。然而特權集團不是中產階級，也不會發揮中產階級的作用，因爲中產階級不製造社會衝突，只起穩定作用，特權集團卻相反，他們恰恰是社會衝突的源頭。

專制政治封閉「中產」之路

馬克思對資本主義的抨擊有很多眞理，使其「資本主義必定滅亡」預言落空的不是資本主義本身，而是民主制度。正是民主制度，讓無產階級能夠組織起來爲自身權益鬥爭，從而迫使資本主義勢力讓步，開放了無產階級逐步轉化爲中產階級的道路。中產階級一方面爲資本主義提供了消費市場，一方面又緩和了階級鬥爭，等於從經濟和政治兩方面同時挽救了資本主義。因此可以說，沒有中產階級就沒有今天的資本主義社會，而沒有民主制度就沒有中產階級。

中國轉爲以經濟發展爲中心後，爲了提高因應全球化的競爭力，在經濟上全盤接受了資本主義，同時頑強地拒絕民主政治。由此造成中國廣大勞動者既受資本主義剝削壓榨，又沒有組織起來的權力，無法保護自己和爭取權益。加上中國農村有世界最多的剩餘勞動力，中國勞動階級的政治弱勢和經濟貧困更加難以改善。

勞動者的低工資、低福利與不能抗爭決定了中國產品的低成本，這是中國成爲「世界製造中心」的前提，也是國際資本青睞中國的原因。由此造成一種路徑依賴：中國經濟對出口的依存度越高，就越不能失去低成本優勢，專制政權也就越不能允許勞動者得到與資方討價還價的民主權力。

這在初始階段的確可以促進經濟發展，發展到一定程度卻會走向反面，成爲繼續發展的障礙。轉變原因在於，由於勞資之間不能討價還價，勞動階級無法向中產階級轉化，當生產能力超過一定水準，國內消費無法提高到與生產能力匹配的程度，經濟發展就無法靠國內消費拉動，而只能依賴出口和投資。

靠出口和投資拉動的經濟在情況順利下雖然也能迅速發展（甚至被視爲經濟奇蹟），但注定造成社會兩極分化與對立。社會的現代化部分只能包容很小比例人口，多數人被隔絕於現代化之外，與貧困爲伍，日益增長不滿。

對中國這樣的大國，過度依賴出口和投資有極大風險。大國的市場根基應該在國內，安全保障也是在國內。專制政治不能擴大中產階級，國內市場無法擴張，也就不能爲經濟發展提供長期動力與安全。一方面利潤掛帥的資本主義導致生產力急劇擴大，一方面國內缺乏有消費能力的大衆，這時只要出口和投資環節出現問題，生產會立刻失去銷路，引發企業倒閉，大量失業，消費能力進一步下降，停工和解雇再進一步擴大……。基本上，這種古典資本主義經濟危機在西方國家目前已被克服，卻可能在號稱尊奉馬克思主義的中國重演，倒是一種歷史的反諷。

人人違法的「法治」

一方面要「堅持共產黨的領導」，一方面宣稱「建設法治社會」，這是中國法律面臨的矛盾。現實中人人知道黨大於法。主管立法的各級人民代表大會被視爲各級中共組織的幫閒。司法系統處置大案要案必須服從各級中共「政法委」決定。古代社會只有帝王一人可以明目張膽超越法律，現在則是共產黨的層層機構都可在管轄範圍內超越、操縱和干涉法律。這種狀況導致人們尋求依附黨政權力，法律則普遍受人輕視，因爲只要有黨政權勢者撐腰，就可以不在乎法律。

中國成文的法律連篇累牘，而且還在不斷出臺。但是正如塔西佗（Tacitus）所說——「國家愈糟，法網愈密」。大量法律不是出自法理和法律體系的要求，也沒有民意核對總和約束，而是出自黨政權力的方便與部門利益。這樣的法律往往不合理，相互衝突，在實際中難以執行，導致有法不依和違法不究，最終形成一種「守法者劣勢」——即遵守法律的人會在競爭性活動中落於下風，甚至難以生存。這種劣勢迫使人們不得不去違法。「法不責眾」隨之擴大，違法也就更難追究。法律在這種循環中不斷喪失權威。可以說，凡今日中國社會相對活躍者，如果嚴格按法律追查，很少有人不會被查出問題。

這倒爲專制政權提供了另一種控制手段——違法狀況越普遍，黨和政權想要整誰時，就越方便用法律名義對其進行懲治（既然總會查出問題）。這時所謂的法律便墮落爲「合法傷害權」（吳思）。法律本身已不是主體，而是如何利用法律。其中用不用，怎麼用，用到什麼程度，都是可以變化的。法律成了一種可以隨時置對手於死地的武器；也成了一種時刻懸在每個人頭頂的威懾；同時還可以變成一種無本交易——「合法傷害權」既然可以自由裁量，於是只要把傷害降低或豁免就可以索取回報。中共正是以這樣的手段，保證社會的服從、效忠及屈服。

這當然不是法治，而且與法治精神背道而馳。中國的法律雖然也唱「法律之前人人平等」，但只要有黨介入（一般是通過政法委召集「公檢法聯合辦案」），就只會是枉法。即使在黨無暇以顧的普通案件中，「合法傷害權」也照樣經常代替法律，成爲地方官員與公檢法之間進行尋租、分肥和交易的手段，成爲當政集團內部進行權鬥和整人的武器，甚至成爲個人從事敲詐、斂財或報復的把戲。總之，「合法傷害權」在當今中國無處不在，已成爲最普遍的權力之一。

在一個多數公民失去對法律的尊重並且普遍違法的社會，如何建立眞正法治，實現必須依賴法律保障的民主、共和與憲政，是中國未來不得不面對的遺產和難題。

政權的「黑幫化」演進

「合法傷害權」大量用於當政集團內部，會造成一種危機。因爲官員中普遍存在貪污受賄、以權謀私、虛報政績、隱瞞責任等問題，每個官員都可能遭遇上級查處、對手檢舉、媒體曝光、百姓上告等，「合法傷害權」對他們便是一種雙刃劍。防備這種雙刃劍傷到自己，靠每個官員單獨防範是防不勝防的，成本高昂，因此最好的辦法是建立一套內部認可的規則，約定權利與義務，大家共同遵守。權利確定利益界線和分配關係——如勢力範圍，對資源的處置（批專案、貸款……），分配可獲利的項目（賣官、發包工程……）等；義務則是互不告發、彼此庇護、相互配合、利益交換等；還有一旦出現漏洞如何彌補的機制，懲治叛徒的手段和力道等。確保對上能瞞住上級，對下能壓住百姓，每人都撈足好處，把風險降到最小。

這就是所謂的「政權黑幫化」(劉力群)。之所以叫黑幫，是因爲表面上的「黨紀國法」只用於對付別人，其內部實行的是「家法幫規」——作爲公權力的政權，演變爲內部分贓和官官相護的私利集團。

這種黑幫化的演進過程，一般始於下級對付上級的需要，逐層在不同的權力單元內完成，最終普及到政權內部多數單元。黑幫化完成的主要標誌是權力單元內不再發生向上告狀和檢舉揭發之事，即使偶然出亂子也能迅速大事化小、小事化了，形成針插不進、水潑不進、上有政策下有對策的「獨立王國」。

專制制度中上級防止下級出現黑幫化的辦法，一般是靠輪換當權者，以新人去破舊人之局。然而這種辦法效果有限，因爲當權者的任命雖取決上級，其立身基礎卻在下層。新上任的當權者若是不接受已經形成的黑幫及規則，就既不能做出博取上級滿意的政績(工作將處處掣肘)，也無法撈取個人利益(任何把柄都會受到揭發)，而只能當一個被架空的光桿司令。所以只要是懂得爲官之道者，一般不會眞去做那種唐吉訶德。

黑幫化會削弱當政集團以「合法傷害權」控制權力體系內部的能力。它將面對的是明知黑幕重重卻抓不住把柄的黑洞，永遠理由充分、振振有辭、只有好事沒有壞事。這種由大大小小黑幫構成的政權，平常可以顯得相當牢固兇悍，但在危機出現時卻是靠不住的。因爲既然是利益的結合，一旦沒有了利益可圖，最合理的邏輯就是一哄而散，或者是在新的利益引誘下群起叛賣。

專制政權如何保證「內部人」效忠

專制統治靠強權。強權說到底是組織起來的人——如官吏、軍隊、員警等，這些人構成專制政權的「內部人」。政權能否有效地統治社會，取決於「內部人」的效力。政權是否牢固，也主要取決「內部人」的忠誠。

促使「內部人」忠誠和效力的來源，一是信仰，一是利益。毛時代主要靠前者，今日中共則只能靠利益換取「內部人」的忠誠與效力。尤其在社會矛盾日益激化之時，更得保證「內部人」得到利益，才能靠他們增加統治「力度」，實現穩定。

但是中共爲保留其合法性源頭，不能完全放棄以往奉行的「天道」。而與那「天道」相聯的，如中共多年自詡的爲人民服務、當社會公僕、不搞特權等，已成爲中國民衆化爲潛意識的衡量標準。這形成一種矛盾，若是直接給予「內部人」過高利益，無法對民衆交待，何況「內部人」數量太多，財政也不堪承受，因此中國官員的工資至今並不是太高。

當整個社會都在使用「私」的機制時，唯獨要求官員「一心爲公」在邏輯上是不通的，在現實中也是不可行的。這就和明代朝廷給官員低微俸祿，雖能減輕財政負擔，但也得同時默許官員收索賄賂的陋規一樣。既然只有用利益去「羈縻」失去了意識形態忠誠的「內部人」，又不能給其太多來自正規管道的利益，就只有允許「內部人」利用權力去尋利。否則，沒有好處只有「奉獻」，「內部人」憑什麼效忠？他們大多精明過人，只要官場無利，自會去尋求另外道路，當政集團就將面臨無人可用和無人效忠的局面。這一點是今日中共政權不能眞正消滅腐敗的根本原因。

吸引「內部人」保持效忠的無疑不是工資，而是附加在權力之上的利益，那往往是工資的數十倍、上百倍。其中有合法的（符合規定的各種待遇），有非法的（貪污受賄、權錢交易等），也有介於合法非法之間的「灰色」部分，總之都是權力帶來。其中「灰色」和非法部分的比例可能遠大於合法部分。

中共的確也爲了爭取民心、維護統治而整肅吏治。近年反腐立案的數量和規模都達到歷史空前。然而古代皇帝何嘗不整肅吏治。朱元璋對貪官所施的「剝皮實草」(以草充塞剝下的人皮，掛在衙門警示後任)，「力度」遠非今日可比，又何嘗阻止了明朝成爲最腐敗的王朝？究其根源，一方面專制制度的反腐只能自上而下，以少制多，防不勝防；另一方面則是官官腐敗，牽扯廣泛，若徹底查辦會瓦解整個權力體系，因此專制制度的反腐敗大多只是幫派間的「合法傷害」，或是以懲治無後臺者表現反腐「政績」而已。

除了專制制度本身反腐敗不可能徹底，實現了黑幫化的各級權力單元也有維護各自「內部人」效忠的需要。在那種黑幫關係中，不是反不反腐敗的問題，而是只有利用腐敗才能形成黑幫和保證穩定。越腐敗黑幫就會越牢固，因此黑幫內部除了有防止內部檢舉和上級查辦的功能，更主要的是擴大分贓和庇護的腐敗聯盟，讓不腐敗的人變腐敗，讓腐敗的人更腐敗，全都綁在一輛戰車上。這種把單幹變成合作的腐敗聯盟可以讓腐敗利潤大大增加，風險卻大大降低。專制政權對付外部反叛可以雷霆萬鈞，對付「內部人」這種聯盟卻是最無辦法。考慮到這一層，專制制度不僅不能防治腐敗，而且只能越來越嚴重地腐敗下去。

「專制亡於內」的原理

腐敗導致失去民心，造成社會不穩，這是當前中共高層對腐敗的主要擔憂所在，也是其開展反腐敗的主要動力。然而之所以叫專制，就是少數人統治多數人，社會是這樣，當政集團內部也一樣——少數上級看管多數下級，注定有許多看不住和管不到的地方。這時要達到控制目的，就得不斷擴大紀檢、監察、反貪等部門，同時加重對腐敗的處罰，以求嚇阻。然而不管部門怎樣擴大，也改變不了以少制多的局面，還是會有漏洞可鑽。加重處罰則會從反面促使黑幫化加強。因爲在專制政權之內，只要能瞞住或「擺平」上級(黑幫化對此最爲有效)，再重的處罰也不會落在自己頭上。甚至反腐部門也會黑幫化，將反腐敗的權力用於搞腐敗，以此和其他黑幫進行交易，最終變成腐敗的保護傘。

有了黑幫的分贓協議和攻守同盟，腐敗能量可以大大擴張；有了與反腐部門的黑幫互惠，腐敗可以放心大膽；同時增加了賄賂反腐部門的「保護費」，又需要進一步擴大腐敗份額。於是腐敗造成的社會問題沒有在反腐敗中解決，反而可能繼續加重，當政者不得不繼續擴大反腐敗部門，創設新的制約機構，增加「內部人」數量，進一步加大打擊力度——進入下一輪循環。

這種現象被稱爲「內卷化」，即面對不斷增強的社會矛盾，政權只能靠擴大統治機器來增強控制力，然而統治機器自身的「內耗」也會隨統治機器擴大而增加，新增的控制力不得不分出相當一部分用於解決新增的「內耗」，因此能夠輸出的控制力與統治機器的擴大不成正比，增加控制力的成本越來越高。

如果說從失民心的角度還只能在理論上描述腐敗瓦解專制政權的趨勢，較多是道義上的定性，不能進行定量分析，「內卷化」卻可以清楚地說明爲什麼腐敗一定會瓦解專制政權。因爲「內卷化」是一個惡性循環的邊際效益遞減過程，達到一定程度，擴大政權機器對加強控制力的效益將會越來越小，最終使政權保持控制力的成本高到負擔不起的地步，引起財政破產甚至經濟危機。那時，如果社會矛盾和不穩定因素還在繼續增加，政權就會支持不住。

導致政權垮臺的「最後一根稻草」仍然可能來自當政集團內部。喪失了信仰且唯利是圖的「內部人」看似鐵板一塊，一旦到了無利可圖的最後關頭，就可能一夜之間紛紛「起義」，變成舊政權的掘墓人。這種投機在歷史上已有過多次生動的表演。

二、專制如何崩潰

中國崩潰可能不期而至

因爲看不到可以挑戰當前政權的力量，人們往往就斷定中國不會發生大變化，更無崩潰可能。然而大變化不是一定都要出自大力量或者大事件，細微的積累同樣可以導致崩潰。這種崩潰也許事先毫無兆頭。就像當年有那麼多研究蘇聯的機構和專家，卻幾乎無人預測到蘇聯解體一樣。

前美國副總統高爾（Al Gore）在他的《瀕危的地球》（*Earth in the Balance*）一書中，介紹了巴克（Per Bak）等美國物理學家做的一項研究。他們讓沙子一粒一粒落下，形成逐漸增高的一堆，借助慢速錄影和電腦模擬，精確地計算在沙堆頂部每落一粒沙會連帶多少沙粒移動。初始階段，落下的沙粒對沙堆整體影響很小。但是當沙堆增高到一定程度後，即使落下一粒沙也可能導致整個沙堆發生坍塌。巴克由此提出一種「自組織臨界」(self-organized criticality）的理論。沙堆達到「臨界」時，每粒沙與其他沙粒就處於「一體性」狀態。那時每粒新落下的沙都會產生一種「力波」，儘管微細，卻能通過「一體性」的接觸貫穿沙堆整體，將新落沙粒的碰撞傳給所有沙粒。那時沙堆的結構將隨每粒沙落下逐漸變得脆弱。說不定哪一粒落下的沙就會導致沙堆整體發生結構性失衡——坍塌，也就是所謂的崩潰。

有一句西方諺語，說的是斷了一根馬蹄釘，絆倒了馬，摔傷了將軍，輸掉了戰爭，最後亡了國家。那國家當然不是因爲馬蹄釘亡的，用沙堆理論解釋，就是那國家的內部危機已經處在超臨界狀態，馬蹄釘斷只是引起坍塌的最後一粒沙而已。中國也如同這樣一個沙堆，各種變化和衝擊不斷落在上面，積累的結果遲早會使沙堆超過臨界狀態。而到了連馬蹄釘都成爲「不穩定因素」的時候，專制政權控制再嚴密也是無法防止崩潰發生的，因爲它不可能對每一個馬蹄釘都派上看守的兵。

鎮壓可以把崩潰往後拖，如同不斷拍打沙堆周邊可以使沙堆繼續增高一樣。但那種增高不會無限，最終還是要垮，而且堆得越高，垮得越烈。實驗顯示坍塌過程將持續到沙堆重歸臨界狀態。不過人類社會與沙堆有個區別——組成沙堆的沙粒本身是沒有能動性的，可以視爲常數，因此沙堆的臨界狀態也是恒定的，坍塌不會愈演愈烈，達到恒定的臨界值就會停止。而人是有能動性的，每個人都是一個變數，由成千上萬這種變數組成的社會，平衡狀態的臨界值會隨人的能動而變化。在社會穩定的情況下，人的能動性被法律、秩序整合在一起，可以極大地促進臨界值提高。一旦社會崩潰，失去法律和秩序，人的能動性就會反過來成爲推動崩潰的催化劑，社會平衡的臨界值也會隨之銳減。

這種臨界值的變化使人類社會的崩潰存在著愈演愈烈的性質，最終結局將非常慘烈。中國的政治變化之所以不能以「打倒」方式進行，道理就在這裏。因爲在「打倒」舊制度的同時，可能引發整個社會進入愈演愈烈的崩潰。

不過這也不能成爲保守不變的理由，因爲「超臨界狀態」對社會而言是無法保持的，崩潰遲早發生。拖得越晚，「超臨界」值越大，崩潰也就會越嚴重。經驗告訴我們，大系統有很強的自我維護能力，然而一垮就是兵敗如山倒。不去自覺進行政治改革，專制政權難逃大廈傾倒的命運。

沒人願意亂，不等於中國不會亂

認爲中國不會亂的人大都用這樣的論據——沒人願意亂。但不妨看一下塞車現象：

在行車不暢的路段，雖然人人都知道保持距離排隊通過對大家都快，但因爲不能保證別的司機也遵守規則，守規則的車會被不守規則的車「加塞」，於是個人理性就會合理地決定儘量往前擠。正是出於這種個人理性，沒人願意塞車導致了集體塞車。這是一個典型的「納許均衡」。

在「囚犯兩難」的故事中，兩名囚犯若共同抵賴所犯殺人罪，每人只能以偷盜罪被判一年監禁；如果一人坦承殺人而另一人抵賴，坦白者判三個月，抵賴者判十年；假若兩人都坦承殺人，則各判五年。對兩人最有利的顯然是共同抵賴，但這種共同抵賴的前提是需要事先「共謀」——既包括串供，也包括相互信任。然而審問是隔離進行的，沒有串供機會，兩人也不能信任對方，因爲一旦自己抵賴而對方坦白，對方只需坐三個月牢，誘惑很大，自己則要坐十年牢，損失更大。於是兩人在這種非合作狀況下的個人理性選擇，結果只能是坦白。坦白至少不致於坐十年牢，而且萬一對方選擇了抵賴，自己則只被關三個月。兩名囚犯的個人理性綜合在一起，結果是每人各判五年，遠壞於共同抵賴只判一年的結果，成爲集體非理性。這個結局就是所謂的「納許均衡」，也叫非合作均衡。

在非合作的情況下，每個人從利己目的出發，結果卻是對個人而言的損人不利己、對集體而言的共同不得利。這種個人理性與集體理性的衝突在人類現實生活中，其實遠比亞當・斯密用「看不見的手」形容的自發理性更爲普遍。因此，把沒人願意亂當作中國不會亂的理由是不能成立的。沒人願意亂只是個人理性，中國會不會亂卻取決於集體理性。在無法「共謀」的情況下，實現集體理性的惟一可能是所有「局中人」都自覺遵守「己所不欲勿施於人」的原則（原則本身就是一種廣義共謀）。然而人性自利，在別的「局中人」都遵守原則時，自己破壞原則可以得到最多的好處，很難保證沒人不受誘惑。而只要有一個「局中人」破壞（或者是被懷疑破壞）了原則，就足以讓其他「局中人」爭相效法。在已經喪失了文化和道德之「共謀」的中國，有任何理由相信所有中國人都能「己所不欲勿施於人」嗎？

囚犯故事中的兩個「局中人」無法「共謀」，甚且導致集體非理性。對中國會不會亂的問題，有著十三億個「局中人」，人人都是獨立變數，何以能實現「共謀」？變數多到一定程度就會進入所謂「混沌」狀態，其發展走向將脫離任何單獨變數的主導，也不會是所有變數的共性疊加，而將產生無法預料的結果。因此，十三億中國人形成的混沌，會遠遠脫離沒人願意亂的主觀願望。

動亂在鎮壓下的「串聯」

中國的獨特現象——廣泛的局部不穩定（每年幾十萬起群體反抗）和全局的超穩定之所以能夠並存，在於專制政權可以防止反抗力量的串聯。只要局部的反抗之間存在時間差，專制政權就可以利用現代交通的速度，迅速集中針對局部的優勢力量，將反抗鎮壓下去。今日政權掌握的武器、通訊、機動性等絕對優勢，可以確保任何局部反抗都無成功可能。惟一可以改變力量對比的，是衆多局部反抗能在同一時間起事，變成全局動盪，造成政權首尾難以兼顧，鎮壓力量分散爲杯水車薪，優勢也就化爲烏有。然而局部反抗同時起事的前提是事先串聯，因此專制政權把串聯視爲大忌一點也不奇怪。專制措施的很大一部分——不許組黨結社、禁止民間辦報、嚴控ＮＧＯ、把持宗教組織、設立網路員警等，追根溯源都是爲了防止在其體制外的串聯。

當局除了防止行動和組織方面的串聯，還會防範思想的作用。思想具有更廣泛的串聯能力，可以把局部反抗的不同內容集合爲共同目標，上升到對專制制度和統治集團的否定，成為聯合行動和整合組織的基礎。行動與組織的串聯尚可一定程度在底層自發進行（如歷史上的幫會組織），思想的產生與串聯卻離不開知識菁英，因此中共在六四後採取多種措施吸納知識菁英，使其為統治者而不再為被統治者提供思想資源，成功地結成所謂「菁英同盟」（康曉光），同時阻斷知識界異議人士與底層民眾的溝通，就是為了讓底層反抗失去思想靈魂。

這造成一種無可奈何的狀態，日益精緻的統治技巧和不斷加強的技術手段，使得專制政權似乎可無限期維持，沒有任何辦法和能力破解。然而這如同燒著火的鍋爐把所有出口焊死，縱然一時可以看似光潔耀眼的大獎盃，最終結果卻只能爆炸。這不僅是一種形容，同樣可以從串聯角度論證。專制政權能切斷社會在政治上的串聯，卻不能切斷社會在日常生活和經濟生活方面的串聯。尤其是推行市場經濟，本質上就是一個不斷普及經濟串聯的過程，因此也就提供了這種可能——某個覆蓋經濟總體或人們共同生活的事件，突然成為動員整個社會的總號令，引發各處反抗在同一時刻爆發。這在效果上相當於實現了共同起事的串聯。在資訊不暢的古代，這種串聯往往被人人可見的彗星、日蝕或自然災害引發；在政治動盪的年代，這種串聯可以由政治人物的死亡（如周恩來、胡耀邦）、謠言或小道消息形成，在經濟一體化日益緊密的今天，這種串聯最有可能透過金融危機、股市崩盤、大規模失業等實現。而這一類串聯卻是政治鎮壓無法防範的。反之，政治鎮壓的效率越高，社會越是只能透過這種方式實現政治串聯。

這種方式的串聯雖可普及，卻無法提升等級，幾乎只能停留於鬧事層次，盲目而無理性。由於壓抑太久，爆發會形成一呼百應、百呼萬應的局面，社會對權力體系的不服從連鎖擴大，往往權力體系來不及反應就會陷入癱瘓乃至崩潰。而這種牆倒衆人推的暴亂，恰恰不需要知識菁英介入也可以發生，因此權力菁英不會由於成功收買知識菁英就可以高枕無憂。

有利歌舞昇平，無利群起攻之

文革時看似天下大亂，毛的統治卻極其穩定。正是由於毛對這種穩定的信心，才敢於把中國拋入大亂。今天中國看似穩定，卻正是因爲當政集團對不穩定的擔心，才提出「穩定壓倒一切」。比較毛時代和今天，可以看到一點區別：「大躍進」導致的經濟危機餓死上千萬人，對政權竟是波瀾不驚，今日中國富了許多倍，但即使發生小得多的經濟危機，也可能帶來致命後果。

造成這種不同的原因在於：毛時代政治高於一切，且能得到人民相當程度認同，因此經濟只是局部問題，即使發生危機也不會影響政治穩定。今天則是經濟高於一切，人民也不再相信被當作門面的意識形態。缺乏意識形態說服力的政權只能以有效性代替合法性，這時的經濟危機就不再是局部問題，而正說明政權有效性降低。一旦有效性降低，人民的服從隨之下降，就形成政治危機。

自鄧小平改革以來，經濟發展一直被中共當作靈丹妙藥，以此化解所有社會矛盾。這相當有效，但也製造了一種以「賄賂」買「穩定」的局面——即透過不斷給人利益換取服從，從而把服從和利益越來越緊密地聯繫在一起。有利歌舞昇平，無利群起攻之——可以說有利則穩，無利則不穩，而這「有利」和「無利」的一字之差，能使看似穩定的社會說變就變。

在這種情況下，當政集團除了保持鎮壓以外，就是讓中國的經濟之車不停地疾馳下去，不能有任何停頓，連速度慢一點都無法保持穩定，更不要說出現經濟危機。然而經濟發展是有週期的，總會有高有低，不可能永遠保持高速發展。世界幾乎每個曾被視爲經濟楷模的社會都遭遇過不同程度危機，導致蕭條或衰退，美國、日本是這樣，東亞四小龍、巴西、阿根廷、印尼都曾有過類似經歷，何以相信惟獨中國經濟就能永遠疾馳下去？一個社會穩定還是不穩定，考驗不在順利之時，而是挫折關頭。中國目前無論是以生產過剩爲特徵的古典經濟危機，還是以金融風暴爲特徵的現代經濟危機，或是以出口鏈條中斷爲特徵的全球化經濟危機，都已積累下衆多爆炸性因素，隨時可能引發。不管其中哪個危機，都會導致失業、犯罪一類的社會危機，或引發各地動亂的政治危機。經濟危機、社會危機、政治危機單獨發生哪一個都已很難對付，一旦三重危機疊加，同時爆發，中國的崩潰也就近在眼前了。

經濟文革與政治動亂

未來的經濟危機如何引發政治危機，這裏以其中一種可能來說明：

中國國有企業的破產在各地產生了大批城市貧民。他們是毛時代的「領導階級」，如今地位一落千丈。落差使他們很容易回想毛的「資產階級就在共產黨內」、「走資派還在走」那些說法，重新產生階級鬥爭的衝動。而專制政治制度又不能爲他們的不滿提供表達與解決管道，出路就只剩下造反。對造反而言，再沒有比毛澤東思想更爲合適的思想武器，其操作方法又是這一代淪落者熟知甚至親歷的。一旦發生經濟危機，導致失業擴大、儲蓄貶值、救濟中斷、家小衣食無著時，首先起事的可能就是這種國有企業職工。他們在毛時代向來被告之，國有資產屬於人民。在這種前提下，他們多年只被付予極低工資，勞動成果主要轉化爲國有資產——那也是他們自己的資產（至少在理論上是這樣說），因此他們的生活穩定、房子、醫療、養老以及相應福利，都應該由國有資產支付和保證，就像把自己的錢存進銀行到期後再提取一樣。鄧的改革賴掉了原來的承諾。一方面是職工感受被拋棄，一方面是國有資產被權勢者揮霍瓜分。在職工基本生活尙能維持時，不滿可能僅停留於口頭抱怨，而在經濟危機造成衣食無著時，過去積累的不滿和對未來的恐懼就可能一塊兒爆發。

屆時有項合理要求，就是用國有資產中應屬於職工的份額解決經濟危機造成的困境。無論是以私有化方式，還是以建立保障基金的方式，或是回到毛時代國家負擔的方式，都需要重新核算，追究國有資產流失的情況，並要求對被貪占的國有資產進行退賠。「反腐敗」會成爲打頭陣的口號。各單位群衆可以自發組成「接管」組織，解決該單位國有資產（也就是他們自己的資產）流失的問題。凡是瞭解群衆運動的人，都不難在腦海展現那些熟悉的場景。以「鬥爭哲學」爲核心的毛澤東思想一旦重新被舉爲旗幟，在那旗幟下凝聚起來的群衆運動，其走向只可能是造反、批鬥、哄搶、群衆專政、紅色恐怖……，把當年文化大革命的政治內容換成經濟內容（當然也會延伸到政治），那將是一場重演文化大革命的「經濟文革」。

清算會迅速從城市波及農村。與基層政權尖銳對立的農民將在政權鎮制弱化（被城市動亂所分散）的狀態下揭竿而起，自動清算幹部對集體財產的貪污和揮霍，發洩長期不滿，進而波及到「先富起來」的群體。當年「土改」鬥殺地主的方式可能再現，「痞子運動」也會再次橫行鄉里。

不過，毛澤東思想中的破壞性、專制性、群衆運動和烏托邦特色，對舊社會可以進行有效破壞，對新社會卻少有建設意義。利用毛的意識形態框架，即使僅僅只爲反腐敗，接下去的步驟也難免不重現毛時代的其他事物——階級鬥爭、公有制、計劃經濟、大民主、反西方等，都會一環扣一環地再現。那無疑將是中國又一次刧難，因爲毛的一套即使還有思想基礎，也沒有了使其體系再現的社會基礎和經濟基礎，不可能再靠它實現社會穩定，因此結果只能是持續地混亂，最終落到全盤粉碎。

「粉末化」的治安危機

與政治危機一樣，中國的社會危機也積重難返，可能被經濟危機引發。中國的經濟「奇蹟」很大程度正是建立於社會危機基礎之上——如勞力過剩，勞動廉價，勞工受壓迫等。加上社會危機的其他因素——如「三農」問題、城鄉對立、道德淪喪及犯罪增加等，一旦發生經濟危機，可能出現一種最具破壞性的現象——連鎖擴展的「打砸搶」。這只是危機形式的一種，卻值得特別擔心。印尼等國有過這種先例，但在保留完整宗教信仰、民間社會和文化傳統的社會，還容易抑制和消解，中國卻失去了這些條件，因此有可能擴大爲波及整個社會的危機。

舉例說，如果經濟危機引起企業連鎖倒閉，大批解雇工人，進入百業蕭條的循環，短時間出現幾千萬失業者或無工可做的流民，不能養家活口，又沒有社區接濟和道德制約，加上平時積累的怨恨，很容易走上以非法方式解決生計的道路。比較緩和的狀況是犯罪逐步增加，最終氾濫爲警方無力控制的犯罪潮；極端狀況則是由突發事件引起城市街頭打砸搶，短時間內擴散到整個社會。

我在《黃禍》裏描寫了北京一個救濟糧發放點因爲七百克麵粉的爭執引發暴亂，隨後暴亂連鎖擴散：

……人人都知道自己和家人活下去的惟一保證就是吃的。既然秩序已亂了，不參與搶劫最終就會一無所有。食品店、糧站、飯館、食堂如秋風中的落葉被一掃而空。人們的不滿和仇恨愈演愈烈地發洩出來。居民家庭緊接著被波及。只要有人喊一聲某家有囤積，人們就會不問青紅皂白地衝進去洗劫、放火和殺人……，晚來的人又在街上搶那些早來的人。搶劫如同漣漪那樣一圈圈擴大……，當漣漪繼續向外擴大，就成了城裏人衝進郊區村莊，一股腦將農民的糧食、豬、羊、連出殼不久的小雞全部搶光。而驚呆了的農民清醒之後，便以十倍的仇恨和瘋狂去搶別的村子，殺城裏人，截斷鐵路公路，把一切正在運輸途中的物資劫爲己有……。

這雖是小說裏的描寫，卻不是沒有可能在現實中發生。群衆是容易被哄搶帶動的，這在眼下社會新聞中都不乏見，不要說在難以糊口之時。而那些遭搶後的人家無以爲生，加上滿腔憤怒，也只有加入搶劫行列。這種連鎖擴散的速度可以非常快，只要未能在一開始就制止住，隨著範圍擴大只能越來越束手無策。

中國農村普遍對城市抱有憎惡，這是幾十年來城市對農村經濟上盤剝、人格上歧視的二元對立造成的。平日處於弱勢的農村無從伸張，在危機來臨時農村也不會對城市伸出援手。一方面會囤積居奇、暴抬物價，還會劃地自保（如SARS期間所爲），設卡收費，哄搶公路鐵路運輸物資等，造成城市之間物流中斷，加劇城市物資匱乏，進一步加深危機。

臺灣如何打垮大陸

對未來中國的命運，臺灣是一個異乎尋常的因素。雖然兩岸實力相差懸殊，臺灣卻可以成爲大陸自身危機爆發的誘因。

目前中共對臺灣採取經濟優惠、政治打壓的策略，與其在大陸實行的經濟主義路線一脈相承。這種策略使臺灣經濟與大陸經濟的融合度日益提高，似乎兩岸經濟交織在一起，臺灣就不能再搞獨立。但是前蘇聯各國經濟依賴豈非更緊，又何嘗避免了分裂？民族（族群）問題從來不是經濟問題，首先是政治和人文的問題。中共在政治上打壓臺灣的策略，雖可以使臺灣獨立的空間縮小，但因爲造成對臺灣人感情和尊嚴的傷害，導致臺灣人（尤其是青年）的心理逆反，臺獨傾向日益增長。而一個民主社會的長遠走向必定是其民心所向，從這點言，可以說臺灣獨立只是時間問題（除非大陸有重大變化）。

目前臺獨政治家的策略是通過「公投法」，讓公衆可以對公共政策進行表決。這是民主政治的合法性所在，也是民主社會的基本人權，沒有什麼力量可以阻擋。有了公投法，就可以在未來尋找時機啓動統獨公投。而只要公投結果是多數贊成獨立，臺獨在今日的國際政治框架中就有了基本合法性。

中國政府激烈反對臺灣公投立法，是因爲淸楚臺灣的民意會傾向臺獨。大陸主要靠的是武力恫嚇，這對臺灣商人和政客有用，卻不一定能嚇住普通百姓，反而過去的經驗是大陸越恫嚇，臺灣民衆越逆反。

一旦臺灣以公投選擇臺獨，中共當政者幾乎不會有選擇空間。一是中共一直靠民族主義彌補意識形態缺失，幾十年的宣傳把臺灣置於焦點，因此戰爭呼聲會在大陸鋪天蓋地，形成強大民意；二是「統一」作為大陸惟一實質性的「政治正確」，也是權鬥場上的武器。凡是希望避免戰爭的企圖都會被當作把柄，引起權力集團和軍隊內部的攻擊，因此中共決策者會惟恐被視為軟弱，搶著扳下戰爭機器的開關。

戰爭結果無外兩種，迅速佔領或久攻不下。大陸當然會全力爭取前者，搶在民主世界（尤其是美國）做出反應前形成勝利事實，逼迫世界認可。然而民主世界是否會接受一個專制政權進攻一個民主社會呢？理由僅僅是民主的人民進行了一次民主表決？在人權高於主權日益成為共識的今日，即使各國政治家出於利益算計不願和中國鬧翻，手握選票的民眾也會迫其政府對中國進行制裁。今日中國和六四時的中國已大不一樣，僅出口和投資兩項，只要民主國家對中國關閉大門，中國經濟就會陷入危機，其他危機也會隨之引發。

也許中共當政者希望靠時間讓世界接受佔領臺灣的現實，如同六四那樣以「淡忘」而讓世界最終放棄制裁。然而大陸當局能讓六四後的中國鴉雀無聲，卻不能讓被佔領的臺灣鴉雀無聲。佔領只是第一步，它如何管理兩千三百萬有過民主權利的人民呢？實行它許諾的一國兩制？臺灣人就有借助「兩制」進行反抗的空間。大開殺戒？那會有眾多義勇軍與它戰鬥不已。而每天面對這些反抗和戰鬥的「電視連續劇」，世界又怎麼會「淡忘」臺灣？只能越來越強烈地受到刺激。

如果戰爭結果是久攻不下，麻煩就更大，因爲以大打小，不贏就是輸。中國的「憤青」會興起鋪天蓋地的咒罵，權力集團和軍隊內部覬覦高位的少壯派也會掀起討伐，引起內部權鬥的政治危機；拖延的戰爭會動搖人們對中國經濟的信心，而現代經濟的命脈就是信心。特別是中國經濟重心的東南沿海，上海、廣州和香港都在臺灣導彈射程內。幾枚導彈就可能引起外資撤退、股市崩盤、銀行擠兌等後果，造成整個中國的經濟大廈隨之崩塌。

戰爭拖延還能使國際社會有反應時間，那些反應必定不會有利於中國。除了經濟制裁，軍事干預也非沒有可能。儘管美國政府眼下反對臺灣獨立，但並非意味它到時不會出兵援臺。美國政府不願招惹麻煩，然而美國精神卻不會允許其坐視。那種美國精神植根於美國選民對政府的約束，也體現於對全球推行美國價值觀的戰略。決心建設世界新秩序的美國如果任憑中國對臺動武，其何以面對世界，又何以扮演滿足美國人豪情的全球領袖？而若美國捲入臺海戰爭，戰爭的結局也就事先可知。

戰爭對哪一方，包括美國和世界都不會是好事。但即使各方心裏都明白，也只能眼睜睜事情按如此軌道發展。因爲這是一個「局」，各方的互動邏輯已定，結果也就別無選擇。而在這個「局」中，損失最大的只會是中國大陸。這就看出專制制度何以是禍。大陸雖有絕對的實力優勢，臺灣最好的武器卻是民主制度。只要戰爭一開，民主世界會立判正義邪惡，黑白分明地站到臺灣一邊。因此，大陸攻打臺灣絕非是一場沒有懸念的戰爭，反而大陸很可能是不戰已輸。我相信中共高層也明白這一點。在臺灣爲大陸動武惴惴不安的時候，中共高層也在惴惴不安，大陸又何嘗敢打臺灣呢？

3 西式民主路未通

一、中國政治改革的剛性之局

從李慎之的無解之問看「大壩僵局」

中共黨內民主派的代表人物，中國社會科學院前副院長李慎之先生有過這樣一段話：「鄧的六四情結恐怕恰恰在於，他已經認定這一結構是剛性的，一碰就垮，所謂『水庫的最後一道堤壩』，衆人都還以爲衝擊的是第一道堤壩，讓步餘地還很大，他卻可能意識到：這是學生腔，所謂第一道堤壩，從內裏看，其實就是最後一道堤壩，故而才敢冒天下之大不韙，動用軍隊把學生鎮壓下去！直到今天，無論是鎮壓者，還是被鎮壓者，包括那些因執行六四決策而背上民間罵名的人，都沒有認眞想過鄧爲何不惜一世英名，動用那樣鐵血手段？難道他連這一點政治上的加減法都不懂？笑話！」

不過在我看來，鄧小平也是直到六四才看清中共體制「剛性」到如此地步，否則他不會讓天安門運動發展到非得靠坦克才能平息的地步。他（以及胡耀邦和趙紫陽）曾試圖搞過政治改革，希望改良專制制度的弊病，找到共產黨與民主政治相容的彈性。然而反反覆覆，總是一統就死，一放就亂。即使是天安門運動的前期，他也希望找到和平解決的出路，但是最終面對的現實卻是，專制與民主之間是沒有妥協的，要麼徹底專制，要麼徹底民主，任何中間狀態都只能是暫時。專制制度就像一個沒有閘門的大壩，漲水時不能靠開閘放水，只能靠不斷地加高大壩。而政治改革如同要在大壩上開口，哪怕只開個蟻穴大小的洞，也會讓憋在水庫裏的水噴湧而出，越沖越大，最終導致一潰千里。

對中共而言，這種教訓在以往的大鳴大放、文革造反、民主牆時都有驗證。相比之下，專制可以容忍有限的民主，甚至有時還會希望利用有限的民主；民主卻不會容忍和臣服專制，哪怕是開明的專制。事後對六四的討論，常有「如果學生更爲理性和妥協便會結局不同」一類的惋惜，但是民主（尤其是大規模民主）本身的性質已經決定不可能有那種如果。在專制制度下，破土而出的民主不具備實現「共謀」的整合框架，只能各自表達。因此只要專制放開一點空間給民主，民主就會在多元互動的狀況下形成得寸進尺、不斷擴張的態勢。假如此時專制政權採取守勢，步步退讓，那是不會找到一個可以停下來彼此相安的界限的。民主注定要步步緊逼，直到專制政權徹底垮臺。歷史之所以總是上演專制政權先開明後鎮壓的戲劇，就是因爲專制大壩所面臨的開口即垮壩的局面，我稱爲「大壩僵局」，亦即李先生說的「剛性結構」。

六四的慘痛經歷使中共總結的最大教訓，就是「要把一切不穩定的因素消滅於萌芽狀態」。這除了是一則法西斯式的宣言，也同時否定了一切跟眞正民主有關的政治改革。因爲既然民主總會發展到沖毀專制大堤的結局，那麼再小的民主都是不穩定的因素，都不能讓其萌芽！

李愼之先生最後感慨：「如果我們眞承認這一邏輯，那還談什麼和平改革，漸進演變？那就等著革命動盪，天下大亂好了！」問題是，革命和大亂在衝垮中共的同時也會衝垮中國。如果我們不想讓中國隨之而垮，就應該考慮在西式民主之外還有沒有另外的方法，能讓目前的剛性結構變爲柔性，能在攔蓄著危險洪水的大壩上安全施工，造出控制自如的閘門？中國社會積累的爆炸因素之多之烈，一不小心就可能玉石俱焚。從系統工程的角度，該研究的是如何把專制積累的爆炸能量可控地化解和釋放，而非突然打開一個一湧而出的決口。

「民主的發作」導致「政黨亂局」

「大壩僵局」既是專制制度內在特性所決定，也是民主與其相互作用之結果。既然民主在專制大壩上一有流動空隙就會擴張爲決堤洪水，專制不能與民主相容的僵局也就成了無可選擇。

成熟的西方民主制並無暴烈成分，但那是上百年循序漸進的結果。其模式、方法和標準都是長期演化所形成，所有民主手段逐步被整合於一個完整框架，相互制約和平衡，才能實現規範和穩定。而今天專制社會向民主制度轉型，一是不再有百年時間，往往「一夕」降臨；二是模式與衡量標準都「一步到位」，不允許再從低級向高級按步驟演進（例如不能逐步開放選民範圍）；三是轉型未完成前沒有整合民主因素和手段的框架，因此民主的狀態會是散漫的「各自爲主」，形成趨於極端的相互比賽，以及行爲暴烈的失控。我把這種轉型狀態稱爲「民主的發作」。

專制權力會被「民主的發作」衝垮，中國社會也會因爲「民主的發作」遭殃。這裏暫且不說中國崩潰的特殊情況，只從民主轉型的一般狀態來看。西方民主政治的核心是政黨政治，打贏選戰要靠政黨，執政組閣也是政黨。中國按照西方模式進行政治改革，千條萬條歸爲一條，就是開放黨禁，變現在的一黨制爲多黨制。有多黨才有競選，有競選才有符合民主標準的普選，然後由贏得選舉的政黨組閣執政——這就是西方民主制的基本模式。

我們來設想中國的政黨政治會有如何局面。

首先，開放黨禁的中國會掀起如同當年辦公司一樣的組黨大潮。面對這片尚未開墾的處女地，無數抱有各種目的的人都會投身其中。根據政治學家研究，一個社會少於六個政黨時，政黨政治容易趨向適度多元主義，而在多於六個政黨時，則容易趨向極化多元主義（彼得·麥爾）。想想六四後僅在美國就成立了幾百個中國人的政治組織，未來中國出現幾百個政黨應是稀鬆平常之事。固然多數政黨會在競爭中淘汰出局，最終存留的政黨因爲處於同一競爭層面，仍然會具有趨於極端的性質。

所謂「處於同一競爭層面」，典型狀態就是新組建的政黨大都將以取代中共執政爲目標。爲達到這一目的，它們不僅要和中共爭奪選票，彼此也要競爭。競爭方式往往是比賽揭發中共執政的黑幕，向選民許諾越來越嚴厲的追究和懲辦，鼓動種種與中共鬥爭的社會運動。凡是想與中共維持良性互動的政黨，都會被更激烈的政黨超越。如果這種開放黨禁是中共做的讓步，我不懷疑它會再度鎮壓，回到一黨專制。當然中共不會做出這種讓步。它一直宣稱「絕不搞多黨制」，無疑是早看到了這種前景。

即使不考慮中共因素，「民主的發作」使中國進入了眞正自由的政黨政治環境，黨爭也會導致社會出現分裂與動亂。政黨競爭是民主政治分割資源的主要方式，這種機制激勵政黨衝突而非合作。在民主制度悠久而完善的社會，政黨政治都無法避免醜陋的一面。中國既喪失了傳統道德、也未學到西方的政治文明，未來黨爭可能達到的程度，「海外民運」是提前所做的演示（這是其價值所在）。那是中國受過最好教育、最瞭解西方民主的人群，爭奪的尚不是國家政權，都會落到如此地步。未來中國的黨爭將會何等不堪，以及會把社會帶向怎樣的分裂，足以讓人今天就十分警惕。

西方民主制的「勝負定局」

有人希望這樣一種前景可以吸引中共——即由中共自己主導政治改革，採納西方民主制，由此獲得民衆擁護，從而在西式民主的政黨競爭格局中能壓倒其他黨派，並利用其積累和壟斷的實力，實現在民主條件下的長期執政，如同日本自民黨那樣成爲多黨政治中的實際一黨統治。這樣，中共既能完成順應世界潮流的民主轉型，又不會喪失執政，豈不是兩全其美？

然而雖有國民黨自我轉型後仍在臺灣暫時贏得選舉的先例，共產黨卻不能相比。因爲西方民主制是國民黨從建黨就確立的目標（至少理論上是），只是因爲特殊歷史情況才停留於軍政和訓政階段（至少可以如此解釋），因此國民黨實行西方民主制，不意味其以前是錯的，反而是證明其兌現諾言，帶領社會進入憲政階段（至少邏輯是通的）。而中共從建黨宣稱的就是要消滅資本主義，實現共產主義，自始至終把西方民主制視爲敵對制度，因此中共採納西方民主制將被視爲承認失敗，向畢生的敵人投降。這無論在感情上還是顏面上，都是不能爲中共所接受的。更重要的是，認輸並未完事。承認失敗等於承認以往所做皆是錯的，而那些錯誤導致那麼多災難、死亡和冤案，牽扯方方面面，豈是認輸就能既往不咎、從頭開始的？錯了就要負責，就要賠償和追究，怎麼還能繼續執政？從這個角度，那種認爲只要共產黨改個名就可以適應變化並被社會接受的看法是不實際的。共產黨的道統和法統不會因爲改名而改變來源，它的歷史也不會就此一筆勾銷。鄧小平之所以不許批判毛澤東，不在於他要捍衛毛個人，而是要捍衛中共和他自己。他的治國路線儘管與毛完全相反，但他和毛依然只能是唇亡齒寒的關係。

必須看到這一點，中共與西方民主制之間沒有共存的可能，也沒有轉換的邏輯，只有你死我活、誰勝誰負的關係。中共不會因爲主動實行西方民主制就可以如魚得水，成爲贏家。西方民主制即使不反過來審判中共，也一定會將其遺棄。這是兩種制度已經定型的歷史關係所決定的。

以「六四」爲例說明這一點：

在中國搞西方民主制的政治改革，無論從哪個方面著手，「六四」都是繞不過去的一關。「六四」是專制權力對民衆運動的流血鎮壓，平反「六四」早成爲世界公認的是非和中國政改的試金石。不解決「六四」問題，政治改革不可能邁出實質步伐。然而只要爲

「六四」平反，政治改革的主角就將不再是中共，因爲「六四」的旗幟不是在中共手中，而是在「六四」被鎮壓者手中。「天安門一代」、「天安門母親」、異議人士、持不同政見者、海外民運等，都將隨「六四」平反進入舞臺中心。對於西方民主制，他們會被認爲是「正宗」。民主世界的輿論會支持他們。他們自然有較高的道德位置，對政改的要求也永遠會比中共步伐更快。因此不管中共怎麼做，展現的形象也只能是跟在他們後面亦步亦趨，顯得被動、僵化，以及凸顯歷史的累累欠債。中共推行政改將不但無功，反而只能加速垮臺。這一點——中共無法在西式民主的政治改革中得到主動權——決定了中共不可能按照西方民主制的模式進行改革。

中共難以避免的「清算結局」

世界上的後發民主國家，即使是和平轉型，事後一般也要清算前專制政權。目的不一定在於報復，而是因爲轉型在一代人完成，必須透過清算才能對身受專制之害的一代人有所交待。不過比起智利、印尼、南韓、羅馬尼亞、塞爾維亞等國，中國實行西方民主制後的清算範圍會更大。這既是因爲中國遺留的歷史公案太多，也因爲中共造成的現實矛盾太深。如果中國在轉型中失去政權整合，落入「民主的發作」，清算甚至可能演變成廣泛的群衆私刑。

想一想土改、鎭壓反革命、反右、大饑荒、文革、六四、西藏叛亂、內人黨、東土、法輪功……，有多少至今未解的歷史冤案和仇恨；再看一看今日每年幾十萬起的群衆鬧事、絡繹不絕的上訪隊伍、此起彼伏的暴力復仇、日益尖銳的官民對立以及十官九貪的社會現狀，一旦專制政權失去鎭壓之力，能光靠用呼籲「民族和解」就保證萬事太平嗎？

即使是可控地完成轉型，掌握了民主權力的農民也會用選票罷免現任大部分鄉鎭官員，並要求新選官員追查前任的貪污腐敗，進行法律制裁。這會導致相當比例的前鄉鎭官員受到懲處（因爲官員多數不乾淨），失去財產甚至失去人身自由。同樣情況也會在國有企業發生。至於更高層，則會有反對黨和獨立媒體調查揭發前專制政權官員的黑幕，把他們送進監獄。

如果說民主社會在清算腐敗方面會基本一致，其他方面的清算則可能出現分裂。小事如毛澤東屍體怎麼處置、人民幣上的毛澤東頭像是否更換，都可能引起舉國爭吵；大事如怎樣處置黨員數量超過許多國家人口的中共，如何看待西藏、新疆當地民族對漢人政府的清算等，衝突可能會更加激烈。

至今，對怎樣避免民主轉型時出現大規模清算的問題，成熟想法寥寥無幾。一個是「劃線豁免」的思路——即宣佈以某個時間爲準，以前事情既往不咎，以後則嚴格遵照法律。提議者辯解這雖不合理，但若能換取當政集團同意政治改革，也是值得。問題在於這種豁免由誰決定和公佈，即使是以人民代表大會的名義，世人皆知其不過是傀儡，等於是貪污集團自己宣佈自己合法。民主化後，民衆和民選權力幾乎一定不承認這種赦免。對此前景，親歷過無數政治叛賣的中共怎會看不到？

另一種思路是「贖買豁免」——即當政集團首先對受害階層進行利益補償，就如文革後對挨整幹部和知識分子升職加薪、分房配車，安排子女等，換得「水落石不出」（不追究文革加害者責任）那樣。但現在與那時的區別一是需要補償的對象增加了很多——幾乎整個工人階級和相當多的農民都認爲自己受到了損害，進行這麼大規模補償的能力是不夠的；二是補償手段少了很多——如文革後只要同意承包土地就可以換得幾億農民感恩戴德，基本上現在手段已用光。然而若是受害者不能得到滿意的利益補償，他們就只能以對加害者進行報復和懲罰作爲精神補償，豁免也就無法實現。

按照西方民主制模式進行中國的政治改革，會導致上述「大壩僵局」、「政黨亂局」、「勝負定局」和「清算結局」，這決定了中共當政者的抵制，因此必須尋找能避開上述四「局」的新途徑，才有促使當政者自我改革的可能。

二、西式民主在中國淮橘成枳

「憲政熱」是中國的百年悲哀

近年憲政話題在中國加溫。這個話題一百年前也曾是中國社會改造者的熱門話題。目前重要的不是重複曾祖們同樣的口號，而是應該反省一下爲何轉了百年又回到起點？

憲政不是憲法，是憲法（或相應體系）在實踐中的實現。制定憲法容易，實行憲政困難。很多國家可以很快炮製出一部充滿西方詞彙的憲法，但是在西方社會以外能夠完好實現西方民主制的國家卻不多。杭廷頓認爲現代民主是西方文明的產物，它的諸多要素經歷了西方土壤千年培育——「這些要素也許可以在其他文明中找到其中的一二，但是作爲總體，它們僅存在於西方之中。」

中國自二十世紀初就有了憲法，但從來沒有憲政，只有強權對憲法的玩弄踐踏。應該說憲政的最好保證是公民對憲法的尊重與捍衛，以及對違憲當權者的集體不服從。但這首先需要法律對人民具有神聖性，中國卻是多數人從未建立起對法律的信任和尊重。這種狀況過去如此，現在同樣，未來也難指望短期內可以改變。

我同意民主因素是在西方文明土壤中長出，但我不認爲民主不能在其他文明的土壤扎根。西式民主之所以在中國總是變形，關鍵是沒有循序漸進的過程與時間。西方民主制除了有幾百年的發展時間，還有一個從小到大、從初級到高級的過程，如法律逐步確立，選舉逐步擴大範圍，政黨經過多年淘汰……，如同從種籽長成大樹。這種過程經歷風風雨雨，扎下深入根系，與文化土壤的緊密結合獲得了旺盛生命力和抵禦外界破壞的能力。當西方民主的大樹已經長成，顯示出美麗和強大之後，引起了其他文明的羡慕。然而那些社會卻不能從種籽開始，而是需要把民主的大樹直接移植過來。移植的大樹看似速成且壯觀，生命力和抗病力卻要大打折扣。

循序漸進之所以重要，是因爲只有當憲法以活的機制而非死的規定存在時，才會成爲憲政。活的機制是一種自動運行功能，需要長期培育。英國於此是典型，其所以能夠無憲法而有憲政，就是因爲長年漸進積累的習俗、慣例、單行法規、法院判決和政治行爲等組合出一種自動運行機制。在這種機制中，沒有哪個人或哪種力量能夠單獨操縱政治，只能按照歷史賦予的角色，以及歷史形成的規則進行互動。政治就是在這種互動中獲得穩定、制約與平衡的。如果沒有這種活的機制，僅有文字規定的制度和機構設置，狀況就將因人而異。

舉例說，立法、司法、行政分立被認爲是憲政的保證，這在理論上沒錯，但即使三權分立了，法治也不會自動實現，因爲法治歸根結底要靠人執行。在一個沒有法治傳統並陷入整體性精神糜爛的社會，三權相互勾結交易的可能性會大於相互制衡。各種強勢集團在壓制民衆方面也會放棄分歧進行共謀。眼下看到的菁英勾結、法官腐敗、警匪同流、律師貪婪等現象，那時可能更加放大。

然而歷史不能照搬，即使明白循序漸進的重要，也不可能再從初級到高級，分步驟接受西方民主制。民主理念今天已如此廣爲人知，民主轉型因此只能被要求一步到位；西方國家也把自身達到的高級民主視爲要求其他國家的標準；高級民主一旦產生，就不會再提供低級民主合理性。最直接的例子是中國民主選舉若從「三十五歲以上、年收入十萬元以上的男性漢人」開始，儘管比沒有選舉進步，也是西方民主曾經有過的階段（如限制選民爲「三十五歲以上、年收入五萬英鎊以上的男性白人」），卻只會引起舉世抨擊。

應該保持這樣的清醒：西方民主制依賴的機制需要複雜的歷史演進形成，而中國不再有複製這種演進的可能，也就無法形成同樣的機制。從這一點而言，我同意西方民主制無法眞正在中國扎根。也許我們該在另一個方向上進行探索——能不能找到一種新體制，既可實現西方民主制的理念，又無需複雜的歷史演進培育其運行機制，而是在實施同時就自動生成運行的機制？

民主的「廣場效應」

沒有充分的演進過程來移植西方民主制，一方面權力在多數情況下仍能繼續愚弄和壓迫民衆；另一方面在某些特殊時刻，民衆又能以一哄而起的方式裹挾權力。前者是專制操縱民主，後者是民主進行專制。

民主在歷史上長久沒有好名聲，那種源於希臘城邦的古代民主，典型形式是群衆在廣場上以鼓掌或喝倒彩的方式表達支持和反對，與其說是民主，不如說是多數專制，和保護少數的現代民主完全不同。而在中國移植西方現代民主，得到的可能恰恰是這種廣場式的古代民主。

一九八九年的天安門廣場，某種程度是古代民主的再現：誰得到最多的歡呼就成爲領袖；誰遭到噓聲就得下臺；誰爲李鵬說句好話準遭痛打；連最後撤離廣場的決定，也是依據「是」和「否」哪邊喊聲較大。未來的中國民主雖不一定在廣場上進行，卻會存在相同的「廣場效應」——即在菁英、大衆和媒體之間產生趨於極端的互動。菁英爲獲得大衆歡呼而不斷拔高；大衆則因爲有菁英煽動更爲激烈；而媒體則把整個社會連結在一起，如同擠在一個廣場上一樣共同激動、歡呼或起鬨。

成熟的民主社會偶爾也有「廣場效應」，如對伊拉克動武時的美國。但在多數情況下，因爲其政黨相互反對、媒體立場多元、大衆觀念分化的格局已成常態，基本上會按照相互制約的原有慣性運行，不太容易出現一面倒的失衡。然而中國民主化後，政黨和媒體都是新得到自由空間，制衡格局遠未形成，主要目標都是跑馬圈地。那時最可能出現的是各方爭搶同一個制高點，什麼話題能贏得最多民意和選票，就把什麼話題炒作到極致，以達到贏家通吃。這會促使社會情緒越來越趨於同一方向。

「廣場效應」造成的聲勢可以很大，卻是專制而無理性的。在那種「廣場」上，理性只能沈默，異議只能退縮，最終決策往往瘋狂。人多勢衆並不等於正確。「群衆人」的特徵是從衆，而非認眞思考，甚至根本不知道自己到底要什麼。他們或是被「廣場」的熱鬧吸引，或是被周圍的壓力驅使，或是懼怕不合群的孤獨。而當群衆聚集得越多，善言辭、會煽動的政客就越是如魚得水。在廣場上欺騙十萬個陌生人，要比欺騙身邊十個熟人容易得多。

在民主轉型初期，民意採集、傳遞、疏解和制約的管道必定不暢，利用「廣場」會成爲表達民意的主要手段，不僅對需要表達意見的群體方便易行，政黨和媒體也會出於自身需要推波助瀾，將其不斷做大。今日的媒體和通訊技術可以將這種「廣場」的規模無限放大，迅速擴展，造成國家整體性的躁動。那時無論議會、內閣、執政黨或總統，都得在輿論潮流和選票制約下捲入「廣場」，受大衆裹挾。

因此，不能以政治正確的方式使用「民主」二字，而是首先需要區分古代民主和現代民主。有了這種區分，就可以明白目前對中國民主的擔心主要是針對古代民主；而認爲中國民主條件未成熟則是針對現代民主。中國實現古代民主易，實現現代民主難。如果在中國不區分這兩種民主，倉卒地把西方制度拿來，得到的很可能不是理想實現，而是怪獸脫籠。

組建農民黨贏得中國大選的設想

西方民主制的基本特色是普選。轉型初期的新建政黨沒有歷史形成的特定立場和包袱，目的都是爲了贏得選舉。哪個政黨能贏得選舉，執掌政權，就能利用權力爲自己奠定長久強勢。因此當爭奪選票成爲最高目標時，主義和綱領倒是變成可以投機的。什麼政黨最有可能贏得未來的中國大選？我看好農民黨。

爲數八、九億的農民是最大票源，因此贏得中國大選的關鍵在於得到農民擁護。爲了這個目的，社會、國家的長遠目標並不重要，而是怎樣獲得農民在投票時刻的擁護。可以這樣設想，一群有眼光、擅操作的政客（可能沒人眞正和農民有關）瞄準農民的選票組建一個中國農民黨。中國社會欠農民的太多了，因此可以向農民做出的許諾也很多。舉例說，以取消計劃生育和實行土地私有化爲競選綱領，很容易獲得多數農民的支持。

選舉需要金錢奧援。農民是最沒錢的群體，農民黨的錢從何而來？對土地的私有化恰恰可以把最窮和最富的兩極連接起來。中國最有價值的國有資產是土地，很多人都把眼光盯在這塊肥肉上，等待瓜分。如果把土地所有權給了農民，看上去是農民得了好處，最終得利的卻可能是大地產商。因爲土地私有化意味土地從此能夠自由買賣。在嚴重兩極分化、大量農民準備脫離鄉村的中國社會，就會成爲土地兼併進程的開始。所以這種看似奇怪的現象完全可能出現——有錢的大地產商出錢支持農民黨競選。無疑這種出錢是要求回報的，農民黨一旦上臺執政，也就會給地產商們打開方便之門。

這會帶來什麼結果？取消計劃生育可想而知。實行土地私有化則可能進一步激化社會矛盾。有人會說民主制度不怕惡果，選民可以在下次選舉更換執政黨。即便承認如此，惡果也成了現實。已經私有化了的土地還能再次國有化嗎？滯後性是西方民主制的主要弊病之一。而人類社會在很多方面是不能試錯的，走上去就無法回頭，或是強行回頭結果更糟，如同把已出生的孩子送回子宮，孩子和母親都活不了。

推崇私有化者對此可能不以爲然，怎麼就能斷定土地私有帶來的是壞處而非好處？我也並非下定論。然而凡是長期結果尚難料定之事，都不該成爲宏觀決策。我舉農民黨的例子，是想說明未來中國進行西式民主選舉，可能導致大量不顧長遠的許諾。如果那些許諾變成執政決策，碰對了固然好，錯了就會很糟。

民主轉型催化民族衝突——以西藏爲例

即使是最老牌的西方民主國家——英國，至今仍對民族問題頭疼不已；被視爲民主楷模的美國，種族衝突一直持續；當今那些驟然民主化的社會，民族分裂和衝突幾乎成了民主伴侶，兩者形影相隨。事實上，民族問題在專制統治時往往被鎮壓掩蓋，到了民主轉型時反而爆發，再加上「民主的發作」和「廣場效應」，轉型往往成爲民族衝突的催化劑。

以西藏和新疆爲焦點的中國民族問題，是中國政治改革必將面臨的挑戰。少數民族人士認爲民主意味著少數民族人民自己選擇前途，其中有人主張用蘇聯解體的模式解決中國民族問題。然而這在現實中是行不通的。少數民族雖然只佔中國人口不到百分之十，地域面積卻佔中國領土近百分之六十。僅新疆、西藏（包括青海、甘肅、四川和雲南四省的藏區）兩地四百萬平方公里，就超過中國領土面積的五分之二。國家解體對俄羅斯人和漢人的不同主要在此：佔蘇聯一半人口的俄羅斯人在解體中分得百分之七十六的領土，而佔百分之九十以上的漢人在解體後只剩百分之四十的領土，這是中國不能以蘇聯解體模式解決民族問題的根本所在。

達賴喇嘛提出的「中間道路」，是解決中國民族問題的另一思路。「中間道路」可以歸納爲一句話——留在中國以民主制度實現整個藏區的高度自治。其中四個要素是：「留在中國」、「整個藏區」（也稱「大西藏」，包括四省藏區，面積比「西藏自治區」大一倍。）、「高度自治」以及「民主制度」。其中「民主制度」是參照西方代議制設計的，作爲在「整個藏區」實行「高度自治」的手段。只是如果這種制度不能確保西藏「留在中國」，整個「中間道路」就會失去前提。所以我們先從這個角度來看達賴喇嘛構想的制度。

達賴喇嘛於一九九二年在《西藏未來政治道路與憲法精華》（西藏流亡政府外交與宣傳部印行）中提出的政治制度，主要環節有以下幾個：

一、由民衆直接選舉：(1)全藏人民代表大會代表，(2)藏區各州議會議員；

二、由藏區各州議會選舉全藏議會的議員；

三、由(1)全藏人民代表大會、(2)全藏議會負責立法；

四、由(1)全藏人大代表、(2)全藏議會議員、(3)藏區各州議會的議員共同選舉總統和副總統；

五、由全藏人民代表大會選舉行政首長和內閣。

可以看到，議員（包括代表）在上述環節中產生決定性作用。他們除了擁有立法權，還選舉總統，任免政府。下面來看代議制民主社會的「意見領袖→傳媒→大衆→議員→政府」互動鏈條，在這種制度中將會如何發生作用？

意見領袖

意見領袖是由思想家、學者、作家等文化人和在野政客組成，他們是「議」者而不是「行」者，考慮問題的出發點是「應該怎樣」而非「能夠怎樣」。理想與現實的衝突不由他們承擔，因此他們總是高舉道德旗幟。一方面道德是知識分子立身之本；一方面在野菁英爲了獲得政治權力，搶佔道德制高點是有效途徑。驟然民主化是一個權力資源在短時間內重新洗牌的時機，爲了引起社會關注、奠定民意基礎，同時回應社會質詢，很多意見領袖都會選擇道德立場以求加分。那麼未來西藏的意見領袖會選擇哪個道德制高點進行表演？可想而知最能煽動公衆的莫過於西藏與中國的關係。

從被壓制得到解放，首先要釋放多年積怨。民主化必定揭開專制統治黑箱，暴露多年祕史，只會進一步加深積怨。擅弄輿論的意見領袖無論對大衆、媒體，還是對當權者都有重大影響。反過來媒體和大衆也會影響意見領袖。一旦輿論形成潮流，意見領袖就得反過來追趕輿論，力圖跑到輿論前面。那些覬覦權力的在野菁英更是要與已經形成的社會輿論緊密呼應，才有利用民主制度掌權的希望。

媒體

民主化的基本條件是言論自由，私營而非官辦的媒體成爲主流。驟然民主化將催生大批新媒體。爲了在市場競爭中佔據份額，每個新生媒體都需要在剛開放的空間跑馬圈地，爲此展開爭奪公衆的比賽。而法寶莫過於激動大衆情感。情感能使人慷慨解囊，成爲忠實追隨者。誰能掌握大衆情感，誰就會成爲贏家。對驟然民主化的西藏，最大賣點莫過於中國對西藏的迫害。媒體擅長炒作、煽動情緒，市場競爭決定了這種炒作會很快形成風氣。媒體在「適者生存」的規律下走上嘩衆取寵的道路並不反常。即使在媒體自由發育成熟的西方社會，小報風格都佔相當比例，而培育嚴肅媒體所需要的條件，驟然民主化的社會並不具備。

大衆

專制統治下的民衆缺少表達和釋放管道，往往採取對社會事務漠然的態度，而在驟然民主化來臨時，卻可能形成激烈爆發。平時一盤散沙的群衆變成牆倒衆人推的暴民，傳媒炒作往往構成主要煽動。尤其在民族問題上，傳媒煽動最易得到群衆呼應。西藏以往經受了那麼多災難和痛苦，一旦有可能發洩，爆發能量不難想見。那時除了愈演愈烈的民族主義，其他聲音可能都難於（也不敢）在媒體上表達。

代表和議員

選民選舉議員，決定了議員必須投選民所好。達賴喇嘛對議會（包括人民代表大會）體制的設計，初衷也許是期望議會緩衝大衆的非理性。西方代議制政體的確有這種功能，然而前提是沒有激動全民的目標，沒有近在眼前的仇恨對象，也沒有正在把社會推向極端的社會氛圍。只要存在這些因素，西方國家的議會照樣會被大衆情緒左右。在缺少利益集團、政黨結構等平衡因素的西藏，當選議員跟著大衆跑幾乎是別無選擇。

在代議制競爭中，競爭者的慣用手法是攻擊在位者的妥協和軟弱。群衆熱愛英雄，喜歡看壯舉、聽豪言。議員面對這樣的競爭，不能不被鞭策著加入趨於極端的賽跑，所以議員不僅不能以理智緩衝大衆的情緒，反而可能還要力爭跑到大衆和競爭者前面。

代議政治培養善於利用傳媒表演的政客，而不是敢以眞知灼見對大衆潑冷水的智者。在爭取選票的競爭中，投合大衆的政客幾乎總是壓倒表達不同見解的智者，而在一個缺乏民主訓練的驟然民主化社會，選民尤其會被政客的誓言和允諾迷惑。議員往往無需爲後果負責，因此務實動力對他們遠小於道德動力。而在達賴喇嘛的政治制度中，「議」對「行」的介入達到空前，議員直接制約乃至決定政府的行爲，因此促使西藏與中國衝突的鏈條還會繼續延伸。

領導人和政府

按照達賴喇嘛的制度，未來西藏的最高領導人由議會選舉，不是普選產生，雖然給了最高領導人一些特殊權力，如可以直接任命部分全藏議會議員，任命各州州長，議會通過的法案法令須經最高領導人批准等，但只要最高領導人是由議會選舉，他就只能追隨議會，而不會與議會抗衡。在議會內部意見不一致時，領導人可以利用分歧搞平衡，但若議會對某個問題趨於一致，領導人就沒有選擇，只能服從議會。恰恰在西藏與中國的關係上，未來的西藏議會很可能相當一致，有所區分的只是極端的程度。事關對外，議會各派同仇敵愾比賽愛國，這樣的例子各國都不少見。這將使本應對社會負責的政府，不但無法扭轉「廣場效應」，自身也會成爲其中一環。

綜上所述，按照西方民主制轉型，藏族從意見領袖、媒體、大衆、議員，直到政府都會被捲進西藏獨立的追求中，「留在中國」也就僅僅是達賴喇嘛的許諾，沒有保證。類似過程正在臺灣上演。那時漢人中的民族主義勢力會打起保衛國家統一的旗號，而且不會找不到市場。當其贏得選舉之日，就會是漢人對藏族（包括其他尋求獨立的少數民族）

發動戰爭之時，同時也會是法西斯主義在中國的捲土重來。

西方制度會使中國首先走到末路

人類面對待開發的富饒自然時，西方資本主義加代議制民主是最有利於經濟發展的制度，最能調動創意與活力，促進生產和經濟交流。但是這種以自由爲核心的制度具有巨大的膨脹力，達到一定程度便會破壞生態，威脅人類賴以生存的環境。這時人類就需要進一步思考，不能再單純追求自由的無限，而要考慮建立節制（當然是在自由的基礎上），否則難免自我毀滅。

對生態、人口壓力尚不大的國家，西方制度的優越性還能繼續保持一段時日，中國卻不然。綜合考慮社會與生態的關係，需要同時考慮人口、資源和欲望三個因素。如果人口多，人均資源就會少；如果欲望不同，人均資源的意義也不同。在這三個因素中，最人爲的是欲望。中國人在擺脫貧困的同時，欲望也在猛烈增長。曾經的貧窮使人對財富加倍渴望。宗教信仰和道德倫理本是對欲望的制約，但兩者在中國都失去作用。於是今日中國達到三「最」——人口最多，人均資源最少，物質欲望最高。結果是以最多的人口乘以最高的欲望，去吞吃最少的資源，中國因此將在物質主義的路上首先走到盡頭。

對於擺脫物質主義道路，西方制度是無力的。西方民主制以鼓勵個人自由發展爲目的，政府的合法性來自民衆普選，因此不敢也不能對經濟發展和大衆消費進行節制。自利是人的天性，放縱的自利就成爲貪婪，而只要缺乏節制，自利一定會放縱爲貪婪。在這一點上，可以說西方民主制是縱容貪婪的制度。由貪婪個人匯合起來的民主，只能走上物質主義的不歸路。

我說西方制度會使中國受物質主義之害，並不等於說共產主義式的公有制和專制政治有利於生態。共產加專制的工業化造成的生態災難有目共睹，不必多說。不過我也不同意民主制加私有制會使生態變好的看法。西方國家的生態近年確有改善，然而大都屬於眼界之內的改善。生態問題已經擴大爲臭氧層破洞、溫室效應、生物多樣性喪失等眼界之外的更大災難，更難解決。況且眼界之內的污染也非全都消除，相當一部分是轉移到發展中國家，如中國這種「全球製造中心」了。

當然，有所規範的資本主義和成熟的民主法治肯定會減少生態破壞。令人最擔心的是不成熟的民主、不完善的法治和無規範的資本主義——那恰恰是按照西方民主制的模式轉型後，將在中國長期存在的狀態。那時欲望加自由，再加民主，將對中國生態形成新一輪的摧毀。

4　別無選擇難進退

一、中國已無毛澤東

當今中國出現的很多矛盾與問題，都是在毛時代沒有的，因此今日中國民衆出現了懷念毛的情緒，思想界也有人企圖從毛時代尋找藥方。

效率與公平是人類面對的基本矛盾。當市場經濟給了中國前所未有的效率，公平也隨之前所未有地遭到破壞。毛時代對今日中國的吸引力，主要就在那時的相對公平——並非政治公平，而是經濟上的平等。

毛的史達林主義面向已是不爭事實，這裏只談毛時代的公平。那種公平得以存在的基礎並非僅是政治和體制，首先乃是對人性提出的要求——即人人都要「一心爲公」，「爲人民服務」成爲全社會的宗旨，官員要當焦裕祿，百姓要學雷鋒，所有人都要毫不利己，專門利人……。只有在這樣的基礎上，才能順理成章地形成毛時代的社會結構，建立毛時代的政治與經濟體制，實行經濟平等（乃至平均主義），避免兩極分化和打擊特權階層。

爲了達到這個目的，毛時代要求人人「靈魂深處爆發革命」，「狠鬥私字一閃念」，同時靠「毛澤東思想武裝了頭腦的群衆」監督官僚集團，防止他們搞「資產階級法權」，變成「走資本主義道路當權派」——這就是被概括爲「鬥私批修」的文化大革命。當然，事實已經證明了毛的失敗，人的自利天性不可改變。

而一旦放棄了毛的改變人性、再造人間的努力，把「無私奉獻」變爲以私爲槓桿「調動積極性」，平等就不再可能。因爲調動私的積極性，靠的就是不平等。在追逐私利的比賽中，贏家只有少數，多數人將被越甩越遠。兩極分化因此成爲必然。尤其在「化公爲私」、「權錢交易」的過程中，不公平最爲嚴重。這正是中國目前的現狀。

在認可自私是人的天性前提下，僅僅以毛澤東思想反對眼前的不公，即使能獲得結果，也不會是毛時代那種平均主義的大鍋飯，只是更換另外一批人充當不公者而已，本質是太平天國的農民造反和王朝輪替。而以西方民主法治管理一個以「私」爲核心的社會，雖然會相對穩定、有所規範，也改變不了大資本、大財團充當主宰的局面。

今日中國沒有人想再回到毛澤東時代，然而即使只是想在毛體系中挑選「合理」的部分，也照樣不可能，因爲毛的一套是個完整的活體，相互關聯，分割即死。毛時代「寧要社會主義草，不要資本主義苗」之著名口號就說明了這一點。那不是因爲農民出身的毛不知道苗比草好，而是只要允許存在私的苗床，就必然會失去公的土壤。同樣，只要今日中國不能也不想再回到把人當作「螺絲釘」的軍事共產主義年代，企圖用毛的手段達到毛時代的公平，就注定只是空想。

拋開今日毛澤東熱的道德光彩和學術外衣，其內在訴求還是在呼喚「英明領袖」，寄希望於一個「愛民政府」依靠強大權力保證社會公平。這種「愛民專制」且不說是否能有、會不會變質，以及怎樣對其制約，它首先就和自由經濟相矛盾，因此無法和今日中國的現狀相匹配（除非是以法西斯的方式）。

二、「黨內民主」是行不通的一國兩制

近年出現一種政治改革思路，即首先在執政的中國共產黨內部實行民主化，繼而再實現整個中國社會的民主化。這種「黨內民主論」分「溫和派」和「激進派」。前者主張把民主政治的理念與活動規則引入黨內，實質只是在黨內一元化的前提下，要求實現黨內生活的民主化；後者則是要求在黨內實現多元化，建立黨內不同派別合法競爭的機制。兩派貌似區別很大，但進入具體操作後卻可能是殊途同歸。因爲前者要求由普通黨員決定黨內幹部的命運，具體方法是由黨員對各級的黨幹部實行差額選舉乃至直接選舉。而只要選舉是眞實和自由的，最終必定導致競選，那也就是進入了多元狀態。做爲世界第一大黨的中共有六千多萬黨員，比世界多數國家的人口都多，只要在其內部出現多元民主，和一個社會實行多黨競爭的區別已經不大，黨內黨外的界線也肯定難以守住。

這種思路有多大的實現可能？正如人們對此的悲觀看法：世界上還沒有一個國家能在不民主的社會實現執政黨的民主化。權力只會針對其控制薄弱之處進行改革，在其能有效控制之處恰恰不需要改革。中共黨內是中共控制最嚴密的領域，進行黨內民主改革

的動力從何而來呢？多元競爭對覬覦權位的臺下菁英可能是機會，對已在臺上的當權者卻是寢食難安的威脅，而改革與否的決定權恰恰是在後者手中。

也許敦促中共實行黨內民主的倡議者並不指望中共官僚集團接受改革，而是希望說服中共黨魁。從中共黨內開始實行民主，畢竟可以使中共自己掌握主動，控制改革的局面，維持一黨專政的政治格局，由此避免實行西方民主制導致的「政黨亂局」，也避免中共自身陷入「勝負定局」和「清算結局」。

然而，即使這三個「局」得免，還有一個「大墹僵局」——即萌生任何民主之芽都可能導致專制大堤潰於蟻穴，更不要說在六千萬人的群體中實行民主。如何想像未來中國由六千多萬實行了民主的中共黨員對其他十二億中國人實行專制統治呢？大陸和香港的「一國兩制」靠的是鐵絲網隔絕的保證，實行中共黨內民主相當於另一種形式的「一國兩制」，而那兩制下的中國人卻是沒有任何隔絕地攪拌在一起！非共產黨的中國人能長久地甘當「政治賤民」嗎？無論從哪個角度，共產黨都找不到合理解釋，爲什麼只有他們能民主而別人不能。而只要黨內民主向社會擴散（幾乎無疑），黨內民主的改革思路所企圖避免的「政黨亂局」、「勝負定局」和「清算結局」就會照樣出現。

因此，儘管黨外人士積極鼓吹中共實行黨內民主，中共高層卻不為所動，就是因為他們清楚黨內民主不可能被封閉在黨內。提倡黨內民主看似只給了中共搞民主的特權，實際上誰都明白十多億非黨員中國人一定會隨之跟進。那時離中共分崩離析的日子也就不遠了。

三、村民選舉與政權斷裂

從一九八七年全國人大通過《村委會組織法（試行）》算起，被稱為中國農村基層民主的村民選舉已有十七年歷程，最多的地方已經有過七輪選舉。對這種選舉，一般沒人認為不應該，爭論只是其到底有無可能成為中國民主化的開端。一些人認為只要這種選舉繼續向上延伸，實行鄉級選舉、縣級選舉……，最終達到全國普選，中國的民主化不就實現了？另一些人則認為這是一廂情願。中共從來沒有把村民選舉當成實行民主化的第一步，只是在失去了以公社控制農村的手段後替代的方法。由村莊內部自己處理事務，以省卻政府操心，同時又能像過去一樣服從政府。後一種觀點因此認定村民選舉並非什麼值得吹捧的進步，跟古代王朝差不多，連日本佔領軍當年不也是讓各村「維持會」進行「自治」嗎？

其實，不僅把村民選舉當作中國民主化開端的想法是一廂情願，希望村民自治既能讓政府省心、又能服從政府的想法同樣是一廂情願。事實上除了少數特例，推行了十七年的村民選舉在兩個方向都不算成功，既沒有向眞正的政治民主化進展，也沒有改變農村社區渙散和管理混亂的局面。據專家調查，大多數村莊的選舉目前仍然只是徒具形式，充場面，農民也不認爲自己的政治權利有實質性改善。基層政府爲了解決農村失控問題，除了保證黨書記掌握村中實權，還要想方設法影響甚至控制村級選舉，並採取各種措施，保證村委會服從政府而非服從選舉他們的村民。

造成這種狀況的根源，不能簡單歸諸專制政權對民主的排斥。那固然是因素之一，更深一層卻是前面所談中國喪失了文化整合，只剩政權做爲社會惟一的整合機制。古代中國之所以能做到官府不下鄉，村民對內自治，對上服從，是因爲具有完整的文化結構、穩定的歷史傳統，以及發達的民間社會，政權因此不必直接去控制每個社會細胞。毛時代實行所有制革命，必須把舊的文化、傳統和民間社會統統消滅，替代方法是以集體化方式向下延伸政權，把政權統治下達到每個村莊，不留任何自由空間。鄧時代的中國農村廢棄了公社，重新回到個體經濟，於是失去了向基層延伸統治的手脚，因此又企圖恢復傳統的鄉村自治。然而相應的文化結構、歷史傳統和民間社會已被毛時代摧毀，沒有相當時間不可能恢復，傳統農村的對內自治、對上服從狀態也就不可能再現。

同時又因爲目前社會在體制、結構等多方面的不合理，導致問題叢生，矛盾不斷，對抗與衝突因素遍佈社會每個角落。而鄉村內部缺少自我解決矛盾的機制，決定了必須由政府直接或間接地保持控制，才能實現鄉村社會治理、保證服從以及維持鄉村內部的秩序。政府一旦不進行這種控制，無法解決的矛盾和問題就可能愈演愈烈，甚至演變成大的衝突或失控。

在這種情況下，對村社完全放棄控制一是會使很多不具備自治能力的村社徹底渙散下去；二是重新萌芽的傳統因素雖然在有些地方可以維持村社組織，但因爲已遭消滅的仕紳階層短期內不可能重現，因此往往由豪強乃至惡霸控制，變成政府難以掌握的幫會；三是眞正按照現代民主方式組織起來的村社，其經民主選舉產生的領導人一定會把原來的對上負責轉變爲對下負責，導致對專制政府的不服從。我把第三種狀態（以及一定情況下的第二種狀態）稱爲「政權的斷裂」，即這種組織化狀態已經不涵蓋在政權組織之下，反而是與政權組織異化、疏離甚至對立的。這種組織在政權與農民之間加進了一道隔斷，使得政權失去了對農民的統治，也不能把農民納入社會的整體性整合中。既然政權是惟一的整體性整合，不能納入這種整合的農民就會成爲不穩定因素。而農民不像城市人那樣具有多種身分（因此政府的控制管道也有多條），村社往往就是農民的全部天地，政府一旦失去對村社的控制，就失去了對農民的控制。中國農民佔人口的百分之七十，對農民失去控制，就等於對中國失去控制。這既是專制統治本性不能接受的，也是一個惟剩政權整合的社會所不能允許的。

讓黨支部重新掌握村莊實權，是在當局認識到這種斷裂威脅後做出的反應。這種退步造成目前多數村民選舉有名無實。那些期待當局把村民選舉繼續向上延伸的願望之所以不可能實現，就在於那等於把「政權的斷裂」繼續向上延伸，不但造成脫離政權涵蓋的範圍繼續擴大，而且使其具有更多與政權抗衡的能量。

四、中共爲何不能成爲社會民主黨

傳聞中共對歐洲的社會民主黨甚感興趣，派出多批官員學者赴歐考察，企圖引進社會民主黨的經驗，還有人建議中共改名爲社會民主黨。

表面看來，今日中共和社會民主黨已有不少相似之處，如非意識形態化；放棄整體性制度替代，定位於漸進改革，把原來宣稱的目標以推到遙遠未來的方式架空；接受私有制和資本主義；對政治實用主義化，以市場哲學主宰政治哲學；把人民利益歸結爲簡單的物質利益；用「與時俱進」的修正主義擺脫理論困境；拋棄工人階級政黨的傳統形象，從階級黨向全民黨轉變，向有產階級開放並尋求跨階級支持等。然而中共和社會民主黨卻有一點根本區別——中共是一個專制獨裁的黨，其掌權是以暴力奪取政權的方式實現；社會民主黨則是按照民主規則行事的黨，獲得政權只能透過贏得選票的方式。這種區別遠大於表面那些相似。

歐洲社會民主黨能夠割斷與馬克思主義的淵源，完成與列寧主義的決裂，是因爲一方面工人階級在民主社會逐步轉爲中產階級，迫使歐洲社會民主黨對自身綱領和路線做出相應改變；另一方面爲了贏得最多的選票，歐洲社會民主黨也必須隨時跟隨多數選民，因此與馬列主義脫鉤是必然也是必須的，對其只有利沒有害。中共卻不一樣。今日中共雖然有時也會把馬列主義視爲包袱和束縛，但如果拋棄馬列主義，它便無法解釋其專制權力的來源和一黨專政的地位。社會民主黨奉行的民主理念對中共更是不可接受。而如果不接受民主，又如何談得上成爲社會民主黨？社會民主黨的核心不是別的，正是「民主」。上面所說歐洲社會民主主義的那些特徵，如果沒有民主做爲核心，世上哪一個專制獨裁權力不可以具備？而中共無論怎樣模仿歐洲社會民主黨，對民主卻始終遠離，所以中共是不可能轉變成社會民主黨的。

Ⅱ 遮進民主制

5　遞進民主制

一、黃河上的木頭垛

我聽過黃河邊的老人講過這樣一種情景：早年的黃河上游沒有路，伐木者只能利用黃河輸送原木。黃河峽谷段落有些地方很窄，礁石林立，有時原木會被卡住，擋住後面漂下的木頭，越堆越多，最後在峽谷中架成山一樣的木垛，封住整個水道，使木材運輸中斷。那時爲了打通水道，得請出最好的老把式。老把式要做的就是從木垛錯亂交織的千百根木頭中，找出一根關鍵的木頭——那是整個木垛的「支點」。有時要好久才能找到。但只要能找到那個「支點」並把它砍斷，整個木垛就會轟然倒塌，一瀉千里，水道也就暢行無阻了。

對中國的前途，我一方面是個悲觀主義者，同時又是個樂觀主義者——我的樂觀寄託於我所稱的「遞進民主制」。那就是我眼裏中國木垛的支點。在我看來，如果實行「遞進民主制」，中國的危機大都可以迎刃而解。

遞進民主制側重的是方法，而非主義。主義著眼於應該怎樣，方法卻著手於能夠怎樣。改變世界當然是一個綜合進程，非一招一式所能達到，但即使如此也一樣離不開具體方法。經過長期演變而成的社會形態相互有所區別，歸根結底在於採用了不同方法。蓄奴、封地建邑、代議制、三權分立、競選、國有化……，無一不是方法，正是那些方法的出現與實施，才造就了奴隸制、封建制、民主制、公有制等不同的社會與時代。因此，不同的社會形態歸根結底不在主義不同，而在於採用了不同方法。

舉例來說，選舉是一種方法，與不選舉相比造就完全不同的社會。而選舉本身又分為有競爭的選舉和無競爭的選舉，區別也是在方法，其中一種造就民主社會，另一種造就集權社會，足以見到方法對社會性質的決定性作用。

當然，這種能夠造就不同社會性質的方法離不開主義。沒有主義的方法只是雕蟲小技，不可能劃時代。正是主義與方法之間的因果關係，成爲人類理性與進步的源泉。然而，今天主義變成了清流空談或不加思索的政治正確，甚至成了「歷史的終結」；方法則墮落爲奇巧詭詐的鑽營，或是「策劃」與「方案」。不是社會主義，就是資本主義，不是集權專制，就是西式民主——這種理所當然的非此即彼，典型地說明了人類在思想與方法上的「赤字」。

世界需要方法，今天的中國更需要方法。

二、遞進民主制概述

遞進民主制中的「遞進」二字，不是指時間的循序漸進（雖然也包括那種涵義），主要是指民主的一種形式——既不是大規模的直接民主，也不是代議制的間接民主，而是在逐層遞進過程中，將直接民主和間接民主、參與式民主和代議制民主結合在一起的一種新型民主。「遞進」二字在這裏比較是描述一種結構。

遞進民主制由兩個部分組成，一個是「遞進委員會制」；一個是「逐層遞選制」。我們先以直觀方式舉例描述一下遞進民主制的大概面貌：中國農村組織的基本單元是「自然村」，由村中每個家庭出一位代表，組成自然村委員會。委員會以協商方式並按照少數服從多數的原則，決定自然村所有重要事務，同時選舉出委員會主任（即目前的村民組長）做爲委員會決策的執行者。當選的委員會主任同時自動成爲上一級組織——「行政村」的委員會委員，代表該自然村參加行政村事務的協商和決策，並選舉行政村委員會主任（即目前的村委會主任）。

這裏提出一個「層塊」概念。「層塊」是由直接選舉者和當選者構成。自然村的家庭代表和當選的村民組長構成一個層塊，行政村各村民組長和當選的村委會主任又構成一個層塊。其中村民組長具有雙重身分，他同時屬於自然村委員會和行政村委員會；是自然村委員會的主任，也是行政村委員會的委員；是自然村層塊的當選者，也是行政村層塊的選舉者。遞進民主制的層塊之間，正是靠這種雙重身分相互連結起來。行政村主任也是一樣，鄉委員會由下屬各行政村主任組成，決定本鄉大事和選舉鄉長。每個委員會都是一個「層塊」。依此類推，鄉長們組成縣委員會，選舉縣長……，一直到各省省長組成國家委員會，決定國家大政方針，選舉國家元首。這種層塊從最基層一直搭建到最高層，構成整個國家的管理體系。

可以看出，在上述結構中，「逐層遞選制」和「遞進委員會制」是一體的。遞進委員會在逐層遞選過程中產生，而逐層遞選又由遞進委員會完成。兩者相互支撐和互為因果。從實現民主的角度，遞進民主制首先保證每個層塊之內實現「直接民主」和「參與式民主」，再把這樣的層塊利用「間接民主」和「代議制民主」遞進地搭建在一起，最終組合成整個社會的民主。

當然社會不是僅有農村，高度分工和疏離的城市怎麼辦？流動人口怎麼辦？國有企業怎麼辦？……諸多問題，後面將逐步討論。但哪怕只對農村有效，也涵蓋了百分之七十的中國人口，意義已經很可觀。

以往我長期以「逐層遞選制」冠名這種政治制度。那容易使人認為只是一種關於選舉的制度，而非一項政治制度。實際上，我原先設想的逐層遞選制在選舉完成後，也不是把一切權力都交由當選者使用（西方民主制倒是這樣）。各層塊的最高權力始終由各層塊選舉者掌握，當選者只是選舉者決議的執行人。雖然其在日常工作中有自由裁量權，但不可逾越選舉者劃定的框架，並隨時處在選舉者的監督之下。即使其代表該層塊進入了上一層塊，也逃脫不了監督。因此這種選舉者群體已經具有委員會性質。將其從「逐層遞選制」中抽離出來，獨立爲「遞進委員會制」，與「逐層遞選制」合稱「遞進民主制」，有助於說明這種性質。

下面的《遞進民主制規則》，前身是《逐層遞選制規則》。我希望讀者將它當作一種描述來讀，因爲我的本意不是寫出一個法律性文本，只是希望用盡可能少的文字定義一種社會制度。

三、《遞進民主制規則》（草案）

第一條　一、社會公權組織以n（註）爲基數逐層遞選，以三分之二之多數產生當選者，任期不限，可隨時以選舉更換；

二、選舉人不得選舉自己。

第二條　各層塊選舉人和當選人組成其層塊（含下屬層塊）的委員會；

第三條　衆權組織可自願採用或不採用遞進民主制。

第四條　一、採用遞進民主制的衆權組織可自願納入公權組織委員會，其當選者爲所納入的公權組織委員會委員；

二、衆權組織納入公權組織的層次和層塊取決於其成員人數及其所在區域，由法律具體規定；

三、任何組織不得重複納入公權組織。

第五條 一、公民個人可同時參加多個公權組織委員會；

二、每個公民須至少參加一個公權組織委員會。

第六條 各層塊（含下屬層塊）構成自治體，擁有上級層塊未明確禁止的一切權力和不與上級法律相違反的自治。

第七條 委員會是各層塊（含下屬層塊）最高決策機構，委員會以三分之二之多數通過、修改或撤銷自治體的法律或法律性決定，以二分之一之多數撤銷本層塊行政首長的行政決定。

註：n是一個範圍，由法律確定和調節。確定n的原則爲：此範圍內所有成員皆可相互直接溝通。

第八條　公權組織委員會制定的法律或法律性決定對轄區所有組織（包括衆權組織和私權組織）及個人有效。下級層塊與各類組織通過的法律或法律性決定如與所屬上級層塊的法律或法律性決定相違反，上級層塊有權予以撤銷，必要時給予制裁。

第九條　公權組織委員會選舉的當選人爲該層塊（含下屬層塊）及其轄區的行政首長。

第十條　行政首長在該層塊是委員會立法和決策的執行者，同時自動代表該層塊成爲上一級委員會委員。

第十一條　第二層級以上各公權組織委員會之當選人除擔任該層塊行政首長和上一級委員會委員外，不得兼任其他職務。

第十二條　協助行政首長履行公務的權力委讓人、公務人員和職能機構組成人員由該層塊行政首長或其委託人任命或聘用。其中重要職務人選需經該層塊委員會以二分之一以上票數通過，並可隨時由委員會以二分之一票數罷免。

第十三條　各級司法官由相應公權組織委員會以三分之二之多數選舉產生，不得由該委員會成員兼任。司法官任期不限。委員會不得干涉司法官日常工作，但可隨時以三分之二之多數對其罷免更換。

第十四條　一、各級檢察官由相應的公權組織委員會以三分之二之多數選舉產生，不得由該委員會成員兼任。檢察官任期不限，委員會可隨時以三分之二之多數對其罷免更換；

二、各級檢察官負責確認下級層塊的選舉結果，接納衆權組織加入公權組織委員會，保證所有公民參加公權組織委員會，監督下級層塊立法不得違背上級層塊法律，並代表公權組織起訴。

第十五條　經逐層遞選產生的公權組織遞進委員會之最高層塊爲國家委員會。國家委員會通過國家法律，制定國家大政方針，選舉國家元首，決定建交、斷交或宣戰、停戰。

第十六條　國家委員會選舉的國家元首爲國家最高行政首長、主權代表及武裝力量統帥。

第十七條　凡與本規則相違反的法律、法規、命令、決定及行爲無效或違法。

第十八條　以上各條款的相關細節與操作程式由國家委員會以法律制定。

第十九條　各級法律的解釋權隸屬於制定該法的委員會所選舉的司法官。

第二十條　對按過渡條款第五條獲得通過的《遞進民主制規則》進行任何修改，須獲得：一、國家委員會全票同意；二、全社會十八歲以上有行爲責任能力的公民二分之一以上票數同意。

附：過渡條款

第一條　現有公權組織及衆權組織得以按原權力結構自發進行逐層遞選，組成遞進委員會；各級委員會自動取代原權力機構，在更高層塊形成前進行內部自治，同時與原社會管理系統合作。

第二條　公民得以按本規則草案自發成立組織，在更高層塊形成前實行內部自治，並與原社會管理系統合作。

第三條　凡實行遞進民主的委員會皆得以按區域或系統自動組合爲高一層委員會，

繼續逐層遞選，直至產生國家委員會。

第四條　國家委員會完善本規則草案，制定配套法律，行使權力，健全遞進民主制。

第五條　國家委員會成立五周年後，提出《遞進民主制規則》定稿交付表決，直至獲得：一、國家委員會全票同意；二、全社會十八歲以上有行爲責任能力的公民二分之一以上票數同意，爲正式通過。

四、三類社會組織

遞進民主制把社會組織分爲三類：

・「公權組織」是擁有並行使公共權力，從事公共行政，履行爲社會服務之公共職能的組織。

・「衆權組織」是爲生活、生產、信仰、事業等具體功能和具體目標而合作的自治共同體，如家族、合作社、職工持股企業、政黨、團體、教會、學術組織等。

・「私權組織」主要指私有企業。

遞進民主制不要求涵蓋所有的社會組織，它主要針對公權組織，要求在所有公權組織內實行，並要求包納所有公民。這看上去難度很大，或者會被認爲是一種專制要求，因爲目前所有民主國家都無法避免相當比例的選民不參與選舉（如美國大選有百分之五十左右的選民不投票，被比喻爲最大的政黨——「不投票黨」）。遞進民主制如何能包納所有公民？區別在於，西方民主制選舉和個人日常生活缺乏直接聯繫，至少在眼前對自己可有可無；同時西方民主制是大規模普選，每張選票只是結果的百萬、千萬分之一，很多人因此失去投票動力；加上選舉在規定時間舉行，恰好有事、不舒服，或懶得去投票所排隊等各種細小理由都會讓人放棄投票。遞進民主制卻是和每個公民的日常生活緊密相連；每個公民都屬於村莊、社區或相應的社會單元，也就成爲遞進民主制不同層塊的委員會委員；委員會的協商決策必然與其自身利害相關；且委員會規模小，每個成員的意見都有足夠分量；加上委員會決策或選舉可以隨時進行，沒有規定的時間，因此遞進民主制包容所有公民是完全可能的（拒絕參與任何社會活動與組織的人例外，不過那種人也不能算作「公民」了）。

在我來看，「衆權組織」應該是未來社會的主體。「衆權組織」是自治的，其組織採取何種組織結構和管理方式應該由其成員自己決定。組織性質的不同也會導致區別。如家族組織的最好方式可能是按年齡和輩分確立權威；教會不會由「羊群」中挑選「牧羊人」；公益組織則可能認爲遞進民主制比較適合自我管理……。

假設一個環保組織採用了遞進民主制，若其認爲沒有必要和公權組織產生聯繫，盡可以只做爲一個單獨的社會團體存在；然而如果想發揮較大作用，更有利的選擇是把自身納入公權力的相應層塊，參加公權組織委員會的決策和選舉。遞進民主制對此是開放的，接納一切實行了遞進民主的衆權組織。至於應該納入哪一個層塊，取決於衆權組織的成員數量。假如那個環保組織有五萬名成員，差不多相當於鄉級的人數，環保組織最高層塊的當選者就可以和鄉長們一起成爲縣委員會的委員，參與縣的管理工作和選舉縣長。

可以相信，當社會的公權組織普遍實行了遞進民主制後，會吸引相當的衆權組織採用遞進民主制，因爲只有採用遞進民主制才能將自身納入公權力的遞進民主過程，從而對公權力發生影響和約束，爲自身發展和宗旨的實現帶來比較有利的影響。

「私權組織」不實行遞進民主制，那是所有者個人領域。私有企業的工作人員只是受雇用者，他們可以在自己的居住地參加遞進民主的委員會，也可以在企業內的工會組織（衆權組織）中實行遞進民主制，然後納入公權組織中去。既然在公權組織的遞進民主過程中，私權組織老闆與其雇員的權利是一樣的，而雇員人數多於老闆，那麼遞進民主制的最終結果一定會抑制私權組織的惡，同時保留其對社會有利的一面。

所有的私權組織和衆權組織，不管是否納入公權組織，都要接受和服從其所在地的公權組織制定的法律和進行的管理。

五、遞進民主制的「層塊」

遞進民主制對當前組織結構變動最小

遞進民主制的社會結構由「層塊」搭建，透過層塊之間自下而上的逐層遞選，形成向上遞進的委員會。在這種關係中，上級層塊是由下級層塊的當選者組成，而每個層塊形成的立法和決策都有「覆蓋到底」的效力（如縣委員會的決策不僅對下屬各鄉有效，對各鄉所轄行政村、自然村以及個人也同樣有效）。

用「層塊」的概念只是爲了表述方便，其實這個概念並無奧妙，也不要求把原有社會組織推倒重來，從頭新建一套體系。這種層塊在社會實際生活中向來存在——每個權力單元的直接上級和直接下級都構成層塊。如縣長和其直接指揮的諸鄉長構成一個層塊，鄉長與其下屬的數個村委會主任又構成一個層塊。只不過以往社會是統治型社會，層塊之間和層塊內部的權力關係是自上而下的，由上級任命和指揮下級；遞進民主制則是自治型社會，層塊之間和層塊內部的權力關係變成了自下而上，是由下級選舉並指揮上級。區別僅僅在此。套用「遞進民主」的構詞，以往社會可描述爲「遞進統治」（或「遞進專制」）。與遞進民主的方向相反，遞進統治的最高權力屬於皇帝或總書記，而遞進民主的最高權力則是屬於社會全體成員。

因此，遞進民主制並不需要重新規劃與建立「層塊」，完全可以立足於現存的層塊結構。層塊不變，只需把層塊內和層塊間的權力服從關係調轉一個方向，變原本自上而下的權力爲自下而上的權力。實現了這種權力源頭的轉向，社會就從統治結構變成自治結構，遞進民主制也就獲得實現。

相形之下，採用西方民主制對中國現存組織結構反需做更多變動。西方民主制要把原本的專制統治結構橫向分割爲各自獨立、相互制衡的三權；建立數層代議機構主管立法；又把各層行政首長變爲民衆直選，從而在縱向割斷權力自上而下的任命。但是仔細分析，這些對權力結構的變革並未徹底改變權力層塊內部和相互之間的服從關係，權力還是自上而下的統治型，只是在橫向和縱向加進了隔斷與制約，以及把權力的初始授予交給選民。一旦選民選出了當權者，當權者行使權力仍是自上而下的。不到下次選舉，選民自下而上對其的制約十分有限。之所以如此，是因爲西方民主制中的代議、選舉、分權等要素都不包含於社會日常生活的層塊之中，而是要在日常生活的層塊之外建立另一套結構，運行另一套程式才能實現。

從這個角度看，遞進民主制正是針對社會日常生活的層塊，不需要另建體系，因此對社會結構的觸動和改變可以減到最小，但因爲把每個層塊及層塊之間的權力服從關係改變了方向，產生的作用卻會最大，對社會性質的改變也最爲徹底。

限制規模是實現眞正民主的要義

在遞進民主制中，對「層塊」進行規模的限定很重要。因爲當今各種民主政治形式，主要弊病都與規模過大有關。讓農民管理自己村莊的事務以及選舉村長，沒人會比他們做得更好；讓他們管理鄉的事務已屬困難，選舉鄉長也開始有了問題；而讓他們選舉省長和國家元首，則會陷入盲目。隨著社會日益複雜，普通公民獲取全面資訊和做出正確判斷的困難不斷增加。資訊的不對稱乃至誤導，使得大規模民主易於滋生短視的大衆壓力、極端的民族主義、以及暴民政治和多數專制等弊病。中國具有世界最多的人口，採用西方民主製造出的問題可能遠超出目前的估計。我們不能因爲改變專制制度的迫切願望，就不去直視大規模民主的問題。正視問題不等於反對民主，而只有解決問題才能得到好的民主，也才能使那些懷疑中國實行民主的人轉變（他們多出於善意）。

遞進民主是直接民主和間接民主的結合。層塊內部實行直接民主（以委員會方式），層塊之間實行間接民主（下級層塊當選者爲上級層塊委員會成員）。直接民主會隨人數過度增加而失效——這是常識，所以層塊需要限制人數規模。《遞進民主制規則》以n代表層塊規模，限定爲「此範圍內所有成員皆可相互直接溝通」。有人質疑生活幾十年的夫妻尚不能溝通，何況他人？其實精確說法應該是，那種夫妻並非不能溝通，而是不能一致。或者說，他們不能溝通的是感情，不是事務。遞進民主制要求的溝通與感情無關，針對的僅是層塊成員之間要進行「民主」的那些事務。所謂民主就是對不一致達成妥協的方法。遞進民主制從來不要求取得一致，只要求透過直接溝通，所有成員能對事務充分瞭解，充分表達自己立場，清楚彼此分歧在哪，從而達成綜合各方的妥協。夫妻之所以容易僵持，是因爲人類尚無解決家庭內部分歧的程式性機制（不是靠感情就是上法院），且夫妻恰是最易出現僵局的一比一，因此和社會制度不能類比。

至於n應該有多大，首先它不是一個常數，而是一個範圍。範圍變化要視具體情況而定。在日常聚會中可以發現，規模達到十人左右就會有人說不上話，或自動分爲幾夥談不同話題（等於分割了直接溝通的範圍）。若是朝夕相處的村莊，即使多達幾百人也能大致瞭解，直接溝通。但這種範圍顯然不會擴得更大，若一個鄉的人口上萬，即使是世代聚居在一起，也會有很多人彼此不熟，從不來往。這時就超出了n所要求的「直接溝通」範圍。

其實談論n只是出於理論需要，現實社會的這種n已是既成事實。人類社會爲什麼要劃分爲不同層級和單元，歸根結底是出於溝通的需要：大範圍的直接溝通實不可能，爲求解決便需要建立間接溝通的結構。只不過以往這種n的劃分和間接溝通的結構是被統治者自上而下地利用，遞進民主是將其反過來，由民衆自下而上地利用。原本的n和結構都可以原樣繼承，社會結構無需另起爐灶。

如何對待「層塊」之間的不對等

因爲遞進民主制的「層塊」即是社會日常生活與工作的自然結構，所以層塊大小必定不一樣。如一個鄉的下屬各村人數會不同，甚至差別挺大。各縣人數差別更大。到了省級，西藏只有兩百六十多萬人，河南則是將近九千三百萬人。但這些人數不同的層塊在遞進民主制中卻被賦予相同權利，如西藏的行政首長和河南的行政首長同爲國家委員會的平等成員，這是不是造成了分屬不同層塊的個人在權利上的不平等？一個西藏人幾乎等於三十六個河南人，顯然不公平。

相較之下，以人爲方式劃定選區就沒有這類問題。如美國衆議員名額按人口比例分配，每十年調整一次，以保證每個衆議員所代表的人口數基本上差不多。不過美國參議員名額卻是各州相同，四十多萬人的懷俄明州和三千三百多萬人的加州都是兩名參議員。以這種「參議院權利」計算，一個懷俄明州人等於近八十個加州人，反倒把上述遞進民主制的不公平比了下去。中國現行的人大代表選舉，則是「農村每一代表所代表的人口數四倍於城市每一代表所代表的人口數」（《中華人民共和國全國人民代表大會和地方各級人民代表大會選舉法》，一九九五），以法律明文規定了一個城市人相當於四個農村人。

對這種權利不均要分兩方面看，一方面確有不合理之處，另一方面也有合理成分。對不合理之處，遞進民主制實行後是可以調整的，因爲遞進民主制是一個靈敏的「反饋—調節」系統，能夠「自動」趨於完善。這不是一種理想化空談。我們不妨粗略地舉例：

中國目前三十一個省市自治區（特別行政區除外）中，人口超過兩千五百萬的有二十二個，超過在國家委員會中立法（或修改法律）所需要的三分之二之多數，因此可以修改法律，增加這些省區的發言權。但是更大的省不會滿足於這種分級，河南、山東、廣東、四川的人口都在八千萬以上，只讓他們的發言權和兩千五百萬人口的省一樣，仍會覺得不平衡。這時還有進行如下組合的可能：人口超過四千萬的省區有十四個，不夠通過法律的三分之二多數，但是人口在兩千萬以下的省區有八個。人口最少的這八個省區，他們有兩個選擇，一是被動地接受兩千五百萬人的級次劃分，而兩千五百萬人以下的省區只有九個，將成爲國家委員會裏最弱勢的群體；二是採取主動的策略，把自己這八票投給那十四個四千萬以上人口的省區，支持以四千萬人口劃線分級，使其能夠獲得三分之二以上的立法多數。如此，儘管自己的級次沒有提升，但四千萬人口以下的省區共有十七個，增加這個級次的省區數量，也就是增加了自己未來的同盟和共同發言的分量。同時能夠提高該省區所屬級次的人口上限，也等於使其中人口少的省區增加了人均權利，算是占到的「便宜」。

我這樣舉例，並不意味眞實情況就會這樣簡單。我只是想說明層塊不對等的問題可以透過某種自動機制去平衡。現實情況會比我描述的複雜得多，但遞進民主所具有的機敏和精緻也非此時可以想像。其具有的「自動調節」能力，會使今天看起來相當困難的問題得到恰當解決。

附表一：二〇〇〇年第五次中國人口普查各省區人口(萬人)

排名	省區	人口	排名	省區	人口
1	河南省	9256	17	貴州省	3525
2	山東省	9079	18	福建省	3471
3	廣東省	8642	19	山西省	3297
4	四川省	8329	20	重慶市	3090
5	江蘇省	7438	21	吉林省	2728
6	河北省	6744	22	甘肅省	2562
7	湖南省	6440	23	內蒙古自治區	2376
8	湖北省	6028	24	新疆維吾爾自治區	1925
9	安徽省	5986	25	上海市	1674
10	浙江省	4677	26	北京市	1382
11	廣西壯族自治區	4489	27	天津市	1001
12	雲南省	4288	28	海南省	787
13	遼寧省	4238	29	寧夏回族自治區	562
14	江西省	4140	30	青海省	518
15	黑龍江省	3689	31	西藏自治區	262
16	陝西省	3605			

中國不能全由人口大省說了算

接著上節所舉之例談，以四千萬人口分級，八千萬人以上的省可能仍不滿意，但這時他們已經無法再提高級次的劃分，因爲八千萬人以上的省只有四個，無法爭取到三分之二多數的支持。因此遞進民主制可以讓不對等的程度減輕，卻不能使不對等的問題徹底解決。那麼在層塊之間仍然存在一定的不對等到底是好事還是壞事呢？我認爲是好事。

在社會生活與歷史進程中自然形成的層塊，是多種因素和條件綜合的結果。所謂「現實即是合理的」，層塊之所以那樣形成，一定有其必然性與合理性，至少也是一種需要尊重的歷史沿革。舉例來說，西藏自治區兩百六十萬人，做爲一個省區人口最少，但其地域面積一百二十多萬平方公里，在中國各省區中名列前茅；寧夏人口和面積都排在後面，但其是民族自治區；而京津滬那種直轄市以一個城市和各省平級，在於北京有首都的政治地位，上海和天津是（或曾經是）全國舉足輕重的經濟都市。考慮到這些因素，就能理解美國政體的兩院制。一方面衆議院按選民人數產生議員，人口大州的衆議員數量是小州的幾十倍;另一方面每州參議員數量相等,即州做爲在社會生活與歷史進程中自然形成的層塊,它們在參議院的發言權一樣。這等於是給人口小州的一種加權。美國的國家法律需要衆議院（選民意志）和參議院（各州意志）同時批准才能生效,人口因素和層塊因素是透過這種兩院方式得到綜合與平衡的。

從這個角度看,在遞進民主制進行了修正後,層塊之間仍然存在的不對等,可以產生與參議院功能異曲同工的效果。比如說,中國人口末位的四個省區:西藏、青海、寧夏和海南,都是少數民族聚居之地,在國家決策中給它們一定加權,有利於少數民族,難道不應該?接下去人口最少的是京津滬三市,它們是中國的龍頭,聚集最多的菁英,給它們一定加權,對國家有益無害;接下去是新疆、內蒙兩個重要的民族自治區,加權一樣需要;再接下去的甘肅、吉林、重慶、山西,都是相對不發達的省區,給它們加權,等於是對弱勢地區的一種扶持。反之,人口最多的省區中有山東、廣東、江蘇、河北、浙江等發達的沿海省分,有湖南、湖北、四川、河南那樣的中原大省,如果全憑人口數量決定發言權,中國將會全由它們說了算,導致地區差距越來越大,少數民族永無出頭之日。所以,遞進民主制的層塊不對等有其積極的一面。

六、表達公民意志的諸多管道

遞進民主制要求公權組織的遞進委員會囊括每一個社會成員。一般而言，這種公權組織應該按地域形成，那可以包括流動人口（後面談如何解決）以外的所有居民。當前中國城市的政府組織也是按居住地劃分，通常是市政府下設區政府，再設街道委員會，基層的居民委員會和居民小組也可以視爲其延伸。遞進民主制可以利用這種結構。例如幾個家庭各自推舉代表，選出該樓層負責人；幾個樓層負責人再選舉居民小組負責人；居民小組負責人選舉居民委員會主任；主任再選舉街道組織負責人。以遞進民主方式形成的將是典型的社區自治組織，面對的是居民最直接的經驗和需要：環境衛生、公共服務、營業網點、社會治安、兒童教育……，除了進行該社區的自治管理，社區也會在向上遞進的過程中，把該社區居民的意志帶到區、市以至整個社會政治、經濟和文化的決策與發展目標中去。

不過，僅以居住地實行遞進民主是有缺陷的。居住只是人生活的一部分，人更重要的生活還有工作和社會活動。社會成員對民主最有價值的經驗，也往往產生於工作和社會活動。對於農村人口，工作地和居住地往往重合，但大多數城市人的工作地和居住地卻是分開的。《遞進民主制規則》規定「公民個人可同時參加多個公權組織委員會」（第五條），就是爲了保證公民既可以參加居住地的公權組織委員會，也可以同時參加工作組織或社會團體的公權組織委員會，從而使其能從不同方面表達個人意志。

舉例來說，某公民是國有食品廠的普通工人、班組委員會的成員；又是居民小組的熱心者，被鄰里（居民小組委員會的成員）選爲小組長；他還是綠黨黨員；同時又是全國業餘衝浪愛好者協會當地分會的成員。如果食品廠、居民小組、綠黨和衝浪組織都實行了遞進民主制，並且都納入了參與公權組織遞進民主的序列，那麼這位公民就等於同時參與了四個委員會，也就意味著他可以通過四條管道，將自己的意志注入公權組織的遞進民主。那麼這種現象是否合理？是否會不恰當地擴大具有多個委員會身分的公民之影響力呢？

這正是遞進民主制的一項優點。任何人都不存在單一的意志，而是針對具體問題產生具體意志，不同方面各有不同。多重委員會身分正好符合這種性質。多個委員會所提供的多條管道，能夠使一個公民從不同側面立體表達個人意志。而一個人不管表達了多少個側面，無非等於「一」的自乘，乘得再多也仍然是「一」，僅僅是他個人意志的分解和細化，並不會因此使他的個人意志擴大。然而這個「一」本身卻能因爲身分的多樣化呈現立體存在，從而得到更完整和更準確的表達。

在這方面，組織和個人不一樣。組織一納入遞進民主就有較高的層次，如果組織也允許多次納入遞進民主，就相當於它能多次進入較高層次參與決策，等於其組織人數擴大了相同數的影響力。假設綠黨在一個省有二十萬黨員，按人數可以參加縣級組成的委員會，如果它在那個省的八個地方分別納入一次公權組織，在省內就會獲得八個縣級的發言權和表決權，這顯然是不能允許的。所以規則中有「任何組織不得重複納入公權組織」（第四條第三款）的規定。

而第十一條規定的「第二層級以上各公權組織委員會之當選人除擔任該層塊行政首長和上一級委員會委員外，不得兼任其他職務」，是爲了防止當選者發生角色錯亂。如一位縣長同時兼任商會主席，一旦政府和商會出現利益衝突就會難辦。之所以「第二層級」以下不進行限制，是因爲考慮農村村民小組長或城市居民小組長那種職位不會發生大的利益衝突，如果也在限制範圍，牽扯太多。這類細節目前都是爲了制度框架的完整而暫定，將來都可以調整。

總之，現代社會越來越分化爲相互分離的領域，以往那種能把一個人的生老病死、衣食住行侷限於同一範圍的「部落」日趨沒落。這時仍然把公民的民主參與限制在單一管道，顯然已不能適應社會發展。當今的西方民主，公民在縱的方向選舉不同層級的官員和代表——鎮、市、州、聯邦……，越選離自己越遠。遞進民主制則主要是發展公民橫向的多重民主身分。這種民主可能沒有縱向選舉那樣轟轟烈烈和冠冕堂皇，卻可能對個人意志的體現有更多實際意義和效果。

至於第五條第二款規定的「每個公民須至少參加一個公權組織委員會」，目的是爲了防止這一類現象：如私營企業中的職工因爲企業不實行遞進民主，身爲外來人口又沒有納入按居住地劃分的公權組織，從而失去表達個人意志的管道，他們的利益也難以得到照顧，甚至可能成爲游離於社會之外的「賤民」。具體透過什麼方法和程式保證這類人都能參加公權組織委員會，是透過工會？還是透過屬地居民組織？可以有多種選擇。

七、隨時選舉——遞進民主的關鍵

《遞進民主制規則》第一條中的「可隨時以選舉更換」當選者之規定，是遞進民主制最重要的原則之一。

皇帝如果只能每四年任免一次手下大臣，可想而知權力會大打折扣。即使大臣總體上還得服從，但在很多具體問題上都可以（而且必然會）按照自己的意志而不是皇帝的意志做。皇帝的權力之所以是絕對的，很大程度就在於他對官員的任免是隨時的。

民主制度是以民衆選舉爲權力源頭，但西方民主制的民衆權力之所以有限，原因之一就在於不能隨時選舉，只能間隔數年進行一次，因而給了當選者脫離民衆意志的可能。

之所以不能隨時選舉，是因爲西方民主制的選舉是一種大規模選舉，每次選舉都得大動干戈，成本高昂，而且必須由選舉機構主持。遞進民主制的選舉卻是在小範圍進行，無論是在一個自然村，還是在三十一名省長組成的國家委員會，選舉隨時都可在無需主持的情況下自發方便地舉行。村裏人可以端著飯碗聚到村頭，省長們則可以開視訊會議。因爲這種選舉成本低廉，隨時選舉因而可行，從而也就能夠制約當選者隨時服從選舉者。

有人認為這種選舉的實際成本也很高，且會造成社會處於不停選舉的動盪。從累計的角度，把這種選舉的成本加在一起也許不低，然而因為是由衆多層塊分攤，對每個層塊而言成本低到可以忽略不計。如同累加全人類每天消耗於呼吸的能量，結果肯定很驚人，但分散於每個人卻不知不覺一樣。

關於隨時選舉，不必擔心有「隨時」兩個字就會導致天天選個沒完。所謂「隨時選舉」指的只是一種規則，不是說一定就會實際發生。這種「隨時選舉」其實是含而不發的。甚至可以說，正是因為存在「隨時選舉」的可能性，反而可能使實際發生的選舉比現在規定的還少。

原因在於，因為有了隨時選舉的前提，每個當選者（各層塊的委員會主任兼行政首長）在做成任何決策和行使職責之前，都會在腦中進行「模擬選舉」——即對他的決策和用權，委員會中反對和贊成的比例將會是怎樣。他總要力使自己得到多數贊成，並為此隨時進行精細調整和修正，直到確信能得到多數贊同之時才會將決策付諸實行。透過這種「模擬選舉」對當選者的自我約束，使其決策和行使職責總是獲得多數選舉者贊成，實際的選舉在很大程度上也就無需發生了。

有人質疑，在這樣的結構裏，會不會每變換一個下級都導致上級也發生變化，例如新換了一名鄉長就要求重選縣長？可是一個鄉長是不能罷免縣長的，除非那個縣的多數鄉長同時換了新人，才有可能更換縣長。因此在遞進民主制中，合適的當選者應該能相當穩定地留在當選位置上。

八、工具性組織的任命

在遞進民主結構中，隨著層塊所處層級的上升，其覆蓋的下屬層塊增加，行政方面的工作量也會增加，僅靠行政首長一人無法完成，須有助手或「班子」進行輔助。工廠主任可能有一個辦事員就夠了；村長需要一名會計、一名出納兼倉管，還可能需要一名農機工程師；而到國家元首這一級，沒有幾十個部門和成千上萬的公務員就無法運轉。

實行逐層遞選制的社會要求所有公權組織都進行逐層遞選，惟有輔助首長履行公務的機構保持自上而下的任命（《遞進民主制規則》第十二條）。雖然助手也掌握權力，有時權力可能還很大，如國家部長的權力會大於許多地方首長。然而從本質來說，這種權力不屬於助手。不管那助手是工廠辦事員，是地方警察局長，還是國家部長，也不管那種組織的規模有多大（軍隊可能多達百萬人），他們掌握的權力只是出自首長的委讓。他們是首腦的延伸，是被首長借用的智力和手腳，或者更爲清楚地道破——他們只是實現首長意志的工具。

工具必須服從，不能自治。保證這一點的前提惟有任命制和不服從即撤換。如果一個國家的外交部長是由外交部工作人員以遞進民主方式產生，無疑將是一個能爲外交部幾千名工作人員謀利益的部長，但卻可能出現這類情況：國家元首命令斷絕與某國的外交關係，外交部長卻需要考慮駐外人員的安全。這時他若服從國家元首，就可能遭到外交部下屬的罷免。遞進民主導致遞進自治，而排斥充當工具者的職能。這種排斥將在遞進民主的每一層都發生。一旦與利益發生衝突，部長指揮不動司長，司長指揮不動處長，處長指揮不動科長，工具就完全失效，淪爲普通的利益團體。其中尤以軍隊和員警組織變成利益團體的後果最爲嚴重，對那種組織實行任命制的必要性，因此也最爲突出。

因爲行政首長是處於委員會「隨時選舉」的制約下，所以不必擔心行政首長濫用任命制。假如行政首長任用的人沒有忠實執行委員會意志，又未得到及時糾正，委員會可隨時向行政首長問責。另外，《遞進民主制規則》對行政首長的任命權還設立了牽制，第十二條規定「重要職務人選需經該層塊委員會以二分之一以上票數通過，並可隨時由委員會以二分之一票數罷免」。到底哪些職務需要委員會認可，將由法律進一步確定。

任命制保證工具組織不淪爲利益團體，但並非工具組織的成員就失去了個人利益的保證。如果他們的利益受損害，他們可以拒絕充當工具，選擇去做工人、農民、藝術家，甚至從政。社會的良好運轉離不開優秀管理人才，爲了吸引這樣的人才，明智的社會和團體不會捨不得付出優厚報償。工具組織不進行選舉也不意味剝奪其成員的選舉權，因爲他們還是市民，居住在社區，還可以是其他社會組織的成員。他們有多重參與遞進民主的管道，並透過那些管道表達自己非工具面向的個人意志。

九、遞進民主制的權力合一

遞進民主制不實行三權分立

分權是西方政治思想中最重要的一個部分，它的基本判斷是只有在實行分權的政治制度中，才得以保障自由。現代分權學說的主要內容是：一、立法、行政和司法三權由不同的人和團體掌握；二、三權是平等和自主的，互不隸屬和支配；三、任何部門都不能使用其他部門的權力；四、司法活動獨立於政治影響，有職位保障，並有權宣佈違憲立法的無效。這種分權制度與普選制共同構成西方民主制的基礎，至今經受上百年時間考驗，被所有現代民主國家採用，已經具有某種天經地義、不可質疑的性質。

遞進民主制沒有採用三權分立，此處首先要說明那不是出於對分權學說的否定，而是出於遞進民主制自身的邏輯。三權分立是一種方法，遞進民主制是另一種方法。方法之間不存在否定關係，僅是不同而已。

遞進民主制在總體上是權力合一的結構，但是合中有分。先看合的一面：

在遞進民主制中，除去最低層塊的選舉者和最高層塊的當選者，其他人不管處在哪一層，全都同時屬於兩個層塊：一個層塊是選舉他的下一層塊，他是那層塊的行政首長；一個層塊是他參與選舉的上一層塊，他是那層塊委員會的委員。《遞進民主制規則》賦予任何一位有這種重疊身分的人如下權力：

一、選舉權——選舉上一層塊的當選者；

二、立法權——做爲行政首長參與下一層塊的立法，做爲委員會委員參與上一層塊的立法；

三、行政權——擔任下一層塊的行政首長；

四、任免權——做爲行政首長任免職能部門工作人員；

五、對司法官的選擇權——既參加上一層塊法官和檢察官的選舉，又參加下一層塊法官和檢察官的選舉。

國家元首（最高層塊當選者）有上述權力中的三、四項，以及第二、五項的一半（沒有上一層塊）；普通百姓（最低層塊的選舉者）有上述權力中的第一項，以及第二項的一半（他們沒有下一層塊）。理論上普通百姓也可以選舉上一層塊的法官和檢察官，但因爲基層不需要設置法官和檢察官，所以這種權力用不上。

從分權學說的角度，單獨看每個介於普通百姓和國家元首之間的當選者，其權力的集中程度都是不合理和危險的。然而如果從遞進民主的結構整體考慮，就能看到每個權力集於一身的當選者實際上都處於幾重約束之下，分別是：

一、由「隨時選舉」形成的下級對上級之約束，這種約束又可細分爲：

㈠下層立法對上層立法的約束——各層塊委員會的主要功能一是該層塊立法，二是選舉參加上一層塊立法的代表（同時是該層塊行政首長）。當選代表在參加上一層塊立法時，如不盡最大努力體現該層塊立法的精神與內容，選舉他的委員會可以隨時罷免之。

㈡下層行政對上層行政的約束——各層塊的當選者是行政首長，他們選舉上一層塊的行政首長時，會要求上一層塊的行政能與自己的行政良好配合，不發生阻礙和衝突。而上一層行政首長因爲是由下層行政首長選舉，須盡可能滿足下層行政這種要求，才能不被罷免。

二、立法對下級的約束——遞進民主制不全是自下而上的約束，也有自上而下的約束。原因是「下」並非一體，而是多體，彼此會有分歧，在事情關係到整體時，不能因爲有分歧就各行其是，所以須遵守少數服從多數的原則。一旦形成了上層的立法，下層不管同意不同意，都要服從。

三、立法對行政的約束——《遞進民主制規則》第七條規定委員會負責立法，同時

「以二分之一之多數撤銷該層塊行政首長的行政決定」，即是立法約束行政的權力。

四、司法所受的約束——《遞進民主制規則》雖然規定了「委員會不得干涉司法官日常工作」，以此保證司法獨立性，但同時規定了「可隨時以三分之二之多數對其罷免更換」，構成對司法官的約束。司法官並非終身制，不能爲所欲爲。這種約束來自立法，司法的職能本身是執行立法，因此這種約束正當合理。

有了這些約束和制衡，即使權力是合一而非分權的，也足以保證不會被濫用。

變一維分權爲多維分權

遞進民主制其實並非沒有分權，只不過和以往的分權方式不一樣。以往分權是橫向（一維）把公權力根據屬性分割爲立法權、行政權、司法權三大塊，透過制度設計使其各自獨立，相互制衡。遞進民主制的分權則是多維度分權，把公權力劃分給每個層級的每個層塊，使其各自自治，相互組合與平衡。

分權的目的在於打破公權力的一統，使其不被同一個官僚機構掌握，以防止權力濫用。對此，一維分權有效，多維分權同樣有效。

有人會對「多維分權」提出這樣的質疑：任何專制權力都有層級和單元，算不算「多維分權」？這其中有一項本質不同：如果權力來源是自上而下，下層必須服從上層，層級和單元只是專制的遞進，是集權；而權力來源是自下而上，上層必須服從下層，層級和單元就成了自治的遞進，也就成了分權。

不採用三權分立，除了是遞進民主制結構使然，我個人對三權分立在中國應用的效果也有所懷疑。中國實行權錢分離的改革，結果是權錢交易。未來分立的三權，有沒有可能發生權權交易？西方的例子不足以說明中國的情況。社會文化結構（包括道德倫理）的毀壞與否，導致社會可能完全不適用同樣的規律。

從另一個角度說，公權力以一體方式使用，效率會高，成本會低。人爲地將公權力切分成幾塊，其實只是一種防止權力腐敗的不得已。在西方政治史上，三權分立有時導致三權相互對抗，極端情況甚至造成國家權力眞空。這種現象在今日的民主轉型國家更易發生。民主初始制度不完善，程式不健全，三權各自跑馬佔地，相互缺乏磨合，往往導致混亂。從本質上說，權力橫向分割的結構並非天然合理，就像讓一個人腦、心、手各自獨立、各行其是，即使能把配合關係設計得再巧也非合理一樣。而遞進民主制的每個層塊內部自治，權力合一，因此簡單、高效和靈活；層塊之間又能遞進地進行約束和制衡，同樣可以避免權力腐敗。對中國而言也許是更好的方式。

遞進民主制的遞進立法

這裏使用的「立法」是廣義的概念，既指國家大法的確立，也可以指一家工廠的制度或幾個村莊達成的鄉約，只要是在人群內確立的具有普遍約束力的規則，都符合這裏使用的「立法」概念。從這種意義出發，遞進民主制中的任一層塊都有立法功能。只不過高層塊的立法多以精確成文的方式形成，以求普適性和司法裁定，低層塊覆蓋的人數少，直接溝通程度高，就無需那麼嚴格和正式，甚至僅有口頭協議就可以。

遞進民主制的各層塊立法由各層塊委員會以三分之二多數通過或修改。委員會由下屬各層塊當選者加該層塊當選者構成。之所以要加上該層塊的當選者，是爲了與上一層的層塊立法銜接。只有該層塊當選人親自參加該層塊立法，才能在其參加上一層塊立法時，將該層塊的立法意圖充分表達，並避免上下層塊的立法出現衝突。同時，這種當選人視點較高，立足全局，有較爲中性的立場，他的參與除了能提供一分智慧，還能在其他委員代表的局部利益發生衝突時，爲打破僵局提供一個中性籌碼。

按照這種方式，一個自然村的「立法」是由村內所有家庭的代表加上村民組長當選人共同進行。對此可能沒什麼人質疑。但是到了國家這一層，整個國家的立法是由三十一位省長加上一位國家元首當選人決定，質疑肯定大增。這三十二個人有足夠代表性嗎？整個國家立法決定於三十二人是否合理？這三十二人又有沒有立法能力和足夠的時間呢？如果他們把所有精力都消耗於層出不窮的立法，又如何去履行省長和國家元首的職務？

首先應該釐清，在遞進民主制的結構中，這三十二個人已經不是他們自己，而是三十一個省區的代表和國家元首。他們都時刻受其下級約束（隨時選舉），所以只能爲獲得下級滿意而非按自己意願進行國家立法。從這種角度，如果每個省長之下也有三十多個直接下級，就等於有近千人參加了國家立法。那些下級每人又有下級……，這樣一層一層推下去，最終囊括全體社會成員。並非說這就等於全體社會成員全部直接參與國家立法，但這種性質的立法一定要得到全社會最大程度的滿意。國家委員會的三十二名最終立法者和十幾億普通百姓之間，透過這種管道保持沒有斷裂的聯繫與制約，因此這種立法相當於全體社會成員間接地參加。

另外，遞進民主制是從基層層塊不斷向上組合的自治結構，每層立法都在下層立法的制約下進行，由下層主導並出自下層需要。如同專制結構不願意把權力往下交一樣，自治結構一定不願意把權力往上交。而立法權既然是在下層手裏，那麼除非必須，下層一定會盡可能少立上層之法——因爲那等於限制自己的自由。這種狀況在每一層都一樣，累積效果最終一定是使全國性法律減到最少，每個自治體都會盡可能自己解決問題，因此高層立法的工作量肯定遠小於現在。

至於從事立法的能力，精力是不必擔心的。層塊越高，資源越多。三十一位省長手下各自都會有專門的法律研究部門，負責提出該省法案，研究他省或中央各部委的法案等。國家元首的法律班子會更強大。省以下每級立法者也都會有相應協助。

舉例說明我想像遞進民主制怎樣立法：國家工業部提出一項汽車廢氣排放標準的法案，交國家委員會審議通過。委員會的那些省長們不會自己去研究汽車廢氣的成分，法案將交給他們手下的法律班子。班子中與汽車廢氣相關的部門會對法案進行評估，從各省經濟、環境等方面的需要提出修改意見，與國家工業部進行交涉。然後把經過反覆磨合的草案與意見報給省長，由省長發給該省委員會各委員——即該省各地市首長。地市首長們也不會自己研究草案，而是再交給他們手下的法律班子，分別從各地市經濟、環境等方面進行評估。法律班子得出贊成或反對此草案的結論，並向地市首長彙報、說明理由。最後在省委員會對此法案進行討論時，各地市首長（亦即省委員會委員）根據法律班子研究的結果，對此法案各自表態。一般情況下，省長會根據地市首長中的多數意見在國家委員會對此法案投票。投票結果若有三分之二的省長贊成，方案即可成爲正式法律，反之則遭否決。由此可以看出，省長個人是不需要對法案投入多少時間和精力的，他充當的只是投票代表——即按照各省委員會中的多數意見去投票就可以了。這也是所謂「遞進立法」的一種體現。

司法獨立的界限及保障

遞進民主制並未把司法權直接交給各層塊委員會或當選人，而是交給委員會以三分之二多數選舉產生的法官和檢察官，同時規定委員會成員不得兼任法官和檢察官。

在低層塊，所謂的司法、檢察僅爲日常生活中的「評理」、調節糾紛，以及對社區選舉的認定和備案等，工作量不大，也不一定需要專職。鄰居爭吵，由居民委員會調節解決肯定比司法機關有效、合理。但居民委員會沒有員警職能，也沒有偵察、量刑和監禁的權力，不能處理刑事案件，所以公權組織上升到一定層級後，便需要設立專職公檢法機構與人員，處理管轄範圍內的法律事務和案件。到底應該從哪個層級開始，可以先按目前的設置，以後再透過遞進民主的立法進行調整。

因爲遞進民主制的法官和檢察官是被選出並且可以隨時更換的，他們因此只能服從選舉他們的委員會。從這個意義上講，司法權本質上隸屬於委員會。法官和檢察官同樣只是工具，是權力的受委讓人。但他們不是一個人的工具，而是選舉其所屬層塊所有成員的工具。他們服從委員會，不服從個人。因爲選舉需要委員會三分之二多數通過，只要他們不與三分之二多數發生衝突，即使是行政首長也管不著他們。正是這一點，保證了司法在權力一體化狀態下仍能保持相當的獨立性。

這是遞進民主制專門爲此的考量。司法獨立性不能全有，也不能全無。毫無獨立，司法難免不隨社會變化和行政需要而成動態，則法不成法；過於獨立，則司法又易陷入教條，反會成社會發展的障礙。在遞進民主制中，司法獨立的合理界限在「三分之二之多數」的認可。不超過這個界限，司法盡可以獨立行事，不用顧忌其他選舉人的態度；而一旦到了「三分之二之多數」都不能接受的地步，那時的司法一定已經偏離了合適軌道，其獨立性也就超過了合理界限，理所當然失去存在理由——這也是一種自動調節。

至於員警的歸屬，我考慮應將其放在行政系統，由相應層塊的行政首長任命員警首長。因為員警除了執法功能，還有大量社會服務和行政服務的功能，有必要時刻處於行政的有效指揮下。如果員警首長也同樣由委員會選舉任命，就可能出現行政首長指揮不動員警的情況。把員警首長的任命權交給行政首長，不必擔心員警成為私人工具，一是因為行政首長本身就隨時受委員會制約，不敢濫用權力；二是因為委員會對員警首長有以三分之一票數通過和罷免的制約；三是員警無法單獨執法，還要受檢察系統和法院系統的制衡。當然，怎樣具體實施最為合適，還可繼續推敲。

十、選舉認定和法律審察

遞進民主制的很多長處都和「隨時選舉」的性質分不開，但是這涉及以什麼方式對衆多層塊的隨時選舉進行合法確認，保證當選者順利被上級層塊接納，同時防止冒名頂替或各執一詞。

遞進民主制的逐層遞選皆在可直接溝通的範圍，贊成或反對都在每人眼前，不像大規模選舉有很多看不到的地方，因此大規模選舉的舞弊欺騙幾乎不會發生。層塊之內對當選者的確認也簡單明確。不過做爲公權力，選舉結果須有法律意義上的確認和公示，當選者才能名正言順進入上一層塊委員會。這種確認和公示由各層塊的檢察官負責。

檢察官是委員會以三分之二多數選舉和罷免的，因此檢察官不對任何單一選舉人負責，只對委員會全體負責。委員會對行政首長進行的「隨時選舉」必須經過檢察官認證。如果罷免和改選達到了足夠票數，每個選舉人要簽署意見，然後由檢察官將選舉結果和相關資料報給上一層塊檢察官。由上一層塊檢察官通知上一層塊委員會，並將新當選者的資料發給其他委員，使之有所瞭解。

未設檢察官的層級可由上級檢察官派出檢察員參加層塊改選，驗證當選者，上報改選結果，必要時進行調查等。檢察官到底應該設在哪些層級，由法律確定。

相對複雜的是衆權組織納入公權組織的認定。那涉及對衆權組織人數的查證，還要檢查其分支組織是否已獨立納入過公權組織，以及根據查證結果確定該衆權組織所應納入的公權組織層塊。這需要檢察官進行較多監督查證。這並不十分困難。日益發展的電子資訊和網路技術提供了越來越多的手段，用隨機抽查和查出重罰的方式，也能有效遏止衆權組織在虛報人數等方面的作弊企圖。

遞進民主制的檢察官還有一項職能——檢查下級層塊的立法是否與本層塊已存在的立法相衝突。每個層塊的法律草案都要呈報上級層塊檢察官審核，如果發現與上層立法衝突之處，檢察官會要求修改。如果下級層塊未予修改而通過立法，檢察官可以向法院提起公訴。

6 遞進民主制與西方民主制的異同

一、「數量之和」與「向量之和」

個人意志應該以向量方式表達

在專制社會，個人被當成單純的數量，統一在君王或寡頭意志之下。民主制度給了人說不的權力，但是把個人意志的表達限定在一正一負兩種取向，變成「是」或「否」、「贊成」或「反對」兩種對立的數量。其實不同個人的意志千差萬別，完全的贊成或完全的反對只是兩端，絕大多數個人意志是處在兩端之間的不同位置。仔細區分，世界上找不到任何一模一樣的個人意志。何況一個完整的個人意志本身就是由衆多取向（針對不同問題）組成的。當人對某個單一問題回答贊成時，體現的只是其中一個取向。那取向放在完整的個人意志中，可能被其他取向偏轉或抵銷。例如獨立地問一個少數民族成員是否願意民族獨立，可能回答願意，但若問其是否願意爲此家破人亡，就可能回答不願意。這時只對單一問題進行表決，而迴避或隱藏別的問題，實際是一種誤導，得到的也是假象。又比如，對同一個總統候選人，同一個選民可能對其某項政策贊成百分之八十，對其另一項政策反對百分之六十，對其第三項政策希望有具體修改……。而在西方民主制中，卻一律只能簡化爲或正或負的數量——同意還是反對其成爲總統。

取向無限豐富的個人意志不應該被當作數量對待，而應該被當作向量。向量除了有大小，還有方向，一般用一條帶箭頭的線段來表示。線段長度代表量的大小，箭頭表示量的方向。向量可以指向球面的任意方向，比起只有正負的數量增加了無限的豐富性。

西方民主制沒有能力體現這種豐富性。從就社會成員個人意志求和的角度，我把西方民主制稱爲「數量型求和結構」。個人意志的向量應該只有方向不同而無大小之分，如同人的生命不分高低貴賤一樣，個人意志的平等是一種天賦人權。雖然不同人對社會的作用並不相同，但作用不是個人意志，只是個人意志的結果。結果的不等不能證明個人意志的不相等。西方民主制卻不能實現這種平等。「數量型求和」的結果是贏家通吃，即使反對票占四十九・九％也等於沒有。這當然不能被視爲公正。

說到這，把西方民主視爲「歷史終結」的人會拿出「沒有最好只有最不壞」的標準答案。然而，進一步完善民主的努力不應該因爲這種答案而終結。承認不完善就更應進一步去完善。把不完善當作可以不再完善的理由，才令人感到費解。

西方民主制是「數量型求和結構」

完善的民主應該是一種「向量型求和結構」。在那種結構中，每個公民的個人意志一是具有平等權利，二是都能得到向量表達，而不再被強行簡化爲數量。人類社會尚未有過「向量型求和結構」。不同社會的「數量型求和結構」雖有很多差別，大體可根據求和方向是自上而下還是自下而上分爲兩類：一類是以統治者意志自上而下統一全民意志，把個人意志相加爲國家、民族、階級、政黨、群衆運動等單一數量；第二類是自下而上進行公決或選舉——即「民主」方式。不過所有決策都以公決方式進行的社會是不存在的。哪怕一個月只有一次「是」或「否」的公決，整個社會就很難再幹別的。社會每天要做的千百種決策，大部分只能自上而下出自當權者，並要求社會成員在其下求和為服從的數量。

對民主制度而言，這是一種不得已。首先，不可能每件事都讓全體社會成員利用公共論壇表達自己意志；其次，即使每人都能把自己想法準確地寫成文字，理論上是向量表達，但又該怎樣對其求和？如何歸納綜合？能否合理分類？誰是裁判者？又如何才能得出面面俱到的兼顧方案？西方民主制對此無法勝任，因此只剩全民投票的方法可行。

全民投票取決於兩種必不可少的簡化，一是事先提出既定方案，如憲法修正案或總統候選人，供全民表態和選擇；二是把全民的表態與選擇限定為「是」或「否」。第一種簡化把取向複雜萬千的個人意志引入同一取向，使之變成同質的量；第二種簡化使得投票結果能進行定量計算，使投票成為在大規模社會直接求和的可行技術，並且把操作成本降到可接受的程度。

簡化到這一步，操作的障礙解決了，但是不言而喻，也就只能是數量求和。

西方民主制做了很多改進的努力。如壓力團體體制，雖然尚未（也不可能）達到把所有個人意志都當作獨立向量以求和，但是正在把以往少數大向量（國家、民族、階級等）分解爲越來越多規模較小、方向各異的向量，從製鞋工會到軍火業遊說團體，從拯救海豹組織到同性戀者俱樂部或禁酒協會……，提供的表達管道大大增加，相互之間也不再是消滅關係，妥協超過了對抗；團體的邊界較過去模糊了許多，從非此即彼變爲相互重疊且時空多變；團體內部以求同存異取代了「大一統」，強制的「相加」讓位給個人意志的自由選擇。這種有彈性的「壓力團體向量求和結構」所發揮的作用在逐步加強。當代民主社會的領導和決策，即使仍然出於自上而下，也越來越多地出於對社會各種力量的平衡兼顧，而非像自上而下決策的專制社會，完全由統治者一意孤行。

不過這種進步仍然未治本。「壓力團體向量求和結構」的優勢——自發、自由、多變、模糊、針對具體目標的性質，先天地決定了它不能囊括所有社會成員。且不說大量社會成員必然游離於壓力團體之外，就算一個人同時參加十個壓力團體，又能否把他被現代社會複雜生活造就的複雜個人意志表達完全？何況，壓力團體表達其團體意志的方式——遊說活動、利用傳媒、街頭抗議等，並非與團體意志的大小和合理性成正比，而往往取決於團體的活動能量和掌握的資源，從而可能導致社會決策的偏袒。因此，「壓力團體向量求和結構」只能做爲一種軟結構，以壓力手段發揮「影響」作用，既無法也不該被授予「硬性」的決策權力。現實也正是如此。

另外，不管壓力團體最終達到如何多樣化，比起個人意志，也是一種簡化了的大向量，最終求和的準確性也會偏離。壓力團體要的是取得更大影響力，因此同樣需要儘量擴大自身之「數量」，並力爭內部一致。這種悖反決定了壓力團體不能擺脫「數量型求和結構」的本質。個人意志遭數量「淹沒」的問題無法在這種悖反中解決。很難想像一個普通工會會員在擁有幾十萬成員的大工會裏能發表什麼有效意見，頂多在「是」或「否」的表決中，充當一個增加「壓力籌碼」的渺小數字。

如何對個人意志進行向量求和

舉例說明如何對個人意志進行向量求和，但只是說明大概的性質，現實當然不會如此簡單：

設想甲乙二人只有協力才能鑿石開渠，開墾一塊荒地。按照人的自利本性，兩人都想少幹活，多收穫。正因爲如此，又使得兩人誰也不會容忍對方實現這種本性。那麼兩人只有兩種選擇，一是分道揚鑣，誰也不幹活（因爲一個人幹不動），最終都挨餓；另一種選擇就是尋求兩者的公平合作。

所謂公平，不一定是兩人必須幹一樣的活，分一樣的糧。甲也許更喜歡娛樂，乙可能更喜歡積累財富，那麼兩人間的公平就是幹活多者多分糧。

公平不能自上而下規定，因爲公平與否只有對當事者而言才有意義，而且只有隨時根據情況變化，才能保持眞正的公平。在一個可以用經驗掌握的範圍中，公平體現於當事者的共同認可，只要當事者彼此接受，就是公平。

如果甲乙按勞務分配的比例不當，乙覺得自己吃虧，便不會接受。甲確實佔了便宜，心裏不會不明白。雖然甲想堅持佔住這個便宜，但是乙的不接受可能導致合作破裂，不但便宜佔不上，還會面臨更嚴重的威脅。兩者相比，明智的選擇便是放棄佔便宜。如果乙這時得寸進尺，想反過來成爲佔便宜者，也會面對同樣問題。兩個人的「討價還價」是建立在對彼此情況充分瞭解和雙方能夠實現充分溝通之上的。這種狀況下「討價還價」的結果，是雙方距離遞次減小，趨向一種被雙方認可的共識。彼此最後都接受的「價格」

在哪，就是公平所在之處。

這種「討價還價」亦即個人意志進行向量求和的過程，其結果就是最終求得的向量之和。

擴大到共同體也是一樣，只不過「討價還價」變成了多人之間的行爲，從一對一變成了排列組合的關係，複雜性大大增加。既然是經驗範圍，其成員必然有很多共識。每人都瞭解全局，熟悉工作，知道什麼對共同體有利或有弊，動態地掌握各方面進展，再加上出於共同利益，在多數事情上也會有一致看法。

具體問題上的分歧是難免的。如四人提議種玉米，三人提議種小麥。設想一下在一個朝夕相見、互相依靠、又沒有外來干涉的共同體裏，人們會怎樣處理這種分歧。協商無疑是惟一方法。雙方各自陳述理由，若能說服對方當然最好；如果雙方都堅持自己意見，也不會以一方壓倒另一方來解決；那麼最有可能的解決辦法是雙方各讓一步，種一部分玉米，也種一部分小麥。讓步多少爲合適，雙方繼續討價還價。最終結果可能根據雙方人數而定，玉米種七分之四，小麥種七分之三——即是在這個問題上雙方都接受的向量之和。

如果選擇是不能妥協的，如七人中四人主張遷移，三人主張留居原地，雙方就可以自己判斷利弊孰大孰輕：是認可分裂，還是委屈求全？也許對主張遷移的四人，遷移的利大於分裂的弊，就會不惜分裂。而堅持留居原地的三人雖不想走，但是人數少，分裂後勢單力薄，難以維持生產，判斷分裂的弊大於留下的利，就可能轉而同意遷移，避免分裂。這時三人雖然有某種程度違心，然而是他們自己的選擇，並非受到強迫，因此也是他們自身的個人意志。

只要一個共同體的成員相互依賴，彼此不可分離，少數服從多數的原則就會自然發生作用。因爲少數依賴多數的地方總會多一些，少數與多數破裂或對立，吃虧更大的是少數。這不同於「數量型求和結構」中強迫性的少數服從多數，而是各自意志向量求和的一種體現。

還有一項區別是，經驗範圍內的少數不是可以忽視的數字，而是相互熟識的個人。他們能夠充分表達自己，相互也有情感或情面的關係，因此多數即使與少數之間意見不一致，也會按照生活之道的常識照顧面子。如上述三人順從了四人，使四人既達到了遷移目的，又沒受分裂之弊，是討價還價的贏家，若不主動對輸家做一些讓步，那三人難免有情緒，不利於繼續合作，四人爲自身利益就可能做適當讓步以爲安撫。那是在少數服從多數的前提下，多數對少數的一種補償，是向量求和的一部分。而多數對少數讓步到什麼程度，是另一輪「討價還價」，最終也會停止在平衡的「價格」上。

對此一般的質疑是人會不會具有如此理性，能如此知曉利害，計算得失，自我節制和甘於讓步？還是更可能陷入衝突、僵持，乃至同歸於盡？我對此的回答是，向量求和不要求源自文化與道德的理性，只要求源自人的自利的理性，如果連那種理性都沒有，社會便無法存在，不僅向量求和不能成立，已知的任何政治制度與方法同樣不能成立；而向量求和只在經驗範圍之內，其要求的理性是經驗範圍內的理性——是最低的也是最容易實現的理性。相比之下，反而是西方民主制大規模民主要求人具有更高的理性。

向量求和的「和載體」

在多人組成的共同體中，理論上向量求和可以透過成員之間的反覆互動與整合得到。共同體成員彼此經過溝通、調整和討價還價，最終達成大家都接受的妥協與共識（即向量和），才能進行共同體的統一行動。

可想而知這樣的向量求和耗神費時，爲了降低成本，需要把這種排列組合的互動關係簡化，辦法就是建立一個公共作用點。成員不必彼此透過排列組合發生作用，而是直接對那個公共點發生作用，將原本一對多的關係簡化成一對一的關係。最後在那個點上實現集體整合的綜合結果，即爲所有成員個人意志的向量之和。

那個公共點因此可以稱作「和載體」。

協議或方案是「和載體」的一種形式。事先提出一項方案，每個成員就不必分別交叉互動，只需各自直接對方案進行判斷，提出意見、修正和補充……，同時根據得到的反應瞭解別人的態度，提出自己的意見與他人討價還價。方案從「草案」變成「定稿」，就是對此問題所有成員個人意志的向量之和。但這種方式只能對少量重要事務採用。一個共同體每天都要做出諸多決策，加上情況隨時變化，如果事無巨細都提方案全體討論，將無暇顧及其他。

因此，最好的「和載體」是由人來充當。

人是有默契能力的。在經驗範圍內，充當「和載體」的人可以透過「心領神會」掌握共同體每個成員的個人意志，在頭腦中以「類比」方式進行向量求和。對每個問題，他都大致能知道每個成員所持立場、反應如何，能夠惟妙惟肖地想像出每一步的討價還價，每個人的底線在哪，獲得相互妥協的平衡點又在哪。他在頭腦裏運轉一番，就能近乎精確地得出整合結果。即使還有偏差，再根據共同體成員的反應即時修正。那種修正也可以透過默契進行，成本低，耗時短。與此同時，大量日常決策可以由人的「和載體」自行做主，儘量減少集體成員相互之間的整合；同時人的「和載體」能以主動性及時或有先見之明地掌握發展，使向量求和成爲一個連續過程。從而做到既能儘少使集體成員之間的整合眞正發生，以降低操作成本，又能保證集體成員的整合始終發揮主導作用，制約「和載體」。這兩方面缺少任何一面，個人意志的向量求和都不能順利完成。

逐層遞選制之所以把選舉限制在「相互瞭解的範圍」，就是爲了產生這種「和載體」。在相互瞭解的範圍內進行選舉，選舉者可以完整地傳達其個人意志——他爲什麼「贊成」，或爲什麼「反對」，他的判斷、要求、目標、希望，以及他指望當選者爲他所做的一切……，都在其中。每個個人意志總是能以準確的向量形態傳遞給其他成員——當然也包括被選舉的人。當選者因此將成爲承受所有個人意志向量作用的公共點。他或被清楚地告之、或被含蓄地暗示、或通過默契得到感應：選舉者對自己的要求是什麼，自己怎樣做才能獲得支持而避免落選。只要當選者願意保持當選狀態，他在面對集體事務時就得把自己的個人意志讓位給共同體的意志，他也就會心甘情願地成爲承載全體選舉者個人意志的「和載體」。

因此，只要具備這兩個條件：選舉在經驗範圍內進行，可以隨時選舉，共同體就不再需要成員之間不停地進行個人意志的向量求和，只要推選一個「和載體」，大部分日常事務的向量求和就可以由「和載體」自覺而準確地完成。

遞進民主制如何成爲「向量型求和結構」

前面舉例的向量求和是在小範圍內，直接溝通即可進行。社會規模大得多，需要依靠間接溝通。在間接溝通的結構裏如何實現向量求和？這裏只簡短說明。詳細論證可參考我的《溶解權力——逐層遞選制》一書。

向量求和的運算是把多個向量分成若干組，先求出每組的向量和——可稱向量分和，再就向量分和求和，得到的結果與直接就多個向量求和的結果完全一致。根據這樣的規則，「和載體」相當於向量分和，間接溝通的結構是由「和載體」構成，在「和載體」

之間進行向量求和，就相當於對所有「和載體」所代表的社會成員進行向量求和。

在遞進民主制中，這種「和載體」的求和是在第二層級以上各層塊中進行的。由社會成員在第一層級選舉的「和載體」，在第二層級又選舉一層「和載體」，而第二層級的「和載體」到了第三層級，再繼續選舉「和載體」……。這種分層選出「和載體」的方式，等於是不斷就向量分和求和，最終的結果應該和就所有向量求和的結果一樣。

這不是數學。前面說過，遞進民主制中的當選者只要願意保持當選，他在面對集體事務時就得把自己的個人意志讓位給共同體的意志（即共同體成員意志的向量之和），忠誠地充當「和載體」，因爲他只要背離了共同體意志，又不及時修正，就會隨時被罷免。

當選者在上一層塊也不能背離該層塊委員會的意志。後面會談到層塊之間存在一種「經驗的延伸」，可以制約進入上一層塊的當選者。每一層都有這種「經驗的延伸」，加上可以隨時選舉，從而保證各層「和載體」都不能偏離，最終的向量求和結果因此保持無誤。何況每一層塊的大政方針都是由委員會所有成員共同決定，當選的「和載體」只是執行者，進一步保證了向量求和不會有大的偏離。

遞進民主制就是透過這樣的方式，成爲「向量型求和結構」。

向量求和能夠體現少數

現代西方民主制保護少數，給少數堅持反對意見的權力和從事反對活動的空間，但因爲「數量型求和結構」只能奉行總和爲零的多數原則，鼓勵贏家通吃的政治文化，因此少數儘管有存在空間，卻不能參與決策。

向量求和不同。向量求和的直觀圖解是平行四邊形法則——即兩向量的和等於以兩向量爲邊的平行四邊形之對角線。對角線（向量之和）的特徵是兼顧，或曰折中。它總是處在相互分歧的兩向量之間，決不比其中任何一個向量更偏激。它的最終結果取決於「綜合」。如果說它的大小與取向接近於哪一方，並非因爲它有自己的傾向，而是那些參與求和的向量之間「運算」的結果。但即使有一方佔了壓倒性優勢，向量和也不會完全與其一致，而一定會把另一方——不管多麼微不足道——按照其應得的「分額」整合進自身。

這就看出向量求和與數量求和的區別。數量求和不是綜合而是相減，和的方向與多數完全一致，少數等於被抹煞。向量求和的本質卻在於任何少數——哪怕小到一個單獨個體——也能對向量之和產生作用，猶如一隻蒼蠅落上長江大橋，理論力學也要承認牠的質量能使大橋產生變形一樣。社會規模再大，也是由個人組成，因此每一個個人意志都是必要且不可忽略的，都該對社會產生相應作用，被視爲有相等權利的個人意志，兼容並蓄地求和進最終結果中。

具體化於遞進民主制的實際運作，向量求和的這種性質怎麼體現？

首先，遞進民主制的層塊都是經驗範圍，即互相瞭解、可以直接溝通的範圍。在那種範圍中，少數不是數字，而是熟識的人，不能完全漠視；而且面對的是系列問題，不是單獨問題，今天的問題他是少數，你是多數，明天的問題就可能變成他是多數，你是少數。如果今天你不與他妥協，明天他也不會與你妥協，所以對經驗範圍內的人，妥協是一種常態。

遞進民主制的每個層塊同時是一個委員會。委員會的性質後面要討論。值得先說的是，委員會即是一個向量求和的場所。委員會被認爲有「長期交易、相互延期補償的機制」，也就是前面所說的互換妥協。數量求和的多數原則，其結果是總和爲零；向量求和的委員會決策，其結果是總和爲正數。

妥協看似無法定量，不像數量求和那樣一是一，二是二。然而實際上，妥協是在互動的討價還價和對長期補償的計算中一種頗爲精確的結果。

有人會問，既然這樣，《遞進民主制規則》中何必有「三分之二多數」、「二分之一以上票數」的規定呢？那不是多數原則嗎？一般而言，少數服從多數的投票表決的確屬於數量求和，不過同時還應該參照另外一個條件，即投票表決是在多大範圍中進行。在互不相關的人群中進行那種表決，與在相互瞭解、可以直接溝通的委員會中進行表決的性質是不一樣的。前者是數量求和，後者即使實行少數服從多數，也屬於向量求和。這是因爲委員會表決是經過事先充分交流、互動和調整的——那正是向量求和的過程。即使最終仍然有投反對票的少數，他們也已充分表達了自己的意見，經過與多數的互動，得到或知道未來將得到的補償，不同於數量求和的總和爲零。

事實上，實踐表明委員會的決定很多都是全體一致通過。那不是因爲所有委員意見一致，而是恰恰因爲有了妥協。那種一致通過表現出委員會成員共同認可一種工作常規。

二、大規模民主與「經驗範圍」

規模是民主的最大難題

民主就是人們共同協商和決定。在人數少的時候，民主簡單明瞭，操作簡便，隨著人數增加，複雜性迅速上升。

先不考慮民主的具體內容，只從參與協商的人彼此可以發生多少種關係來看複雜性的變化。這是一個排列組合問題，免去公式和推導過程不表，人數爲三時，可以發生二十二種不同的排列與組合。人數爲十時，每個人能與他人發生的關係是八八七七六九〇種。也就是說人數只擴大三倍多，關係數卻要增加四十萬倍。而當人數爲五百時，每人可能與他人發生的最多關係數爲三・三一〇〇四二四一〇七九七E＋一一三四——這是一個一一三五位數的整數，用日常概念已經無法理解和掌握。假設當代兆次／秒的巨型電腦速度再提高一億倍，每次運算數一個數，用四十六億年的時間（地球迄今的壽命）也只能數完這個數字的零頭。

列舉這些數字不是遊戲，是爲了說明規模不同對複雜性的影響有多大，也說明不同規模的社會在很大程度無法相比。兩千萬人的臺灣和十三億人的中國大陸，不能認爲實行西方民主制的結果會一樣。規模變化不僅是量的變化，也會產生質的變化。

對民主而言，規模造成的問題是根本性的。一個村子的民主和一個國家的民主性質完全不同。由小型城邦國家轉換到大型近代民族國家的舞臺上，被認爲是民主政治最深遠的變化；直接民主演變爲代議制的間接民主，也在於解決規模問題。但實踐結果已經證明西方民主制不能徹底解決規模帶來的困難，其自身存在的弊病大部分正是與規模有關。

西方民主制的選舉弊病

西方民主社會的選舉看似完全自由，沒有限制。然而能當選的人事先已經被確定了範圍——首先他得是能被大多數選民知道的人；其次他必須能向多數選民表達自己的觀點。只有很少的人具備這種條件和能力——原因就在於規模。如果是人們可以直接溝通的範圍（所謂「面對面的民主」），每個人都能被其他人熟識，只需用嘴就能讓他人瞭解自己的主張，人人條件平等。然而一旦人群規模變大，能具備這兩個條件的人就會變得非常之少。

在大規模人群中，能被多數人知道的人是「名人」。名人一部分是明星和專業人士；另一部分則是原本就在權力體系——政界、法界、企業界——中掌權或曾經掌權的人。第二種名人正好擅長政治，選民因此會自覺或不自覺地先從他們當中選擇，從而造成當選者總是具有與權力斬不斷的「血緣關係」。西方社會的競選者大都由政黨提名、並在政黨支持下參加選舉，也導致當選人總是在權力體系的「血緣關係」範圍內。

要想在大規模社會對選民表達觀點，離不開電視、報刊等大眾傳媒。西方民主社會的選舉經驗是，誰能充分利用媒體，就有了一半的當選機會。西方社會的媒體雖不像專制社會那樣由政治權力壟斷，理論上人人可用，實際上卻取決於另一種遠非人人都具備的因素——金錢。

參選者的錢從哪來？有些國家對參加競選者提供一定的政府津貼，但相當比例的競選經費是來自工商界的「政治」捐款。在這個意義上，當選者便相當於工商集團推選的代表。權力和金錢相輔相成，形成西方民主社會對當選者範圍的限定——一個既需有權又需有錢的範圍。當選者一方面總是權力圈中的「自己人」，一方面又要經過金錢的「預選」。西方民主的選舉再自由，也是在這個範圍之內挑選的自由。雖然比專制社會的挑選餘地大得多，照樣是把多數人排除在外，最終結果則是保證當選者與統治集團的立場一致。

代議制民主不能解決規模問題

對直接民主的批評可以這樣舉例：任何規模稍大的集會就得由主持人來決定日程、指定發言人和調控會場。規模越大主持人的特權越大，普通與會者的發言權反之越小，參政議政的機會也越少，有效的交流和辯論會變得越來越困難。當主持人的權力可以支配決策結果時，直接民主就死亡了（劉軍寧）。

這個例證沒錯。問題在於這不只是直接民主的問題，間接民主照樣可以有相似問題。間接民主雖不再靠民眾集會進行決策，卻要用類似集會的方式挑選「代議者」，照樣得由「主持人」來組織選舉。

在目前已知的間接民主形式中，普通選民和公民的發言權未增加多少，有效的交流和辯論照樣困難。這正是因為推選「代議者」的選區規模過大（如選舉美國聯邦眾議員的選區有六十萬選民，加州的聯邦參議員要由上千萬加州公民選舉）。能在那麼大範圍被人知道並能表達觀點，只有少量特殊角色。所以西方社會有一種經典抱怨——選舉不過是「在一群壞蛋中選一個好一點的壞蛋」。

在大規模選舉中，選民只能透過電視、報紙、集會認識和判斷侯選人。他們看到的並不是競選者本人，而是競選者透過媒體創造的形象。商業社會的包裝術可以把糞土包裝成黃金。西方有一則這方面的笑話：三個外科醫生自誇，一個說：「我給一個男人接上了胳臂，他現在是名聞全國的棒球選手！」第二個說：「我給一個人接好了腿，他現在是世界著名的長跑選手！」第三個說：「你們眞是小兒科，我為一個白癡接上了笑容，他現在已經是國會議員了！」

如果直接民主被形容為政治野心家的天堂，間接民主就可以被視為政治表演家的天堂。兩者問題的根源並非簡單地在於是直接民主還是間接民主，而是共同發源於民主規模過大這個病根。用「直接民主」和「間接民主」區分兩者不能說清問題，而應該用「大規模民主」的概念對它們進行共同分析。當今世界的民主形式，無論是直接民主還是間接民主都屬於大規模民主。間接民主的前提是透過大規模投票進行選舉，一樣可以被善於煽動和蠱惑的野心家利用。之所以說騙十人難，騙十萬人易，原因就在於十人是互相瞭解的範圍，而十萬人則是互相不瞭解的範圍。在互相不瞭解的範圍，人們只能根據不充分的資訊——往往是刻意製造的資訊——來判斷，善於表演甚至是善於欺騙的人往往會占很大便宜。所以當我們討論間接民主的時候，首先應該想到的是，如果選出來的「代表」不能代表民衆，又如何能說他們做出的決策可以代表民衆呢？這種間接民主又何以能成爲眞正的民主呢？

「代表」與被代表者的差別

美國前總統演講撰稿人馬修斯(Christopher J. Matthews)在所著的《硬球》(*Hardball*)一書中講了一個故事：他在美國參議院工作期間，發現每當人們生活費用上升、生產進一步發展時，國會就要週期性地提高最低工資標準。於是作者爲自己的參議員老闆起草了一項提案，建議把工人最低工資標準與生活費用上升、生產發展兩個指標自動連結。但是這項有利於勞工的提案卻被那些親勞工的民主黨參議員否決了。作者後來明白了其中道理，原來民主黨政治家每隔幾年要求國會提高最低工資標準，能夠換取自己選區的工人選票。假如將提高最低工資標準變成自動調整，不再需要他們參與，他們就會少了這個贏得選票的機會。因此「代表」只有讓被代表者的難題繼續存在，才不會有失業之虞，也才有做私人交易並謀取私利的機會。

這個例子中的「代表」還是要做好事，只不過是想用做好事爲自己獲取資本。我曾與美國一個叫「民主及選舉中心」的民間組織負責人談話，他介紹的則是「代表」們違背民衆利益之事。我從當時的記錄裏摘錄幾段：

……美國推出一項法律要經過很多步驟。首先在起草階段要從衆議院推動，起草後要經過程序委員會。這個委員會審查草案是否符合美國的法律。認爲沒有違反法律的問題後，決定送到哪個委員會。在這個過程中，議會的議長可以決定把法案給哪一個委員會處理，因此議長有很大的影響力。當然還需要根據法案的性質，如關於公務員的要送給行政委員會，關於外交的送外交委員會，關於治安的送司法委員會。然後在相應的委員會投票，決定要不要進一步處理這項法案。那個委員會的主席有很大程度可以決定怎樣處理這項法案。當投票決定這項法案要進一步推動的話，就要看它是否涉及財政問題。如果涉及，要送撥款委員會。撥款委員會覺得沒有問題了，才可以送交大會。最後由議會進行大會投票……。可以看出這個過程有很多障礙，很多法案根本送不到大會就在途中夭折。

例子之一就是關於控制大氣污染的立法推動了很久。法案所走的委員會，其主席來自底特律。底特律是汽車城，很多勢力都不希望通過空污立法。委員會主席便利用其可安排法案討論順序的權力，把空污立法草案的討論時間一路延後了十年。做爲委員會的主席，這是他的正當權力，他使用這種權力是絕對合法的。

參議院裏還有兩個辦法可以阻止法案變成法律。一個是「不閉嘴」——即議員在大會上不停地發言，以討論未結束爲由不讓法案進入表決。在這種情況下，除非一百位參議員中有六十位投票決定要他閉嘴，才可能阻止他繼續馬拉松式的發言。然而這種時候要拿到六十票是相當困難的。另外，參議院在批准法案時需要對參議員進行確認，如果一些參議員故意不進行確認，也可以把時間拖得很長。

一項法律草案可以透過參議院提出，也可以透過衆議院提出，但是在一個議院通過之後，另外一個議院也必須通過。還有一些法案是同時由衆議院和參議院提出。如果兩院的草案不一樣，就要進入參衆兩院的協調會議，然後把修訂案統一起來。修訂案統一後，兩院通過，還要送交總統。總統可以簽署通過，也可以否決。如果總統否決，草案打回衆議院和參議院，要在兩院得到三分之二的票，才可以否定總統的否決。

形成法律的過程有這麼多的環節和障礙，因此是一般人很難介入和影響的。尤其法案的推動過程很多都是在外人無法瞭解內幕的閉門會議中進行，只有極少數最有能量的人才可能成功地滲透進去——那種人往往就是所說的「遊說團體」。美國不斷有人提議要對遊說活動的經費加以限制，因爲只要花足夠的錢，就可以影響到很多人，包括總統、兩院、委員會的主席等。只要能成功遊說他們推動或阻撓一項方案，就能夠決定那法案最後通過或不通過。所以，有錢的人可以讓他們不喜歡的東西在變爲法律前的某個階級擱淺。從這個意義上，美國的民主是有錢人的民主。只要有錢，就可以達到目的。

臨別前，那位先生還給我看了一張以選區劃分的地圖，他說：

……眾議員是按照人口比例分派的，每十年調整一次，但是他們透過很多辦法導致不公平的現象。你看這些劃分選區的界線彎彎曲曲的，完全看不出合理性。這是透過立法機構、州長，還有國會的機構制定的。這種選區劃分的目的是保證投票結果對他們有利。眾議員的選舉九十八・五%是現任的眾議員獲得連任，而且大都贏得很懸殊，一般都會得到八〇%以上的選票。這是因爲他們利用權力做了很多工作來保證自己的連任。所以選民要想選出一個新人替換掉舊眾議員，是非常困難的……。

美國人爲何對民主沮喪

代議制雖然把當政者的權力縮小，並由人民監視和更換之，但人民卻不能行使權力，因此對人民主權的原則而言，代議制是不完備的。爲了彌補這種缺憾，西方民主制對一些問題採用全民公決的方式。美國俄勒岡州在這方面領先群倫。已有八十多年歷史的「女性投票聯盟」俄勒岡州主席與我談過這個問題。下面是我的部分記錄：

俄勒岡是美國第一個實行選民立法的州。程序是有人先提出議案，動員民眾簽名支持，只要能得到法定數量的簽名，就可以把議案放到下一次選舉的選票上進行公決。最終若能獲得多數選民支持，就可以成爲法律。與州憲法有關的提案，簽名的法定數量是選民的八％，就俄勒岡州而言就是八萬九千人（二〇〇二年）；修改州的法律，需要的簽名是選民的六％，即六萬七千人；而只要有四％的選民簽名反對某一項州法律，該法律就得被擱置。所有與州憲法有關的提案都要經過全民公決。二〇〇一年俄勒岡州共有二十七項全民公決的法案。其中只有七項是立法機關提出的（立法機關本可自行通過與憲法無關的法律，但有時也願意透過公投追求民意效果）。

全民公決的提案細到退休金貸款怎麼發；是否允許設置捕熊陷阱；還有煙草賠償金怎麼用等。有時一項提案同時會提出兩項草案，最後看哪個得票多便採用哪個。一張選票上印那麼多提案，多數選民對自己不懂的提案一般都回答No，因此如何在選票上寫提案就特別重要，成了專門行業。例如利用上述的選民心理，把付諸表決的問題寫成「你是否不同意……」，在選民不經意間寫下No的時候就等於同意。

選票上對提案的介紹只能用非常短的文字，表決者因此很難理解，甚至產生誤會，往往誤導投票。實際上每項提案都很複雜。二〇〇一年州政府印的關於二十七項提案的說明有兩英寸厚。如果是郵寄投票，還有時間在家裏看一下提案介紹，到投票所投票則沒有這種可能。很多提案的理念都不錯，問題在於一般操作性都比較差。由議會討論提出的議案比較內行，知道要花多少錢，錢從哪裡來等。公民的提案往往只爲理念，不太考慮怎麼做。還有寫提案的人不知道怎麼寫，寫出來的提案不符合法律，即使全民公決能通過，但是法院不通過。公民對此會生氣，而法院只是執行法律。還有，法律規定凡是與財政有關的提案必須有半數以上選民通過才能成立。那麼只要今年的投票率低於五〇%，就意味著所有跟財政有關的提案都無法通過。只有等到投票率比較高的大選年，再次把那些提案拿出來公決。

無疑，利益團體會運用財力去推動符合自己利益的提案。有些提案的推動資金來自大公司，一般就屬於這種情況。另外還出現公民立法的商業化傾向。提案的發起者往往雇用商業公司來徵集簽名。雖然法律規定不可以用給錢的方式讓人簽名，但沒有禁止把徵集簽名的工作承包給專業公司……。

我採訪這位主席是美國「國際訪問者計畫」中的一項活動。那次我在美國行程緊湊地走訪了不少地方。對美國突出的感受是一個大規模社會的複雜與問題百出。我一方面讚歎美國的傑出管理，另一方面也感慨人類的管理已近極致，再無多大拓展空間。尤其是在大規模民主中，普通美國人對政治參與的無力感和沮喪更是讓給我留下深刻印象，與美國崇尙的民主理念形成鮮明反差。甚至有人認爲，民主在美國實際上已經發生不了多大作用，美國的自由和公正主要是靠政治設計中的制衡系統才得以確保。

西方民主的重大缺陷

理論上，自治應該是民主的重要標誌，但是在西方民主制中，自治在實踐中卻沒有多少地位。雖然存在各種冠著「自治」旗號的權力機構，眞正的自治至今仍停留於理想，因爲所謂的自治只能稱爲「自己統治」。其對外雖有自主性，內部依然是統治結構，由當權者自上而下統治民衆。這就像把聯合國當作一個世界政府，各國可被視爲最充分自治的自治體，卻不能說人類社會實現了自治一樣，因爲每個國家的內部都實施統治，有的甚至是專制。

自治必須以民主爲基礎，有民主卻不等於就能自治。在間接民主中，民衆已經把治理權委託給了「代表」，透過「代表」進行自上而下的統治，因此間接民主不可能是自治。

自治一般被認爲只能與直接民主共存，是民衆參與管理的民主。但直接民主受限於規模，惟有在小範圍得以實行。因此現行的政治理論不認爲當今人類社會能存在眞正意義的自治，僅致力於「如何實現沒有壓制的統治」。然而只要是統治就不會沒有壓制，當權者與民衆離心離德的事也總是不斷發生。理論上，最終只有自治才能消滅壓制。西方民主制對大規模自治的無能爲力，的確該算一項重大缺陷。

大規模民主中侷限的累加

西方民主社會的民選當權者爲了獲得選票，往往迎合公衆，即使是公衆的偏見與侷限也不得不屈從。其實偏見和侷限都是相對的。一家公司相對於國家是局部，讓公司老闆考慮國家發展戰略，免不了偏見和侷限，然而他對公司內部事務卻會比任何人都清楚。同理，讓一群農民對國家外交政策發表意見，肯定是胡說，但是對本村事務，學問再大的人也不會比他們更有發言權。大規模民主的問題在於既不允許局部的人在其熟悉的局部做主，又避免不了他們對其不熟悉的全局施加壓力。

大規模社會中的個人存在偏見和侷限，其實再正常不過，問題在於偏見和侷限被納入什麼樣的求和結構，得到的結果會完全不同。大規模民主是「數量型求和結構」，因此社會成員的侷限會累加和放大爲「大衆的侷限」。例如選民在選舉國家領導人或議員時，考慮的是競選者所闡述的宏觀問題，不易和身邊的市鎮、社區、公司等對應起來。這時最容易出現偏見和侷限。雖然人們瞭解的資訊越來越多，然而資訊並非知識，更非智慧。面對越來越複雜的大規模社會，讓一個只能瞭解極小局部的普通人去判斷並選擇誰最適合領導整個社會，本身已是嚴重脫節；而普通公民的政治素質與國家領導人應有素質的脫節更加嚴重，因此有人把這種「庸衆推舉菁英」的現象稱爲代議制民主的悖論。

轉到遞進民主制的視角，這種偏見和侷限則不足爲慮。因爲全局總是由局部組成，只要是以向量方式求和，能把各個局部的偏見綜合在一起，便相當於把所有局限橫向拼接爲完整全局，侷限也不復存在；以數量方式求和，卻相當於把所有侷限縱向累加，形成一個侷限的「深井」，最終只能愈加侷限。這種所謂「大衆的侷限」，其實不該由公衆負責，而是「數量型求和結構」強加給公衆的。

大規模社會是專制的基礎

從人類學家提供的知識可以得知，人類社會的部落時期權力沒有現在這麼複雜。權力的構成、功能、運作及因果關係，大多能包容在每個社會成員的視線內，憑經驗即可把握。那時一般沒有專職領袖，乃由有威信的長者主持公共事務。

隨著社會規模增大，管理層次隨之增加，披上了專業化和神祕化的隱身衣。規模和層次造成了社會成員經驗的斷裂。從部落聯盟到國家再到帝國，社會規模越來越大，權力層級越來越多，社會成員就越加無法把握，最終不但失去經驗的聯繫，連理念的聯繫也會喪失。

在部落分配鹿肉，所有成員都能看到。而當分配發展成今日這種複雜的黑洞，沿著無數環節的鏈條千迴萬轉，通向金融系統、銀行機構、法律體系、國際貿易、市場起落……，在不知哪一個環節中，哪個官吏躲在天書般的法律制度或是成噸的帳本之後貪污，有誰看得見？又有誰能查明白？即使你眞發現了不公，也摸不清「上訪」或訴訟的途徑，不會跟「中紀委」談話或沒錢聘用律師，你很可能不懂怎麼拿出符合法律標準的證據，當你發現面對的不只是一個不公正的分配者，而是一個不公正的制度或體系時，只能陷入更加無能爲力的沮喪……。

從憲法辭彙來看，專制社會有時會比民主社會還民主，言必稱權力屬於人民，所有官員是人民公僕……。那麼它的專制從哪裡來呢？專制之所以成爲專制、並能做到專制，最主要的手段就是利用規模造成的阻隔，有意識地切斷社會對權力的溝通，以及社會內部和權力結構內部的橫向溝通。

人是無法在大規模社會裏自發實現溝通的，必須借助溝通的結構。以選舉爲例，專制制度並不剝奪人民的投票權，也不需要造假，甚至還會督促人們履行「主人翁」職責去投票。但是選舉範圍如果超過選民能夠直接溝通的範圍，競選就成了選民瞭解候選人主要甚至惟一的方式。只有透過競選，選舉才有眞實意義。否則即使候選人名單有再多差額，只要是在定好的名單上「選」，再選都等於是專制者的任命。你要是拒絕選專制者的候選人，又能選誰？選你的鄰居？你認定他特棒。可是除了你，其他選民誰知道他？你的一票是幾十萬、幾百萬分之一，效果等於零。如果你去爲你的鄰居宣傳，讓選民都選他，僅用口頭是可以的，卻影響不了幾個人。你要是想擴大宣傳範圍，一要借助媒體，二要成立組織，這就捅到了專制權力的要害。專制權力不允許新聞自由，要求一切媒體成爲「黨的喉舌」，更不允許成立「非法組織」，進行「跨行業串聯」，從事「非組織活動」以及成立獨立社團，只要切斷了民衆之間的相互溝通，民衆就只能是任憑擺佈的愚盲。

限制溝通亦是專制權力進行內部控制的手法。專制權力的基本結構是垂直指揮，不允許下級之間發生橫向溝通。自古以來，下級官員背著上級私下「串聯」、「密謀」向來都是專制權力的大忌。古代帝王頻繁調動軍隊將領，使「將不知兵，兵不知將」，與今天大軍區司令、各省負責人對調同出於一個目的。「分而治之」之所以成爲專制權謀要訣，就是因爲在大規模範圍內，只要以「分」切斷溝通，最高專制者就可以利用自身的樞紐地位使「分」的各方相互制約，自己發號施令和充當仲裁，達到「治」的目的。

某些人對鄧小平在六四時調動幾大軍區部隊同時進京，把形象搞得那樣猙獰感到不解。實際上，調那些軍隊主要不是爲了對付六四抗議者，而是爲了軍隊之間形成制衡，保證中央安全。在當時的形勢下，雖然一個軍區的部隊足以鎮壓抗議，但是同一軍區內部不必透過中央就可相互溝通，容易串聯，因此有發動政變的可能。不同軍區的部隊卻難以直接溝通，只能以中央爲樞紐。當時進京的各軍區部隊被交錯部署，相互鉗制，彼此摸不清對方的態度和兵力，於是誰也不敢輕舉妄動，再加上切斷社會資訊進入軍隊的管道（不許官兵看報、聽收音機等），最終使軍隊馴服地執行了鎮壓命令。

幾千年的專制權力把在大規模社會中限制溝通的技巧發展到爐火純青的地步。尤其在中國這種超大規模社會，溝通本來就極爲困難，限制溝通更容易。小國之所以政變頻繁，原因之一就在於容易私下溝通整合，大國專制者卻得益於大規模社會的溝通不便，往往可以在相當長的時間內堅如磐石。然而大國一旦發生動亂便不易恢復穩定，吃虧也是在溝通困難，難以迅速整合。

西方民主制解決規模問題的手段

追根溯源，西方民主制優於專制制度的重要面向，就是爲大規模社會的民衆提供了溝通手段，主要有以下幾種方式：

一是競選，形成參選人與選民之間的溝通，使選舉成爲眞實。

二是新聞自由，使公衆可以從不同層面瞭解眞相和表達意見，從而監督權力，並形成輿論制約。

三是全民公決，是大規模社會最便於操作、也是成本最低的民意表達方式。

四是政黨（利益團體）體制，能夠爲公民表達個人意志增加管道，也可使公民自行串聯和組織，增加與權力抗衡的能力。

五是分權制衡，我們說過專制權力靠限制公民之間的溝通以確保專制，民主制度則是以憲政分割權力以防止專制。

由此看出，西方民主制的內容有相當一部分是爲了克服大規模社會的「難以瞭解」和無法溝通。至今西方民主制在這方面的努力已不再有太大的拓展餘地，中國照搬也未必能達到同樣效果，因爲西方解決規模問題的前提——如職業政治家、多黨體制、多元化的大衆傳媒、規範選舉的法律和制約，包括公民訓練，大衆理性程度提高等都是百年形成的。中國既不具備這些條件，也沒有培育的時間，加上社會規模比所有西方國家都大很多，面臨的規模問題只會更爲嚴重。因此，中國的民主化必須避開大規模民主，把民主直接建立在「經驗範圍」中。

遞進民主制始終立足「經驗範圍」

所謂的「經驗範圍」有兩種：一種是共同生活的範圍；另一種是從事同一「項目」的範圍。

村莊是典型的共同生活範圍。人們長年居住在一起，來往密切，能以直接溝通的方式——看、聽、說——掌握有關集體之事。中國過去的「單位」，其成員上班在一起，下班住一塊，可稱「都市村莊」，也算共同生活的範圍。

隨著社會變化，人的活動範圍趨於多元，朝夕相處的共同生活範圍逐漸減少。人們常常是在工作場所見面，下班後各不來往；同住一層樓的鄰居對面不相識；住在大洋彼岸的人透過網路倒可能是同事或朋友；人們參加不同的興趣組織、利益團體；即使是同一家庭的成員也各有各的圈子。這時的「經驗範圍」便較屬於「項目」範圍。

幾個人在同一工廠班組工作十數年，我認爲他們屬於同一「項目」範圍；另外幾人臨時湊在一起做筆生意，完事就散夥，我亦認爲他們屬於同一「項目」範圍；哪怕是網路虛擬空間，不曾謀面的論壇成員也算同一「項目」範圍。任何組織結構之單元，廣義上都可以視為「專案」。「項目」的參與者可能在其他方面互不瞭解，但對「項目」本身而言的經驗已經足矣。其他方面的經驗與「項目」無關，有和沒有對「項目」本身的經驗範圍都無關緊要。

遞進民主制首先是讓每個「經驗範圍」的成員組成自我管理的委員會，再由他們選出的代表（「和載體」）組成上一級委員會。那麼上一級委員會是不是「經驗範圍」呢？如村委會選舉的主任組成鄉鎮委員會，我們可以先設想那些村委會主任彼此本不相識，因此他們組成的鄉鎮委員會開始並不是一個「經驗範圍」。然而鄉鎮委員會構成了管理鄉鎮的「專案」，一旦開始工作，不相識的村主任們就要在一起討論鄉鎮事務，商量各村的合作與協調。那時經驗就開始產生——每個人的方案優劣、見解怎樣、能力如何、素質高低……，都直接展現在鄉鎮委員會所有成員面前。我們在日常生活中和陌生人接觸，不用多長時間就能產生大略印象。村主任們在一起工作，無需幾個回合彼此也會相當瞭解。那種瞭解不需要包括對方是否喜歡釣魚或有沒有祕密情人一類的內容，因為那和鄉鎮委員會的「項目」無關。他們需要知道的只是在管理鄉鎮這個「專案」上，每個人的狀況和能力到底如何。對於這個「項目」，他們一定會相互熟悉，產生默契與直覺。隨著共事時間加長，彼此的瞭解很快就會相當深入，並逐步修正到準確的程度。

何況，以上考慮的那種村主任互不相識狀態只可能在實行遞進民主制的最初時刻發生。一旦遞進民主制正常運轉，就很少會再有村主任同時是新人的情況。因為遞進民主制的選舉不是定期舉行的，而是隨時選舉，村主任輪換會錯開，總體而言委員會也就一直是「經驗範圍」。

對此只舉鄉鎮委員會一例就夠了，因為在遞進民主制中，往上的每一層都是同樣道理。

「小是美好的」

「經驗範圍」可以使個人意志的侷限性降到最低。每個成員對所處的「經驗範圍」都能瞭解。只有在瞭解的基礎上，每個人的意志向量才可能是準確的。超出「經驗範圍」，個人意志便只能借助抽象的理性把握全局。多數個人不具備這種抽象理性，不得不透過間接環節去獲取，就難免不受扭曲或操縱。當然，並非說只要是「經驗範圍」，不同的個人意志就會因為沒有侷限而不分歧。只是那時的分歧多是出於立場不同（每個人的自利性），而不是因為侷限。

「經驗範圍」的另一重要優點是能使「競爭—合作」關係達成恰到好處的妥協。既然每個成員都瞭解情況以及其他成員的底限，也就容易判斷在「競爭—合作」的曲線上，自己能得到最大好處的點在哪，到哪一步就該退讓，妥協方案是什麼，包括具體步驟，怎樣落實等——這就是前面說的個人意志向量求和的過程。所有成員在知己知彼狀態下得出的妥協結果，也就是該「經驗範圍」整體的最佳狀態，每個成員得到好處的平均值也最大。這種求和是一個動態過程，只有達到精確的平衡點，「討價還價」才會終止。

在遞進民主制的結構中，除了最基層成員是以個人意志進行互動，其他層塊的成員都將在隨時選舉的制約下放棄自身的個人意志，只做為推選其所屬層塊之集體意志代表，以「和載體」的身分參與求和，因此相當於對下屬各層塊的集體意志進行求和。

遞進民主制以「經驗範圍」構建整個社會。「經驗範圍」內沒有間接溝通的屏障，權力因此不再能以複雜性做為掩體。即使是國家元首與省長之間也屬於同一「經驗範圍」，能力、修養、眼光及資源和資訊差距都不大，不存在難以逾越的鴻溝。國家元首要施權力只有透過省長才能實現，因此元首無法背著省長營私舞弊。類似機制對遞進民主結構的所有層塊都是一樣的。

「小是美好的」——這個觀點看到了人類面臨的困境，卻始終只能做爲一個精緻觀點而不能成爲實用方法。經驗範圍是小的，但卻可以透過遞進民主制把「小」無限組合，覆蓋大規模社會。而遞進民主的社會無論多大，每個部分都是「經驗範圍」，沒有資訊超載，免卻大量資訊往返和爲此設置的機構、管道，從而整個社會都具有「經驗範圍」的性質。這是從另一角度實現的「小之美好」。人們今天所孜孜談論的「小政府，大社會」，那時才會名副其實地實現。

三、遞進委員會系統

委員會的性質

討論「遞進委員會制」需要先討論委員會的性質。委員會是個長期被濫用的稱呼。這裏所說的委員會不是類似中共各級「黨委」，或是曾在文化大革命遍布中國的「革命委員會」，而是具有以下幾項性質：

一、委員會的所有成員無論在發言權還是決策權上都是平等的；
二、委員會的決策以委員會成員透過平等協商方式達成；
三、平等協商的前提是每個成員都能充分交流和表達，並能彼此直接互動；
四、因此委員會規模不能超出其成員可直接互動的範圍。

對照以上性質，很多冠以委員會之稱的機構都名不副實，既沒有成員的平等，也沒有良好的協商，更不能充分交流和表達，規模大到委員之間甚至不相識，遑論互動。

遞進民主制的委員會則除了符合以上性質，同時還符合從政治學角度對委員會機制的如下描述：

一、運行機制本質上不是多數原則，而是對不同意見的綜合

委員會做決策時經常一致通過，原因就在於綜合了委員會每個成員的意見。雖然委員會有時也付諸投票，但那經常是出於程序要求。偶爾會攤牌，即眞正實行少數服從多數，以打破僵持不下的局面。但如果那種情況成爲常規，就意味該委員會已經失效，喪

失了委員會機制。多數原則是非委員會機制和委員會機制的分水嶺。多數原則是總和為零的政治，而委員會機制則可實現總和為正數。

二、內部的交換

交換理論認為大量社會互動可以被概括為「人們之間帶有報償性的交換活動」。委員會不是只解決單一問題的臨時組織，而是面對一系列問題的決策團體，因此委員會具有長期交易、相互延期補償的機制。每個委員都期望所做的讓步會在下一次換取他人讓步，這成為委員會的工作常規。這種常規看似脆弱而靠不住，卻是廣泛有效，因為其依賴的是十分現實的刺激和獎勵。破壞這種常規，對委員會整體及對每個委員都是所失大於所得，因此如果某個委員無休止地不妥協，便可能被逐出委員會內的互惠關係。

在以多數票做決定的機制中，參與者不是面對一系列問題，而是孤立地面對單一問題，其決定自成一體，無法形成和利用彼此之間的「交換」，因此只能形成減法式的對抗關係，以及贏家通吃的結果。委員會機制正是透過系列過程的互動，打破彼此的孤立和自成一體來解決這個問題。

三、利用強度差別，允許選擇序列

常有人質疑，委員會中難道不會形成一個相互聯合的穩定多數，長期壓制委員會內的少數嗎？這種情況不會形成的原因是，如果委員會內形成一個總是受挫的固定少數，必將使其變得越來越激進，放棄合作而處處對抗和刁難，最終使委員會的決策成本上升到無法承受的地步。委員會的價值也就因此喪失殆盡，不成其爲委員會了。

這就是強度差別的作用。一般來說，處於劣勢的少數派總是要比處於優勢的多數派更爲激進，因爲其需要以激進態度增加自己的額外分量。這種強度差異有一定好處，因爲溫和派向激進派讓步是團體協議的重要機制。強度完全一樣反而不易達成妥協。不同強度所帶來的「協商性」可以成爲少數派的加權，成爲一種對少數的相容。由此看出，委員會機制可以利用強度差別，而多數原則對強度差別則無計可施，只能視爲無差別的計票數字。

另外，多數原則只容許表達贊成或反對，因此參與者只能有一個選擇。委員會決策機制允許參與者有選擇序列，每一方都可以有自己的第二或第三選擇。這就爲讓步妥協創造了條件。而容許選擇序列存在的前提，是參與者可以直接溝通與互動，以循環的試探—反饋來討價還價，最終實現相互矯正與平衡。對此，大規模範圍的多數原則無能爲力。

委員會機制不會形成多數對少數的壓制還有另一項原因——因爲委員會面對的是系列過程，每次要解決的問題不同，其內容和利益構成也隨時變化，因此不會形成對所有問題皆保持一致的不變多數和少數。每個成員都可能在多數和少數之間變換陣營。這種現實會在委員會中培養對少數寬容與妥協的精神。

委員會的合適規模

不談處理專業問題的委員會，僅就管理社會而言，委員會是參與式民主的最佳方式。然而所謂的參與首先要受規模限制。如果把參與比作一個分數形式的係數，再把頻率當作另一個指標，參與程度可用兩者乘積象徵地表達。如全國人民代表大會有兩千名代表，每個代表的參與係數是兩千分之一；每年開一次十天的會，頻率是三六．五分之一；每個代表的參與程度爲七萬三千分之一。不難想像，這樣的組織完全不可能成爲中國憲法所稱的「最高國家權力機關」。如此低的參與程度無從進行任何眞正的協商，只能採用多數原則，而若投票和選舉再受控制，就只能淪爲寡頭政治的工具和花瓶了。

一個名副其實的委員會，規模一定不能大。那麼規模限制在什麼程度是合適的？前面提到「所有人皆可直接溝通」的範圍，這裏再從另外一個角度解釋：委員會的合適規模有一項衡量標準——即不依靠主持者也能實現全體成員的協商。如果缺少主持者就無法運轉，那種委員會一定會落到被主持者把持。例如中國憲法規定「五分之一以上的全國人民代表大會代表提議，可以臨時召集全國人民代表大會會議」。五分之一的代表超過四百人，分散於全國各地，讓四百人實現串聯，達成共識，在自發狀態下基本上無法做到。因此全國人民代表大會只能由少數寡頭主持，決定代表的分配和選舉，提名候選人，安排大會發言、小組討論，議案審查……，缺了這種主持，全國人大就是癱瘓的。

讓我們設想一下，一個委員會的成員隨時可以串聯協商的範圍有多大（即他能與多少人進行協商）？如果我們把所謂的「隨時」定爲兩天之內，每天工作八小時，與每個人的協商耗費半小時，那麼這個委員總共可以和三十二個人進行協商，也就是說委員會的規模不應超出這個範圍。這種計算無疑沒有實際意義，數字也可以變化。例如把「隨時」

定為三天，能協商的人就增加到四十八個；而把與每人的協商時間增加到一小時，能協商的人就下降到十六個。這裏舉此為例，並不是眞要把委員會規模定量，只是為了說明委員會的規模需要限制。同意這一點，具體數字完全可以隨實際情況調整。

代議制難以實現人民監督

西方民主制是由民衆選舉的代表組成議會之類治理社會的機構，民衆本身不能參與治理。民主政治理論家認為這是正常的。他們認為民主只意味滿足人民的願望和需要，而不是人民掌權。然而好的君主也可以在一定時間內滿足人民的願望和需要，莫非也是民主？另一些人則把參與管理本身就視為是人民的願望和需要，是人類生活的目標而非手段。

何況即使只做為手段，代議制也不一定能夠代表人民。首先，代議士的選舉被限制在特定範圍，看上去的自由選舉其實萬變不離其宗，這在前面已討論過。其次，代議團體會設法為自己披上專業外衣，切斷選民的經驗延伸，降低透明度。而面對權力領地之繁複門路和浩瀚文牘，民衆日益喪失判斷能力，只有混跡其中的政客如魚得水，人民監督則只能成爲空洞的標榜。

包容全體社會成員的委員會

遞進民主制的結構直觀形象就是由多層、多個委員會自下而上組成的委員會系統。整個社會都被這個系統包容。我把這個系統稱爲遞進委員會系統。所謂遞進委員會，主要特徵可以用一句話概括，即各級委員會所選舉的委員會主任自動成爲上一級委員會委員。

遞進委員會的構成單位與日常實施公權力的行政單位一致，如行政村、鄉鎮、縣、市、省。遞進委員會把選舉、代議、管理合併爲一個系統，而不是分成不同系統。這樣做的道理和好處，後文再述。

前面講的委員會性質——委員權利平等、協商決策、直接互動、經驗範圍——遞進委員會系統的任一層次的任一委員會都符合。而長期交易、允許選擇序列、非多數原則等性質，其實就是遞進民主制中的「向量求和」。

遞進委員會和單獨的委員會不同之處，在於遞進委員會（最基層委員會除外）的成員不是以個人身分參與委員會，而是以其所代表的下級委員會參與。其在上級委員會中進行的互動，不是按照其個人意志，而是按照下一級委員會的集體意志。每個委員一方面要考慮如何使自己代表的下級委員會得到最大利益，一方面又要在上級委員會的互動中進行交易和妥協，還要衡量自己在上級委員會做的妥協能否得到下級委員會認可。

有人擔心下級委員會可能拒絕任何讓步，只要求得到最大利益，被他們推選到上級委員會的代表因此也只能順從他們，造成上級委員會無法決策的僵局，或即使以多數通過的決策也會遭持反對意見的下級委員會拒絕執行。其實這種情況在遞進委員會系統發生的可能，遠小於大規模民主體系中。原因首先在於遞進民主制的「經驗範圍」和「理性的逐層提煉」性質。只要是在經驗範圍，一般不會出現選舉者既無理性也不講策略，只是一味要求當選者不得妥協的情況。當前的村委會選舉，農民常選出善於和權力部門打交道，懂賄賂會腐敗的人。那不是因爲農民願意出錢賄賂，而是因爲他們明白不這樣做辦不成事。由村委會主任組成的鄉委員會，也會理解鄉長在縣級委員會中的必要變通和讓步。然而讓一個鄉的幾萬農民都理解鄉長的妥協就不那麼容易了。同理，讓州長、市長們理解省長在國家委員會中的讓步不是難事，要讓那個省的幾千萬老百姓理解和支持就難了。如果鄉長或省長由百姓直接選舉產生，進行妥協的空間將縮小很多。

代議制委員會只能由少數人組成，遞進委員會系統卻可以把全體社會成員都包容進不同層級的委員會。委員會既然是民主參與的最佳方式，全民都在委員會，也就等於全民都參與了民主管理。

遞進民主制的選、議、行合一

西方民主制中的選舉、代議、管理分成各自獨立的系統。遞進民主制則是把三個系統合而爲一個。然而遞進民主制與同樣把三個系統合在一起的中國人大制度和蘇聯蘇維埃制度又不一樣。人大與蘇維埃的一元化是自上而下的，遞進民主制的一元化則是自下而上的，因此兩種一元化本質完全不同。另外，人大和蘇維埃的管理職能是虛的，實際管理權由其執行機構（政府）掌握。執行機構名義上是由人大、蘇維埃產生並對它們負責，實際卻自成一體，不受控制。

表面上，中國的人民代表大會和一九三六年以前的蘇維埃也實行逐層遞選，也有貌似遞進委員會的結構（「蘇維埃」一詞就是委員會的俄文音譯），但其所以只是表面的自下而上，實質卻是自上而下，首先在於其選舉範圍遠超出經驗範圍，選舉者無法實現溝通，因此不能自發進行選舉，必須有自上而下的主持、召集、提名等，選舉才能進行。於是佔據主持者位置的寡頭就可以由此操控選舉，利用不許競選、切斷串聯等手段進一步加強控制，使選舉成為虛假把戲，等同於自上而下任命，代表則成為寡頭的傀儡。

把選舉、代議、管理三者合為一體的系統，只有在能夠滿足「經驗範圍」和「隨時選舉」的前提時，才會使選舉和代議名副其實，使管理不致脫離民衆利益，也才能體現出這種體制的長處。迄今為止，只有遞進民主制可以實現這兩個前提。

遞進民主制不光是一種制度，它本身就是一個全民組織，或者說就是一種社會形態。它把所有社會成員包容在內，進行向量求和。政治學家列舉了給理想決策系統的五項標準：一、每人有同樣的影響力；二、對同等的決策強度給予同樣考慮；三、總和為正數與總和為零的結果適當平衡；四、盡可能縮小外部風險；五、盡可能降低決策成本。政治學家公認沒有任何原則、規則或決策系統能同時達到這些要求，然而遞進民主制卻很接近這樣的理想決策系統。

7 遞進民主制的優越

一、「理性的逐層提煉」與「隔層保護」

人民在經驗範圍外沒有智慧

「相信人民的智慧」是一句動聽的話，但這句話顯然需要條件限制——人民的智慧是在經驗範圍之內，超出經驗範圍說人民的智慧是在說假話。我們目睹過全民跳「忠字舞」的鬧劇，也親歷過全民「向錢看」的瘋狂，無論如何那不會是智慧。讓十三億中國人直接表決控制生育政策，十有八九會被占多數的農村選民否決。對他們來講，能看到的是「經驗範圍」內多生孩子的好處，養兒防老，家族興旺，不受欺負等，看不到的是「經驗範圍」之外人口與資源的緊張關係，地球生態的不堪重荷。

遞進民主制卻不同。儘管直接受村民約束的村民組長和村委會主任也許還對控制生育有異議，但是到了鄉長、縣長的層次，有了更寬的眼界，能夠認知或預見本地的人口危機，從而轉爲支持控制生育；到了地區和省的等級，當選的領導人眼界更寬，資訊更全，也更有研究和預見能力，因此不但不會受來自基層的約束，反而會堅決實行控制生育的政策，因爲只有控制生育才眞正有益於社會，同時有益於農村和農民。這就是一種「理性的逐層提煉」。

遞進民主制的兩個性質確保「理性的逐層提煉」：一個性質是遞進民主制中各層塊的選舉者和當選者位置接近，素質差距也不大；另一個性質是當選者之所以當選，是因爲相較之下其更爲出類拔萃，對主持全局的工作也更有全面的眼光。

前一個性質——層塊內部差距不大，決定了在層塊之內容易達成共識，避免發生選舉者以偏見和侷限約束當選者的情況。例如由農民直接選舉縣長，縣長只能按多數農民的意志反對控制生育，而由更知道控制生育之必要的鄉長選舉縣長就不會有這個問題；

後一個性質——當選者的眼界和素質略高一籌，使得由當選者組成上一級層塊時會進一步提升理性程度。如由鄉長選舉的縣長在組成地市委員會後，能夠更理性地把握宏觀視野，高瞻遠矚，制定符合社會整合利益的決策。再往上的層塊仍然存在這兩個性質——層塊內部照樣容易達成共識，照樣可以推選更出色的人進入更高層塊——如此層層遞進，搭起了社會理性逐層提煉的階梯。

「隔層保護」——決策者與群衆之間的緩衝

「隔層保護」是指遞進民主制存在「逐層遞選」和各層級的「遞進委員會」，高層當選者因此不必直接承受來自基層的壓力，只需得到該層塊選舉者的支持，就可以制定決策和行使職責，即使與社會輿情相悖，民衆一時反對，間隔的層級也可以保護他不受衝擊。

西方民主制缺乏這種隔層，因此容易導致迎合大衆的「短視政治」。其中最致命的短視是當前氾濫的物質主義。雖然生態危機已是家喻戶曉，爲何各國領導人仍然追求助長危機的物質主義目標？並非因爲他們沒有那種眼光，而是物質主義成了今日的聖經，若不讓經濟數字保持不斷增長，就會在選舉中落敗下臺。

對此不能埋怨民衆缺少「放眼世界」的眼光和對地球負責的自律。人的本性就是追求自身更好的生活，何以指望人爲地球或子孫後代犧牲眼前？全球生態問題從來不是普通社會成員能掌握和該掌握的，而是需要透過社會的總體節制來解決。然而在沒有「隔層」的民主制度中，由熱衷物質主義的大衆直接選舉領導人，如何建立社會的總體節制呢？

遞進民主制中的當選者不是由大衆投票決定，而是由他所屬的委員會投票決定。他和大衆之間隔著許多層級，不受直接制約。他需要迎合的只有委員會。他的決策有時可能與基層群衆的意願不一致，卻可以得到委員會的支持，他若不負責地逢迎大衆反倒會遭委員會罷免。這種性質決定了遞進民主每遞升一個層級，理性程度也會相應提高。這種遞進正是把大衆的侷限逐步拼接爲全局的提升。這是西方民主制所沒有的性質，對缺乏大衆民主訓練的中國有特殊的價值。

「隔層保護」與「理性的逐層提煉」是相輔相成的。因爲有了「隔層保護」，「理性的逐層提煉」才有可能；反過來又是因爲有了「理性的逐層提煉」，「隔層保護」才能實現。遞進民主制的優越之處，很多都取決於這兩個性質。

確保遞進民主「彈性」的技術環節

遞進民主制何以能消解來自基層的偏激和侷限，避免受其制約，是有技術上的環節提供支援的。

有人做過這樣的計算：假設有甲乙丙三個小組，每組三個成員、一個組長。對某個問題，甲組三個成員全部反對，乙丙兩組各有一個成員反對、兩個成員贊成。那麼三個小組共九名成員中，反對的是五人，贊成的是四人。如果用直接表決的方式，得到的結果將是反對方居多。但是在遞進民主制中，最終決定是由三個組長做。由於組長不能違背該組多數成員的意志，因此甲組組長會投票反對，乙、丙兩組組長卻會贊成，最終結果成了贊成，因此這種遞進會造成對多數人意志的違背。

這正好證明了遞進民主制透過何種方式做到「違背」多數。其實美國的選舉中也有類似現象。二〇〇〇年的美國總統選舉，高爾的選民票比布希多三十多萬張，其所以輸給布希，是因爲「選舉人票」不如布希多。這種現象在美國四十三次總統選舉中發生過四次。爲此有人批評美國的民主虛假。然而這卻不見得是壞事，因爲美國總統的選舉要照顧到兩方面，一是選民意志，二是地方意志。在雙方選民票數相差不多（高爾只領先布希〇．三％）的情況下，地方意志便會凸顯出來。這正是一種頗具匠心的設計，和參議院設置的內在邏輯異曲同工。如果只考慮選民不考慮地方的話，美國中部那些人口少的州將永遠沒有總統競選人樂於光顧，政策也會把他們遺忘。我看過二〇〇〇年美國總統選舉的地域勝負分布圖，布希獲勝的地域比高爾多了不少，所以最終布希當選並非不合理。

前述例子中按成員表決是五比四反對，按小組表決是三比二贊成，也可以算作一種「人」、「地」兼顧。不過，遞進民主制的這種「彈性」除了「人」、「地」兼顧，更大價值還在於擺脫偏激和侷限。

另一項遞進民主制的特點發揮了同樣的作用：既然三分之二以上的票數才能選出新任當選者，取代在任者，在任者就可以利用這一點適當地違背多數——因爲不同意他的人即使超過半數，只要沒達到三分之二，他也不能馬上被替換。這種能對多數進行一定違背的性質有助於理性的「提煉」。我之所以相信即使村主任站在村民這一邊反對控制生育，到了鄉縣層級就會轉變，到了省和國家層級就會堅決實行生育控制，就是因爲這種「提煉」在遞進地積累。遞進民主制鼓勵對多數的「良性違背」，同時又能確保不出現「惡性違背」，因爲只要事實不能證明對多數的違背是正確的和有利於多數的，反對票就會超過三分之二，那時當選者的替換就會眞正發生。

「體現民意」和「過濾民意」如何統一

有人對遞進民主制表示困惑：「這麼一個高度體現人民控制權力的體制，最後怎麼會得出一種違背多數民意、雖然可能是較爲理想的政策？」這似乎不好解釋，我一方面說遞進民主制的當選者不再有其個人意志，只是做爲向量求和的「和載體」存在，另一方面又說這種當選者有能力並且有必要在某些時刻一定程度地違背多數，這之間是不是有矛盾？

首先，被違背的所謂「多數」不是向量和概念，而是數量和概念。掌握這一點就知道沒有矛盾——正因爲當選者始終是「和載體」，當「數量之和」與「向量之和」不一致時，他出於確保「向量之和」就必須違背「數量之和」。

再者，這種「違背多數」的情況並不多見，因爲每個層塊的選舉者與當選者素質、視野都相當接近，一般不致出現太大分歧。只有在少數特殊情況下，以數量方式形成的「民意」太過強大，產生強大牽制，才需要以當選者對選舉者多數的適度違背來矯正。

如一旦臺灣舉行統獨公投，獨派佔了上風，中共時代培養的大陸民意會幾乎一面倒地要求戰爭。包括遞進民主產生的鄉、縣、乃至地市級委員會中，贊成動武的意見都可能成爲多數。然而這種「民意」是一種「數量和」。換個角度看，攻打臺灣可能導致沿海經濟大幅下滑，引起國際社會制裁，造成大規模的企業破產和失業，爆發經濟危機等，又是「民意」所不願的。進行向量求和，就是要綜合考慮不同方面的因素，而不是讓單一的偏激壓倒全面和長遠平衡。這時就需要高層當選者能以高瞻遠矚的卓識矯正社會的偏激，做出符合社會整合利益的決策。在這種意義上，「違背多數」不但是可取的，而且是必要的。

容易導致全社會陷入偏激的，除了民族主義，還有物質主義。我之所以認爲西方民主制縱容貪婪，就是因爲在大規模直選制約下，政治家永遠不敢違背「多數」對物欲的追求，因此西方民主制是不可能讓人類擺脫物質主義的。在這方面，遞進民主制的逐層矯正功能就更顯得重要了。

遞進民主何以提煉理性卻不受偏限

和前面問題類似的一個問題是：既然遞進民主制的每一層都可以有效地約束上層，爲什麼約束結果只是提煉社會理性，卻不會累加大衆偏限呢？這在邏輯上似乎不通。

的確，人人都有偏限。在「數量型求和結構」中，這種分散在每個人身上的偏限會被累加在一起，彙成大衆偏限。然而遞進民主制的「向量型求和結構」是把偏限拼接在一起，形成全局。例如一個被員警罰款的司機抱怨員警管得太嚴，另一個被汽車撞傷的路人抱怨員警管得太鬆，兩者分別看都有偏限，而眞正的全局應該是將不同的偏限向量求和在一起。所謂提煉社會理性，其實就是把所有社會成員的偏限向量求和爲全局的過程。從這個角度說，「向量型求和結構」根本不會形成大衆的偏限，求出的結果一定是全局，一定是對理性的提煉。這就是遞進民主制爲什麼只提煉理性，卻不受制於大衆偏限的道理。這種提煉並非因爲當選者如何「英明」。遞進民主制的當選者與大衆的不同，本質上只是求出了向量和與尚未求出向量和之間的區別。大衆層次看似充滿偏限與非理性，一旦對其實現了向量求和，體現出的就是明智。

例如，不能指望普通人在汽車廢氣與大氣臭氧層破洞之間找到關聯，因爲那遠遠超出了他們的經驗範圍。他們不願意爲淨化排氣花更多的錢，當然可以被視爲侷限，然而只要是回到經驗範圍，誰也不願意自己和家人生病，寧願多花錢買乾淨的水，寧願付出勞力種花種樹，時常打掃注意衛生……。如果對人們這種經驗範圍內的明智進行向量求和，最終形成的社會整體意志也一定是有節制的、環保的和非物質主義的。

因此，最重要的並不在於「提高人的素質」，讓每個人都能擺脫侷限而掌握全局，那即使不是不可能，也是遙不可及的。解決的途徑應該是將個人侷限視爲正常，但是透過改變求和方式，使其能夠整和爲全局。

二、「遞進自治」和「遞進聯邦」

遞進自治的「嵌套」形式

眞正的自治應該是從社會最小單元——個人開始，自下而上，從裏向外，所有社會單元無一遺漏的全面自治。我將其稱爲「全細胞自治」。遞進民主制就是這樣的自治。在遞進民主制中，「各層塊（含下屬層塊）構成自治體，擁有上級層塊未明確禁止的一切權力和不與上級法律相違反的自治。」（《遞進民主制規則》第六條）。這種關係如同層層嵌套，下級層塊須包含在上級層塊的法律框架內，最後由最高層塊的法律包容整個社會。

如A自然村由n個家庭組成，每家出一個代表，組成自然村委員會，成爲一個自治層塊，自行管理A自然村的內部事務——做哪些事情，怎麼合作，制訂什麼制度，利益如何分配等，都由委員會自行決定。同時，包括A自然村在內的n個自然村又組成B行政村的層塊。B行政村也構成自治體，由下屬各自然村的當選主任組成B行政村委員會，管理B行政村內部事務。這種管理只限於下屬自然村之間的合作事務，不能干涉各自然村的內部事務。但是B行政村委員會做出的規定和決策，下屬各自然村做爲行政村成員體都要執行。各自然村的規定與決策不能與行政村的規定與決策抵觸。

同理，一個鄉鎮有n個行政村，由n個行政村主任共同組成鄉鎮委員會，管理本鄉鎮下屬各行政村之間的共同項目與合作，但不得干涉每個行政村的內部事務。而行政村做爲嵌於鄉鎮層塊內的成員體，必須執行鄉鎮委員會決定，不能制訂與鄉鎮委員會規定抵觸的規定。這個鄉鎮層塊此時包含了下屬行政村和各行政村下屬的自然村兩層自治體（若把家庭也視爲自治體就是三層）。所包含的自治體數量爲：n個行政村＋（n個行政村×n個自然村）。以此類推，這種層層嵌套的自治結構遞進地延伸和擴大，最終由n個自治省的省長組成國家委員會，包容整個社會。

這是一種「遞進自治」的社會結構，即從社會最小單元的自治開始，不斷組合成更大的自治體。確保自治的基本原則是：每個自治體的內部事務都不受外部（包括其所屬的上級層塊）干涉，但是做爲嵌於上級層塊內的成員體，必須服從上級層塊制訂的法律、規定和決策。這又是自治結構得以不斷遞進的保證。

有人會問：如果必須服從上級層塊制訂的法律、規定和決策，能算自治嗎？對此需要這樣看：在遞進民主制中，「上級層塊」本身就是由下級層塊的當選者組成的。上級層塊制訂的法規、決策等，正是下級層塊進行向量求和得到的結果。雖然那結果不會和任何一個下級層塊的意志完全一致，卻是所有下級層塊的意志之和，把每個下級層塊的意志都整合在一起，成爲共同的意志。因此下級層塊對上級層塊的服從不是被強制的，服從的是包括自身意志在內的共同意志，是每個層塊的自我意志在更高一層的體現。如果連這種服從都不接受的話，所謂自治就只有「自」而無「治」了。那樣的社會將是一盤散沙。

「遞進自治」不同於以往各自爲政的平面自治。在「遞進自治」結構中，每個層塊的自我意志不是自成一體的固態，也不會與其他層塊的意志格格不入、相互對立，而是不斷擴展、昇華，與其他層塊的意志相互融和，最終把所有層塊的意志融彙成整體意志。正是這樣一種結構，使自治得以不再與無政府主義糾纏一體地淪爲烏托邦或假自治，而是眞正把個體與整體、分散與集中、自由與秩序、自我意志與統一意志渾然天成地結合在一起。

遞進民主制與聯邦主義

遞進民主制在理念上與聯邦主義完全相容，但在方法上與目前的聯邦制不同。

聯邦主義的前提是承認並保證人類社會在利益與文化方面的多樣性，克服統一性與多樣性之間常見的悖反與對立，透過鼓勵多樣性、維持統一性，實現兩者的和諧結合。

聯邦主義認爲人類社會生活的本質是聯邦的，是一種由下至上的多中心政治秩序。聯邦主義的價值基礎是個人自主與群體自治，主張人人自治，天下共治。這和遞進民主制追求的完全一致。

如果認爲人類社會生活的本質是聯邦的，每個社會成員的個人自治就應該成爲聯邦主義政治秩序的基石。沒有個體自治，自治和聯邦就是徒有虛名。這便是目前聯邦制的問題所在。目前的聯邦制只有成員體的自治，而無個體的自治，因此那種自治只能被視爲成員體「自己統治」，或者是「地方自治」，而不是本質意義上聯邦的公民自治。

當然，目前世界上的各種聯邦無一不是民主政體，其統治都不是專制而是代議制。然而代議制並非自治。只要是代議，是間接民主，就是人們把決策權和管理權讓渡給了代理人，由代理人掌握和行使，而不是人們自我治理，因此仍然是統治。

自治是直接民主，受制於參加人數。西方民主制在以代議制解決大規模民主的問題之際，同時放棄了公民自治。雖然目前的聯邦制對重大問題也舉行公民投票，但那除了體現理念，很少有眞實的自治效果。

遞進民主制與目前的聯邦制不同之處，就在於它是「全細胞自治」。從個人開始，每一層塊都是自治的，同時又以聯邦形式組合在一起。因此遞進民主制可以被視爲一種發展到極致的聯邦制。其聯邦囊括了社會所有層次，每一層都可以視為聯邦關係，一直延伸到每個公民，都是以聯邦形式組織在一起。更精確的說法是，在遞進民主制中，每個公民都相當於聯邦的「成員體」。最基本的聯邦是公民之間組成的「聯邦」，並以此為基礎向上遞進延伸。在這種意義上，遞進民主制也可以稱為「遞進聯邦制」。社會的任何層塊都處於如是狀態——對下是聯邦，自身是自治體，對上則是組成上級聯邦的成員體。這種逐層遞進、最終囊括全社會的聯邦，最徹底地實現聯邦主義的理念。

遞進聯邦——把平面自治變成立體自治

雖然自治在當代是一個常用之詞，然而薩托里（G. Sartori）提出「可以得到的自治強度和所要求的自治廣度成反比；可能的自治強度同所要求的自治持續性成反比」，排除了在大規模社會實現自治的任何可能。他斷言「用自治代替政府的政治設計，無論當時還是現在都不可能實現，將來也絕不可能實現。」（《民主新論》）

西方民主社會目前已存在衆多自治社區和團體，為什麼不能把自治擴大到更大範圍？原因就是解決不了規模（即薩托里所說的「廣度」）問題。只要超出直接民主的範圍，自治就得中止，就得把權力委託給代理人。但薩托里的「廣度」是一種平面廣度，如果採用遞進民主的立體結構，其公式是可以被打破的。這就需要依靠「遞進聯邦」。以往聯邦的成員體至少是「城」、「州」，甚至是「國」。對那種規模的成員體，薩托里的公式沒有錯。遞進民主制則是要從社會最基層開始組成聯邦，把聯邦的基本成員體降到個人與家庭層面，然後以遞進方式自下而上地逐層擴展聯邦。這種聯邦的每一層塊之內都可以實行直接民主，因而都是眞正的自治。每個層塊的「廣度」都在「經驗範圍」內，因此自治強度可以保持不變。這種在二維平面上增加了縱向一維的「遞進聯邦」，能在自治強度不減弱的情況下使自治廣度得到前所未有的擴展，從而超越薩托里的公式。

有人會問，遞進民主制的層塊不也是透過代理人實現遞進嗎？和代議制有什麼區別呢？遞進民主制的當選者產生於經驗範圍選舉，並受隨時選舉的約束，因此我不把這種當選者視爲「代理人」，而是視爲「和載體」。「和載體」與「代理人」不一樣。「代理人」以自己的想法行事，雖然其當選與否由選民決定，但由於選舉規模過大，遠超出經驗範圍，選民並不能準確判斷其是否眞正符合選民的意志；「和載體」則是「向量和」的體現者和執行者，即使當選者進入上一級層塊，也不能脫離這種「和載體」身分，因此在遞進民主制中不存在「代議」。它的任何一層都算民意的直接表達，只不過是先把民意求和爲向量分和，再繼續對向量分和進行向量求和而已，和直接就下屬所有個體的向量求和結果完全一樣。

當前聯邦制度的常見問題是成員體與聯邦政府間的權力之爭。這種爭執的根源在於代議制。地方政府和聯邦政府都由人民選舉，看上去給了人民很大權力，實際上等於讓人民同時授權給兩個對象。於是各方都宣稱自己的權力源於人民，代表人民。在這種爭奪中，結果往往是實力更強的聯邦佔據上風，導致聯邦權力擴張，聯邦政府異化爲無所不在的龐大統治機器，最終陷入「政府不是解決問題的辦法，政府本身就是問題」的困局。

遞進民主制的「遞進聯邦」不會這樣，其授權單一明確。各級層塊都是由下一級層塊產生，由下一級成員體的當選者組成。因爲當選者是其成員體的「和載體」，所以各級層塊也就等於是由下一級成員體組成。在這種狀態下，各成員體一定盡可能地把權力保留給自己，而不會讓聯邦擴張爲欺壓自己的力量。

成立世界政府的前提

隨著全球化的實現，世界成爲地球村，人類越來越結爲命運共同體。可以預見未來會出現覆蓋全球的超級聯邦。那不是出於理念，而是出於人類的共同需要。人類未來越來越離不開整體協調與管理。目前處理資訊的能力和工具雖不斷進步，社會管理卻沒有因此變得簡單，反而愈加複雜乃至惡性膨脹。這一方面是因爲人口增多，社會規模變大；另一方面是因爲資訊能力增強造成「資訊生資訊」。統治型社會相當於「一個頭腦管理所有細胞」，資訊集中於中樞，統治機器的規模必然不斷膨脹，又增加更多資訊，最終趨向不堪重負的管理危機。要解決這種危機，惟有以自治取代統治，把資訊分散於各個自治體。讓大部分資訊在產生處消化，不必對外輸出。每個自治體只需接受指令（做什麼）和溝通結果，具體的運行過程（怎麼做）則完全自行決定與操作。這就使得大部分資訊可以自生自滅，消化於自治體之內。而自治體與外部的聯繫，其實也一樣屬於更高層自治體的內部，產生的資訊一樣由那個更高層自治體內部處理，自己消化。如此這般層層擴展，即使在國家最高層塊，面對的也無非只有若干自治省，多數資訊已被層層消化乾淨。這樣的自治社會不會出現管理資訊的爆炸，社會規模如何擴大也不會使管理能力達到極限。

不難看出，上述結構就是「遞進自治」加「遞進聯邦」的遞進民主制。在我看來，只有遞進民主制能把全人類聯合成一個名副其實的共同體，實現建立「世界政府」的構想。

希望保持主權獨立的人對此不必害怕，因爲遞進民主制絕不追求大一統。以往的「主權分割論」只主張國家主權分屬各州（傑弗遜），遞進民主制則是讓主權分屬所有社會成員——即「主權在民」。這不是空談，而是非常具體和可以落實的。正是因爲有了「遞進自治」和「遞進聯邦」做爲手段，才能把每個社會成員的個人權利逐步凝聚爲眞實的「人民主權」，而以往所有的政治結構都無法做到這一點。

因此，如果有一天人類以遞進民主制組成全球聯邦，既然主權在民，社會權力的源泉在下不在上，獨立還是統一的問題就不會再像今天這樣值得爭論。「遞進聯邦」中的上層聯邦只是下層成員體出於利益需要的聯合，社會各級成員體都能夠保持自身獨立，同時全人類又能被整合爲一個共同體。

三、實現「主權在民」理想

人民成爲權力源頭

「一切權力屬於人民」雖是當今任何政權都標榜的旗號，卻從來未曾實現。即使是讓人民監督和更換當權者的代議制，也無法做到人民眞正擁有並行使權力。

西方民主理論家認爲只能如此。遞進民主制卻要解決這個問題。有人會說人民在遞進民主制中只組成基層委員會和選舉基層官員，行使的是最小權力，非「一切權力」。但權力大小不是以管事多少衡量，而是在於服從關係。距離權力源頭越近的權力越大，最大的權力當然就是權力源頭。

遞進民主制與專制制度的權力源頭正好相反。專制的權力源頭在金字塔頂端，遞進民主制的權力源頭在金字塔底座。權力序列中只任免而不受任免的就是權力源頭。遞進民主制中的民衆就是這樣的源頭。他們任命（選舉）基層領導人，基層領導人再任命（選舉）高一層的領導人……，這跟集權社會中獨裁者任命高層官員，高層官員任命中層官員，中層官員任命低級官吏是一樣的，只是兩者方向相反，一個是自下而上，一個是自上而下。

在專制社會，獨裁者並不需要把任命權延伸到權力序列末端，只需透過任免最近一層的少數高官，就可以利用權力任免的序列使其意志在各層級實現；那麼在遞進民主制社會，民衆爲什麼不可以透過任免最近一層的數百萬官員，再利用權力任免序列，使民衆意志在各層級得到實現呢？兩者的邏輯本是一樣的。

事實上，自下而上的權力序列應該比自上而下的序列更能體現權力源頭的意志，因爲自上而下的權力序列是一種以少制多的結構，少數上級無法充分看管多數下級，也難以與其保持資訊對稱，因此總是免不了陽奉陰違，「上有政策、下有對策」，以及貪污腐敗、假公濟私等。自下而上的權力序列卻是一種以多制少的結構，能確保把權力源頭的意志在傳遞過程中的損失減到最小。

遞進民主制的主權是由民衆分享的，相較於「朕即國家」那種簡潔明瞭的主權歸屬不那麼容易掌握。然而民主制度發展的一項特徵就是主權趨於分散。遞進民主制把主權分散於全民，正是對「主權在民」的實現。

如何解決權力的異化

權力異化是自古以來的老問題。當權人物和集團往往只能在一段時間內與社會意志保持「同路」，一旦掌權久了，就會與社會意志脫節，分道揚鑣或南轅北轍。權力之所以總是不斷異化，原因就在於以往一直沒有社會意志自身得以求和的結構，因此社會意志無法自發地體現，只能以一種模糊的民意形式存在，靠當權人物和集團的「瞭解民意」、「順應民意」與「體現民意」，才能間接地得到表達。而一旦當權人物和集團對民意不再「瞭解」、「順應」與「體現」，權力意志與社會意志脫節，社會意志又會落入難以體現的黑暗。

西方民主制是人類解決這個問題的重要成果。它給了民眾監督和制約當權人物的能力，但做爲「數量型求和結構」，仍然得靠當權人物和集團提出方案，主持公決或選舉，民眾只能單一地表達「是」或「否」，因此還是不能完整地體現社會意志，解決權力意志與社會意志脫節的問題。

遞進民主制利用遞進委員會系統和逐層遞選方式，使得社會意志可以透過「自組織」

方式自發求和，成為獨立實體，其體現不再需要依賴當權人物和集團，而是自我體現。當選者在遞進民主的「向量型求和結構」中成為「和載體」，權力則回歸「溝通樞紐」（此概念見拙著《溶解權力——逐層遞選制》）的功能。只有在這種狀態下，權力異化的問題才會徹底解決。

「經驗的延伸」和骨牌效應

對遞進民主制的質疑經常集中於這樣兩點，一是普通民衆在這種體制中沒有參與宏觀決策和直接制約上層的權力；二是因此也就無法避免上層結成利益集團，背叛乃至剝奪民衆利益。如果真是這樣，遞進民主制當然毫無價值。

但是事實上，遞進民主制完全能夠自下而上地約束住每個層級的權力。實現這種約束靠的是「經驗的延伸」。舉例來說，一個工人在充分瞭解自己工段和工段長的同時，還會瞭解本工廠的部分情況，至少能知道工廠發生的大事，對工廠其他工段的情況有所聽聞，還能透過正式或非正式的管道得知工廠幹部和其他工段長的部分情況，這就是一種經驗的延伸。同樣，其他層塊——如某地區的縣長，他們除了充分瞭解本身地區情況，對省裏的情況也會有一定瞭解(如今日中國的縣官們對該省高官的情況常是如數家珍)。這種經驗的延伸是一種必然狀態。可以說任何「母子」形式的組織結構,「子結構」成員都有向「母結構」延伸經驗的能力。延伸的程度與母子結構各自的規模成反比,規模愈小,延伸得愈多。

正是這種經驗的延伸,爲遞進民主制中的普通民衆提供了制約上層權力的手段。村長在鄉級委員會的所作所爲,重大事務不可能完全瞞住村民。他若利用職權爲個人謀私利,遲早會被村民察覺,那時便會遭到罷免。因此只要想繼續擔當村長,他就必須克盡職守、不敢謀私。那麼這樣的村長又會怎樣對待由其選舉的鄉長?首先他不能和鄉長結成背叛村民的謀私集團,因爲會被村民的經驗延伸發現,同時他也不能對鄉長在該層塊以及上一層塊的謀私視而不見,任其爲所欲爲,因爲那等於未盡職守,最終也會被村民罷免。他能做的首先是要選出能對本村民衆有利的鄉長,其次是一旦發現鄉長在該層塊或上一層塊損及村內民衆利益時,就要罷免他。而當一個鄉的每個村長都這樣做時,鄉長就只有盡心盡力爲該鄉多數民衆服務,才能保全職位。

這種「經驗的延伸」使得被推舉到上層委員會的人不能擺脫下層委員會的監督和制

約，也就無法在上層結成小集團，相互勾結和對下欺瞞。只要他不把上層委員會的動向忠實地通報給選舉其的下層委員會，並按照下層委員會的態度在上層委員會履行職能，他就會被隨時可以重新選舉的下層委員會更換。而且這種「經驗的延伸」在每一層級都存在，中間不會中斷，一直到最高層——國家委員會，都將被這種延伸所約束，都需要對選舉其的下級層塊負責。這種層層負責的最終結果，就是對民衆負責。

具象比喻就如骨牌，第一塊牌壓住第二塊牌，第二塊再壓住第三塊……，一直壓到第N塊。下一塊牌被前一塊牌壓住的部分，就相當於延伸過去的經驗。壓住的部分即使只有一點，下一塊牌的任何動作都會透過那一點傳給前一塊牌。在遞進民主的骨牌中，第一塊牌是民衆，他們的經驗延伸只壓住第一級層塊的當選者，但是第一級層塊的當選者又壓住第二級層塊的當選者……，直到第N級層塊的當選者。這時，雖然民衆的經驗已經離第N級層塊相當遠，但是第N級層塊的當選者卻不能由此擺脫民衆的制約。就像第N塊骨牌倒下是因爲第一塊骨牌所導致的一樣，第N塊牌的任何動作都會透過一塊壓一塊的骨牌組合，傳遞到第一塊牌，受到第一塊牌的制約。同理，只要民衆能夠以隨時選舉制約最低層塊的當選者，就能透過這種「一層壓一層」經驗延伸，制約所有層塊，直至最高層塊。

民意是否會在遞進過程中稀釋

一種對逐層遞選的批評是：「做學問的人都知道一手資料比二手資料可靠，當法官的人都知道原始證據比間接證據可靠，同樣的道理，直接選舉的民意基礎也比間接選舉的民意基礎可靠。更何況還可能存在人爲的曲解與公然背棄……。只要一次間接選舉中民意被曲解或背棄了，即使其他所有的間接選舉都嚴格尊重選舉人的意願，所產生的政府也是與民意背道而馳的……。遞進民主的結果必然是選民意志被稀釋，最上層所代表的民意已微乎其微，他們是代理人的代理人的代理人的代理人的代理人……。」

目前無論哪一種政治制度，代表缺乏代表性的問題都普遍存在。人們對間接選舉的不信任是有道理的。但是直接選舉就能解決這種問題嗎？直接選舉其實也可以包含在「只要一次間接選舉中民意被曲解或背棄……所產生的政府也是與民意背道而馳的」說法之內，因爲直接選舉無非是相當於間接選舉的第一級。直接選舉肯定只能是大規模選舉，同時直接選舉也是一種直接民主。贊成直接選舉而否定間接選舉，同時又否定直接民主而贊成間接民主，這是西方民主理論的一種自相矛盾。在我來看，問題不在於選舉是直接還是間接，而在於選舉規模超出「經驗範圍」。目前的選舉——無論是直接還是間接——都一樣存在這個問題，這才是癥結所在。因此解決問題的方法應該是讓選舉在經驗範圍內進行——而這正是逐層遞選制的基本思路。

逐層遞選制雖然是目前已知選舉制度中選舉層次最多的，但不能把它單純歸爲間接選舉。它同時也是產生「向量和」的過程。前面說過遞進民主制不存在「代議」，不同的層級只是先把民意求和爲「向量分和」，再繼續對「向量分和」進行向量求和。因此，如果是「代理人的代理人的代理人的代理人的代理人」，民意會被稀釋，如果是向量和的向量和的向量和的向量和的向量和，結果還是向量和，不存在稀釋問題。

除非賄賂了全體人民

有人認爲直接選舉是候選人與千萬選民面對面，賄選難度大，而間接選舉僅面對幾十或幾百個民意代表，財經寡頭及其代理人容易賄賂。然而我卻認爲遞進民主制比大規模直選更不容易賄選，原因就在遞進民主制是經驗範圍選舉，有「經驗的延伸」，且保持一條完整的遞進鏈。具備了這樣的前提，賄選就只有一種可能——除非賄賂了全體人民。

舉例來說，假如一個「財經寡頭」企圖在遞進民主制中透過賄選當國家元首，按上述看法，進行選舉的三十一名省長是個很適合搞賄賂的小群體。但如果省長們接受賄賂，選了那個財經寡頭，各省下面的地市首長們會接受嗎？省長是由地市首長推選的，因此省長選舉國家元首時不可能僅由個人決定，必須得到該省地市首長的理解和支持，甚至需要共同討論決定。如果省長反常地自行選了一個財經寡頭，即使地市首長不知道其接受了賄賂，也會以其用權不當而將其罷免。進一步假設，接受了賄賂的省長爲了免遭罷免，把得到的賄賂拿出相當一部分再賄賂該省地市首長。但若地市首長們因此同意了，縣長們又會發現問題，爲什麼選擇一個財經寡頭當國家元首？而原來要爲此罷免省長的地市首長又爲什麼變了卦？相當一部分的縣長又會因此啓動隨時選舉的機制罷免地市首長。於是按同樣邏輯，地市首長又得去賄賂該地市諸位縣長。這樣一層一層賄賂下去，最終除非全體人民都能滿意賄賂的程度，財經寡頭才能成功。

我不相信這樣的賄賂鏈可以出現，因爲分享賄賂的需要不斷增長，賄賂不但不是盈餘，且會成爲負數，還會成爲衆所周知的把柄，那時誰還再去行賄和受賄呢？遞進民主制創造的就是這樣一種環境，因此行賄和受賄是不可能發生的。

假如未來眞出了一個中國的比爾・蓋茲，寧願把幾百億美元的家產全分給人民，換幾天國家元首當當。若是大家都同意，那也沒有什麼不可以，反正幹得不好馬上可以罷免他。但那筆錢肯定不能是出自國庫。在遞進民主制中，即使是國家元首也沒有可能從國庫拿錢進行賄賂。各級財政的大筆支出都得由相應委員會共同決定，不是首長自己可以作主的。而每級委員會的大筆支出，委員們又得分別對自己所屬的下一級委員會解釋清楚。所以在遞進民主制中，並不存在上層掌握更多資源，因此有能力收買選舉人的情況。

暴力對遞進民主無效

另一個對遞進民主制的常見質疑是：沿著遞進民主臺階攀上最高位置者，難道不會利用權力指揮軍警，或利用其支配的資源收買軍警，依仗暴力廢除遞進民主制，成爲新的專制者嗎？然而同樣的問題是：爲何世界上最強大軍隊的統帥——美國總統不能利用暴力成爲終身總統呢？因爲美國總統的地位只能在憲法範圍內存在，一旦他企圖超越憲法動用軍隊，軍人就會從軍事機器的零件變成公民，起身捍衛憲法。

遞進民主制的規則簡單明確，所有的公民（包括服兵役的公民）都很容易掌握和瞭解。只要社會已經在憲法意義上接受並實行了遞進民主制，從軍官到士兵都很容易判斷什麼命令是違法的，從而拒絕盲目執行。國家委員會的省長們一旦發現元首奪權，可以立刻將其罷免，同時公告社會。當人人知道元首已換，其命令也就變得無效。而若是元首聯合省長們一道奪權，各省地市首長可以更換省長，再由新省長組成的委員會更換元首。使用暴力的邏輯和賄賂一樣，在遞進民主制中都是行不通的。

更重要的是，即使軍隊和員警執行奪權元首的命令，也照樣沒有能力廢掉遞進民主制。雖然元首可以自上而下地重新委派官吏，並由軍警護送官吏上任，但是人們可以不理睬那些官吏，仍然只認可自己選舉的領導人。權力是以人的同意爲前提的。如果依仗暴力的元首面對的是整個社會的廣泛不同意和不服從，他的權力就沒有任何實際意義。在遞進民主制中，權力是自下而上授予的，因此不存在以往自上而下的權力那種可以被篡奪的權力中心。即使軍隊佔領了中南海，也不過是佔領了一個大院，跟權力沒有任何關係。

四、自動調節與自我完善

直接建立於「自私」之上的社會

「人不斷追求自身更好生活」被認爲是人的本性，無法改變。人類活動和社會制度都以這種本性爲基礎。不過，多數情況下社會制度和人的本性之間還存在文化層次，所以常說不同的社會制度需要有不同的文化基礎。但是對一個舊文化基礎已遭摧毁，新文化基礎尚未形成的社會，就不能再選擇需要以文化爲基礎的社會制度，而是應該尋找一種直接以人的本性爲基礎的制度。遞進民主制就是這樣一種制度。

對此需要先討論一下人的本性。所謂「人不斷追求自身更好生活」，「更好」和「自身」是兩個關鍵字。「更好」比較模糊。不同的人對好壞判斷有天壤之別。在生存溫飽尚未滿足時，每一點客觀條件的改善——食物增多、住屋改善、安全加強——都是明確的「更好」。但是人有精神世界，並且在溫飽滿足後愈來愈具有主導性。一旦進入精神世界，「更好」就開始失去共通性和客觀性。有些理論企圖把精神的千差萬別都歸結到經濟基礎與後天實踐一類客觀根源的差異上，然而精神是文化發展的產物，遠非單純反映客觀的鏡子，已經具有自我獨立的生命。我把這種個人的精神世界稱作「個人意志」。人類社會的發展正是歷代社會所有個人意志導致的行動之匯合。

利用個人意志的概念，可以將「更好」描述爲個人意志的滿足。不同個人意志追求的「更好」可以不同，然而那「更好」會使他們的個人意志得到滿足卻是人人相同的。是不是「更好」，全在個人意志的判斷，因此與其說人是在追求「更好」，倒不如直接描述爲是追求個人意志的滿足。

這同樣可以解釋物質性的「更好」：人對饑餓的感覺儘管出自生理機能，但那種生理要求同時也成爲其意志要求，想吃飽就是其個人意志追求的「更好」。吃飽了，個人意志也就得到滿足。而當一個人想擁有一座大廈或一艘遊艇時，比較是產生於意志需求而不是生理需求了，個人意志的概念就更爲適用。引進「個人意志」的概念比較可以把人當作能動的精神體對待，而非僅僅當作只有機械反應的生物，也可以把千差萬別的「更好」統一起來。

「更好」只有在尚未實現時才是「更好」，實現就成了「好」而沒有了「更」。「更」

總是在前面，因此人的本性存在一個自身的悖反——追求滿足卻又永遠得不到最終滿足。正是這種悖反產生永恆的張力，將人的追求變爲無止境的過程。

把人的本性用「追求個人意志的滿足」代替「追求自身更好生活」，「自身」就已包含在其中並獲得證實了。因爲個人意志是屬於自身的，個人意志的滿足當然也就是自身的，因此人不斷追求的「更好」永遠只會爲了自身。

那麼該如何解釋那些獻身者、苦行者、自找苦吃的冒險家呢？他們追求的獻身、苦行和危險難道是「更好」嗎？那些爲別人或人類犧牲的人難道是爲了「自身」嗎？雖然那種人只佔少數，但哪怕世上只有一個人違背，人的本性也就不能成立。

從「追求個人意志滿足」的角度很容易解釋：人之所以是人，就在於人除了有肉體生活還有精神生活。這兩種生活都有對「更好」的追求，有時相同，有時可能不同。當理想、信仰或道德倫理一類的精神追求成了某些人個人意志中的主導部分，他們對肉體「更好」的追求就相對處於從屬地位。當肉體的「更好」與精神的「更好」發生衝突時，儘管他們不會把肉體痛苦或犧牲生命當作享受，但若爲肉體背叛理想，放棄精神追求，對他們卻是更大的痛苦。以個人意志的滿足來權衡，他們就可能寧願接受肉體折磨甚至死亡，也不願放棄精神的「更好」，去忍受心靈的苦悶與沉淪。因此在總本的意義上，他們仍然是在追求自身的更好。

「更好」的具體內容可以截然不同，獻身、犧牲、痛苦都能在一定的文化根基上成爲「更好」，但是「爲自身更好」卻是人人相同並且永不改變的，因爲「更好」的具體內容只是人的本性施加的對象，而「爲自身更好」則是人之本性的本身。

遞進民主制無需道德基礎

當前中國社會處於一種困境：既難以在原有的專制社會模式下維持，也難進入西方式的民主社會。其中一個原因，就在這兩種社會模式都離不開相應的社會精神結構。而在中國，傳統的精神結構已經解體，與西方民主相適的精神結構又沒有建立起來。這使得轉型壓力已迫在眉睫的中國社會別無選擇，只能期望找到一種新的社會制度——它的建立無須社會提供相應的精神結構，反之卻能整合精神結構已經解體的社會。遞進民主制恰好是這樣一種制度。

無論一個社會的精神結構毀壞到何種程度，人的本性都不會改變，而只要存在這種本性，對遞進民主制就夠了。遞進民主制不再需要別的精神。雖然人的本性本身沒有道德性而言，甚至可以被視爲「自私」，是人性之惡。然而遞進民主制不擔心人的自私，反倒是沒有這種「惡」會無從掌握社會，因爲遞進民主制正是利用每個人都追求自身個人意志滿足的性質，才能建立個人意志向量求和的結構，從而才能以最大程度滿足所有社會成員這種人性之「惡」，並在此基礎上形成社會正義與道德。

遞進民主制不需要依靠過往文化傳承下來的道德，卻能在自身的實施過程中建立起一種「結構性道德」。遞進民主制將所有社會成員都納入經驗範圍。經驗範圍使每個人都能正確認識什麼是自己的「更好」和「滿足」，知道該怎樣去「追求」才能得到，而無需具備超經驗的道德與知識。即使一群「惡人」都想使自己得到最大好處，但暴力和損人利己在經驗範圍內是無法成爲制度的，卻可能爲自己帶來損害。經驗會使每個人都明白這一點：眞正對自己最爲有利的，能夠得到穩定好處的，只會是經驗範圍內的合作互利。在這種認識的基礎上，人人爲自己追求「更好」而得到的妥協結果，就是經驗範圍內所有個人意志的向量之和。結果就會從「惡」變成道德。這種由結構形成的道德比依賴主觀的文化性道德更穩定牢靠，卻無需培育文化性道德那樣漫長的過程。

同樣道理，遞進民主制也不需要超越經驗範圍的「形而上理性」。那種理性是大規模民主的前提。相較於西方社會，在中國形成那樣的理性更加遙遠。而在遞進民主制的經驗範圍中，理性是形而下的，不需要進行特殊教育和修養，每個人在得到經驗的同時就能得到理性。

我對中國能否實行憲政的主要懷疑就在這裏，憲政是需要文化的，那種文化的形成需要幾十年甚至上百年時間。在傳統文化結構已經解體，又未能成功移植西方文化的中國，任何需要文化爲基礎的制度都將是「泥足」的，無法站穩。因爲缺少文化的基礎，即使在書面上搞出再完美的憲政制度，實際情況卻可能完全是另一種模樣。而我之所以對遞進民主制有信心，有很大程度也是基於這一點。遞進民主制直接建立於人的本性之上，因此爲我們省卻了形成文化和建設倫理的時間。

避免西方民主制的「滯後」

評價一個政治制度的優劣，其隨社會發展進行調節的靈敏性是重要指標。這種調節是一種建立在「輸出—反饋」之間的關係。以往政治制度的調節方式可以概括爲兩種——

壓力調整或強力更新。每當政治制度與社會不契合時，社會就要對政治制度形成壓力。壓力表現爲人心不滿，參與合法活動的積極性下降，權力體系指揮不靈，輿論抗議，自發的對抗與破壞性行爲增加……，概括而言就是社會對權力的抵制。這種抵制發展下去，會導致社會僵滯衰敗。在專制社會，壓力往往是分散和無組織的，缺少制度化反饋管道，只有靠專制者的「英明」來發現，再自上而下地採取措施進行調節，使壓力得到緩解。這種調節注定是不敏感的。如果反饋完全中斷或錯亂，當權者失去調節，或者不當調節甚至逆向調節，社會壓力無法緩解，不斷積累，就可能爆發爲推翻舊當權者的強大力量，以更新方式對政治制度或統治方式進行調節。以往的改朝換代往往就是這種更新。

西方民主制建立了社會壓力的制度性反饋管道，以及更換當權人物的機制，從而使得強力更新權力不再必要。西方民主社會中那些自下而上的政治活動，歸根到底都是爲了對權力產生壓力，使權力做出所期望的反應和調整。比起只能靠壽數「罷免」專制君主，西方民主制無疑是重大進步。然而在大規模民主中，普通公民沒有能力及時發現當權者的錯誤，只有等惡果顯露後才能反應。那時危害已經相當嚴重。越是高層的當權者，選民與其溝通障礙越多、政治素養差距越大，這種「滯後」也就越大。

任期制是另一個問題。在任期之內，即使選民已經認知到當權者的錯誤，只要夠不上彈劾程度，一般都無法對其進行有效制約。這種狀況導致西方民主制的選舉有很大程度是「算帳」。競選者大都把抨擊前任當作主要法寶，煽動選民把選舉變成對前任的罷免。而當選舉結束，否定了上一輪「滯後」，又會開始新一輪的「滯後」。

西方民主制有一系列「滯後」：一是「產生壓力的滯後」——只有當惡果已經顯現才會產生壓力，而社會已經受到損害；二是「壓力作用的滯後」——當權者很少一感受到壓力就立刻調整，而是要等壓力大到相當程度才認眞對待；三是「惡果消除的滯後」——已經形成的惡果不會隨錯誤改正立刻消失，還會延續相當時間。

遞進民主制可以隨時進行選舉，因此不存在「任期」以及任期內制約無效的問題。這已經使其反饋靈敏性大大增加。同時因爲委員會是經驗範圍，所有成員具有共同視野和相近的素養，又可以充分溝通和共同制訂決策，因此不存在「產生壓力的滯後」；委員會內反饋迅速直接，有隨時選舉的制約，能讓當選者非常敏銳地感受壓力，迅速做出反應和調整，以免被罷免，因此「壓力作用的滯後」也會被減到最小；而錯誤決策若能在實施前即被制止，也就不會產生造成現實損害的惡果。這種委員會機制和隨時選舉的可能,可以使壓力的「產生—作用—調整」合併爲一個即時過程,甚至成爲提前的過程——即當選者在做出任何決定前,先在頭腦裏模擬選舉者的反應及壓力產生—作用—調整的過程,從而事先就避免錯誤決策,當然也就不會再有「滯後」的問題。

權力眞空下的自組織功能

甘心自行退出歷史舞臺的專制權力是很少見的,因此最終往往需要「強力更新」來結束其統治。強力更新首先是打倒舊的中央權力,再由新的中央取而代之號令天下,整合社會。這種方式導致的「滯後」將更爲嚴重,破壞也更大。

實現「強力更新」的前提是反對力量能夠組織起來,如果像目前中共政權這樣有效地剷除任何「體制外」組織力量,使其不能發展和壯大,就不可能形成可以進行更新的強大力量。這樣的專制政權最後只能以自我崩潰的形式結束——等到專制手段無法解決的各種矛盾連鎖互動地總爆發,失去控制的專制政權也就隨之瓦解。

崩潰會導致權力眞空——即在一定時間內無法形成整合社會的中央力量。對自上而下的社會權力系統而言,首先需要存在中央權力、核心力量及領袖人物——即有了「上」,

然後才能「自上而下」。政權崩潰意味著舊的中央權力失去控制能力，若沒有一個新的中央立刻塡補，社會便很容易陷入無序的混亂與爭奪權力的紛爭，長久動盪，乃至向「碎片化」或「粉末化」繼續墜落。

遞進民主制是自下而上建立與整合的，無需先形成中央權力，社會組織能夠自發地形成、擴大與聯合，最後完成整個社會的整合，推舉出中央權力——我將這種過程稱爲「自組織」。

遞進民主制不是一種需要從小到大、由弱到強進行長期培育和發展的政治勢力。它是一種方法。方法只要得到傳播，就能在任何範圍被任何人實行。因此在專制權力崩潰之時，以遞進民主制做爲整合手段，可以快速普及。首先使基層完成組織化，保持秩序，避免發生動亂，然後繼續發揮自組織功能，遞進地逐層實現組合，最終完成對社會的整體整合，在最短時間內塡補權力眞空。

另外一種避免出現權力眞空的可能是：在專制權力控制能力下降、專政機器失靈之時，如果自發實行遞進民主制的社會單元大量出現，形成「法不治衆」的局面，已經軟弱的專制權力難以鎭壓，便會促使實行遞進民主制的社會單元繼續增加，最終擴展到全社會，取代原政權。

最壞的情況無疑是社會眞地發生崩潰，不過那也就更需要遞進民主制的自組織功能。在混亂失序的狀態下，面對成分複雜、互不相識的人群，遞進民主制幾乎是惟一可以從無到有很快建立組織與秩序的方式，而且可以在不同組織之間便利地實現溝通、協調及組合，重建秩序，阻止災難擴大。

人類需要一輛自動車

人類的政治制度就像承載社會的一輛車，雖然大方向不能背離社會發展的必然大道，不偏不倚行駛於正確路線的時間卻不多。車的行駛狀態總是左右搖擺，甚至發生車毀人亡的「車禍」。以往政治之車的行駛狀態決定於司機，其他人都是車上乘客，對車怎麼開沒有多少發言權。專制之車甚至把乘客和司機完全隔離。司機不受任何「干擾」，想怎麼開就怎麼開。只有在忍無可忍的情況下，乘客打破車內隔離，奪下司機手中方向盤，才能換上另一名司機。隨後又進入下一輪同樣的循環。

西方民主制可以定期輪換司機，乘客也有權隨時對司機的駕駛品頭論足，但是選中的司機不一定有好的駕駛技術，或者是善於表演和蒙蔽乘客。雖然過幾年可以更換，不需要在車內發生搶奪方向盤的暴動，但仍不能保證車始終行駛於正確路線。

要從根本上解決這個問題，只有把車變爲自動駕駛，不再取決於司機。自動車能夠靈敏地針對任何細小反饋隨時調整，從而使車的偏離和搖擺減到最小。遞進民主制就相當於這樣一種自動車。

有人把遞進民主制稱作烏托邦，其實兩者完全不同。烏托邦描述的是一種理想社會或終極眞理，遞進民主制只是一種方法，或者說是一種達到理想社會的手段。烏托邦好比是一個事先選定的目的地，遞進民主制只是載著人類駛向未來的一輛車。它駛向的目的地到底是什麼？那不是車子選擇的，也不需要事先就給答案。然而只要有了一輛好用的自動車，社會從此就會平順無阻、不偏不倚地行駛在歷史應有的發展軌道上。

III

以遞進民主實現中國的平順轉型

8 可控的蛻變

一、自上而下的漸變改革

盤點中共政權的資源

在考慮中國的政治轉型時，應該先盤點一下舊體系中有什麼可以爲轉型所用，值得保留?中國政治轉型的資源少，風險大，需要珍惜一切資源，不能因爲曾經屬於中共就棄之不用。把前政權徹底推翻另起爐灶的典型是美軍佔領伊拉克。一切從頭開始，前官員和執政黨黨員一概清除，政權各機構、軍隊、員警全部重建。然而以美國國力之雄厚，以聯軍武力之強大，人口、面積遠遜於中國的伊拉克尚如此混亂，難以收拾，未來中國採取全盤重來的方式，可想而知會落到何等狀態。

前面講過整合社會的三種基本機制，中國的生態底座已無力支撐，文化結構業已解體，惟一依賴的是政權整合。中共花費幾十年時間建立政權的管理體系，其觸角伸及每個社會細胞，指揮網路覆蓋整個國家，行政人員多達千萬，形成了熟練的行政技巧和相互配合。建立這樣一部機器需要花費漫長時間，投入巨額成本，價值無法形容。尤其中國的其他政治力量都不成形，無一能在短期內建立起整體整合中國的管理系統，中共的管理系統就更具有難以替代的價值。如果不能保存這一系統，不要說轉型，連基本的社會穩定和生存條件都不會有，因此中國的政治轉型首先應該做到保留這個管理系統。

這似乎是個明顯的悖論，所謂政治轉型要轉的不就是這個系統嗎？如果讓這個系統繼續運轉，還要對它精心呵護，保證它完好無損，轉型何來，又怎能結束中共的一黨專制呢？

這的確是兩難，但正因爲兩難才需要智慧。中國之所以不易轉型，或是轉型容易失控，原因就在於中國政權是黨化而非國家化的。中國政權的黨化程度堪稱世界之最。這是中共多年推行「黨領導一切」的結果，把社會管理系統與中共難解難分地捆綁在一起，兩者成了生死與共的一體。之所以說中共把中國當成人質，原因就是只要中共一黨專制完結，社會管理系統就會隨之失效，中國社會也就只能隨之崩潰。很多人對民主轉型心存疑懼，怕的不是民主，正是這種「人質關係」導致的後果。要解決這個問題，取決於能否把社會管理系統與中共剝離開來。這無疑非常困難。兩者盤根錯節，互為表裏。從各省書記到軍區政委到村黨支部，哪個不是大權在握，有足夠力量控制或至少干預行政？基本上各級行政官員也都是中共成員乃至身兼中共高職。不過有一點是明確的，要實現這種剝離，「劇變」的政治轉型是不行的。成功的剝離只能是一個細緻耐心的過程，是漸進而非劇變。我之所以把漸進視為決定中國命運的關鍵，原因就在這裏。

西方民主制只能「劇變」

西方民主制是否能以漸變方式在中國實現？有人認為既然中共啓動了村級選舉，只要繼續擴大選舉範圍——從鄉級選舉到縣級選舉……，最終擴大到國家選舉，不就完成了循序漸進的轉型？然而村級選舉至今已實行十幾年，鄉級直選除了兩三個被視為違法的「試點」外，基本上毫無動靜。看不到中共有絲毫意願在鄉級實行直選，遑論繼續擴大選舉範圍。

對此不能全從專制本性來解釋。中共不讓選舉擴大到鄉鎮，還因爲鄉鎮已經屬於政權系統。政權系統是一個整體，必須確保上級對下級能有效管轄和指揮。這不僅是專制政權的要求，其他性質的政權也無例外。如果在一個專制政權體系內，基層政權變成了民主政權，專制的上層政權如何對其管轄和指揮呢？那些基層當選的領導人是服從專制上級的指揮，還是服從以民主方式選舉他的選民呢？顯然別無選擇，即使他知道與專制當局對抗並不明智，也只能服從選民，因爲他的權力由選民授予，也能被選民收回。這中間沒有彈性，專制和西方民主制都是剛性體制，兩者並存必定衝突，且無法調和。大規模直接選舉的選民是不會「講究策略」的，也不會「理解苦衷」，只能被「廣場效應」引向「民主的發作」。越大範圍的直接選舉，這種剛性衝突越嚴重，從而導致「政權斷裂」——即政權系統上下對抗，指揮不靈，政令不通，不但其統治無法延伸下去，還會產生衝突和對抗。隨著選舉向上擴大，政權斷裂的部分也越大，愈發增加與政權抗衡的能量，導致動亂和失控的危險也就愈大。沒有任何政權會接受這種狀態。因此，希望中共從基層政權漸進地向上實行西方民主制，基本上沒有可能。

「大壩僵局」從另一個角度說明了西方民主制無法漸進實行。後發國家的民主轉型大都是「一夜革命」，也可以證明這一點。即使是由專制當局自覺進行的轉型，也會有很大程度的「劇變」性質。如開放黨禁、報禁，不管事前有多充分的準備，開放那一刻也等於是「劇變」——一黨獨裁變成多黨競爭，反政府言論堂而皇之見報，都將隨開放成爲合法，帶來社會震盪。更不要說進一步實行三權分立和大規模選舉。西方民主制的主要因素都是整體性的，都得先在全社會完成大框架轉換，然後才能論及局部。而「漸進」的含義則是首先要從磚瓦的變化開始，透過逐步積累最終達到整體變化。

中國需要漸變，西方民主制只能「劇變」，這是思考未來時需要正視的。

遞進地置換社會磚瓦

與西方民主制不同，遞進民主制進行政治轉型無需先整體轉換框架，而是可以直接讓每塊「磚瓦」（每個社會單元）轉型。因爲遞進民主制的要素在每塊「磚瓦」內都是齊全的，不需要由外在的框架提供，透過「磚瓦」轉型的擴大和積累，最終實現整體轉型。

這種轉型可謂眞正的「零碎工程」。

遞進民主制具有可以與專制政權保持配合的彈性，在對內實行新制度的同時對外繼續服從舊制度，從而避免政權系統出現斷裂。其「理性的逐層提煉」和「隔層保護」之性質可以避免大衆侷限的制約，防止「廣場效應」及「民主的發作」。前面對此已有論及，這裏不再重複。

質疑者可以說，即使「磚瓦」內部的轉型無需外在框架支持，但至少離不開當政者允許。如果當政者進行鎭壓，「磚瓦」照樣無法完成轉型。而當政者的允許一樣屬於整體性變化，難度也很大。

得到當政者允許或默許是遞進民主制轉型的一種方式，但不是惟一方式。其他方式後面再說。不過即使是從獲得當政者允許的角度，遞進民主制也比西方民主制容易被當政者接受。因爲對當政者來說，遞進民主制的轉型至少是可控的，是先從基層的「磚瓦」著手，不觸及專制框架，同時又能保持政權系統順利運轉，而不會像西方民主制那樣發生上下對抗的「政權斷裂」。

遞進民主制從「磚瓦」向上繼續轉型的過程，我概括爲「用遞進民主制自身的方法實現遞進民主制本身」。這句聽上去有點像繞口令的話，在操作上其實很簡單。當一個公權力層塊多數的下屬單元實行了遞進民主制，該層塊也就可以（而且必然）開始實行遞進民主制。如一個縣的多數鄉鎮都實行了遞進民主制，遞進民主產生的鄉長們就會要求由自己組成管理該縣的委員會，並選舉縣長。這時遞進民主制就向上擴展了一級。而當一個地區的多數縣都實行了遞進民主制時，遞進民主產生的縣長就會要求掌握地區決策並選舉地區領導人。如此遞進地發展，直到多數省長都由遞進民主產生時，就會要求組成管理國家的委員會，選舉國家領導人。那時整個社會就完成了遞進民主制的轉型。

從轉型角度論，遞進民主制不需要推倒重來的另起爐灶，不需要先從整體更換框架，不需要自上而下地推行，它可以在原體制內部自下而上逐層遞進地實現，這決定了它有最大的繼承性和平順性。而這種繼承性和平順性對中國未來的安全至關重要。

二、自下而上的漸變革命

以往的非暴力抗爭爲何無效

當政者主動進行政治改革是中國之幸，但到目前爲止，絲毫未顯現出有這種跡象，因此也需做好另一種準備——專制政權至死不進行政治改革會是怎樣的情況？應該怎麼辦？

暴力革命不能考慮。一是因爲在控制技術如此發達和武器水準差距如此大的今天，以地下黨、革命軍的方式推翻政權幾乎不再可能；二是暴力革命將使人民遭受災難；三是即使暴力革命可以成功，以暴易暴產生的新政權也不會令人放心。正如至今沒有在共產黨內看到蔣經國一樣，我們也沒有在共產黨的對面看到華盛頓。鮮血澆灌的不一定是自由之花，說不定會長出另一個嗜血魔鬼。

當然，沒有革命，專制政權也不會萬壽無疆，終會由於內部腐朽而垮臺。但那是一個長期過程；同時因爲舊政權的垮臺可能導致權力真空，造成社會崩潰，代價會十分慘重，因此毫無作爲地等待也非良策。

剩下的就是非暴力抗爭。

非暴力抗爭有成功先例，甘地和馬丁．路德．金恩是最著名的代表。不過他們所處的社會或是法治完善，或有民主體制，並且都存在深厚的民間社會，爲非暴力抗爭提供了空間和組織基礎。而中國這三個條件都不具備。

以往非暴力抗爭的主要手段之一是以弱勢者的苦難和堅忍訴諸對方，迫使強勢者讓步。如馬丁．路德．金恩所說：「我們將以自己忍受苦難的能力，來較量你們製造苦難的能力。我們將用我們靈魂的力量，來抵禦你們物質的暴力……。不久以後，我們忍受苦難的能力就會耗盡你們的仇恨。在我們獲取自由的時候，我們將喚醒你們的良知，把你們贏過來。」但這首先需要對方良知未泯，然而在專制政權的辭典上，良知是不存在的辭彙。

長期研究非暴力抗爭的美國學者金·夏普（Gene Sharp）爲非暴力抗爭賦予了更多內涵，在被動忍受的「喚醒良知」（「說服」）之外，還有「不合作」乃至「介入」的主動出擊，用以造成統治癱瘓、混亂和失效，從而迫使統治者讓步。夏普總結了多達一九八種非暴力抗爭的方法，其中「說服」類僅佔五十四種，「不合作」類佔一〇三種，「介入」類占四十一種。然而讓生活在中國的人看，夏普的方法大都是隔靴搔癢，甚至是天方夜譚。達到足以制裁統治者並迫使其讓步的「不合作」運動，前提是必須具有足夠規模。對十三億人口的中國，除非有上千萬人同時「不合作」，否則就是杯水車薪，沒有作用。問題在於那麼多人同時參加「不合作」運動，必定離不開廣泛動員。而進行動員的前提是有組織。專制政權就在這一點上卡死，既不允許反對派組織存在，也不爲體制外動員和串聯提供空間，「不合作」就只能是分散與自發的，達不到足夠規模，也就無法迫使統治者讓步。這一悖論在中國這種超大規模社會裏尤其明顯。夏普總結的那麼多非暴力抗爭方法，因爲這一悖論大都成爲空中樓閣。

以往所有的非暴力抗爭手段有一項共同性質，其能否發揮作用不取決於抗爭者，而是取決於當局。只有在當局讓步的情況下，抗爭才會導致變化。因此在對抗雙方之間，當局總是主動的和決定的，抗爭一方只起壓力作用。在這樣的對峙中，只要當局有能力進行鎮壓，或是哪怕同歸於盡也不讓步，非暴力抗爭就不會取得進展。

遞進民主的非暴力「奪權」

能不能找到一種非暴力手段，使無權者能夠直接擁有改變和決定的能力，成爲主動的一方，而讓專制政權成爲被動的一方呢？

遞進民主制可以成爲這樣一種手段——它不是單純的不合作，而是能夠把社會權力掌握到民衆手中。權力的實質在於被治者同意。原本人們是服從的，有一天不服從了，換了對象，權力就發生轉移。但是這需要一項前提，即人們必須集體同時地轉換服從對象。這項前提不能在超經驗範圍實現，因爲超經驗範圍不能自發地實現溝通，人們也就無法集體同時地轉換服從對象。過去的「奪權」都是從遠超出經驗範圍的全局著手，因此不能利用「同意」，只能靠暴力推翻舊的政權，再由暴力的擁有者自上而下任命官員，建立新政權。遞進民主制的每個單元都是經驗範圍，因此每個單元都可以利用「同意」——轉換服從對象——廢除原有權力，把權力掌握到自己手中。而遞進民主的結構又可以使這樣的單元不斷組合擴大，最終以和平方式自下而上地取代舊政權。

舉例來說，如果由村民選舉的村委會主任們不同意當局任命的鄉長，他們不需要暴動，也不需要佔領鄉政府辦公室，只需要自己組成鄉委員會，同時選舉一個自己同意的鄉長，從此不再服從當局任命的鄉長，權力就已經被「奪」到自己手中了。雖然當局任命的書記、鄉長依然存在，繼續佔據辦公室、汽車、印章等，但只要各村都不服從他們，那些東西就僅僅是擺設。

如此過程在逐層向上的任何單元都可以重複。當一個省的地市領導人多數由遞進民主產生時，他們就可以不再服從省當局，自己組成該省委員會，選舉新的省長，原來的省當局就被和平架空。而到了多數省長都由遞進民主產生時，那些省長就會要求接管國家的管理權，組成國家委員會，並選舉國家最高領導人。當這一步也完成時，整個社會就完成了遞進民主制的轉型。

這一過程將始終保持和平，不需要「推翻」，也不需要「起義」。即使專制權力的最後當權者堅守中南海，「中央警衛師」繼續效忠他們，那沒有關係，不會有人去攻打。新的國家領導人即使在天安門廣場的帳篷裏辦公，也一樣是管理國家的中心，因爲實現了遞進民主的各省只跟他打交道，財政也只上繳給遞進民主的政府。壁壘森嚴的中南海將淪爲無人理睬的孤島，或是旅遊者圍觀的「景點」（那時在外面搭起高架供遊人觀望定成熱門生意）。最終裏面的人只有自己沒趣地出來，回家去做普通百姓。

以「法不治衆」破解專制鎮壓

遞進民主制能做到和平接管權力，首先在於它的「層塊」結構使選舉不需要主持機構而能自發進行。這一性質對在專制壓制下實現民主突破產生決定性作用。大規模選舉離不開組織者、投票所、規定時間、計算選票等因素，事先必須有主持機構。專制權力只要不允許那種機構出現，即便鄉級規模的直接選舉都無法進行，更不要說全國範圍的選舉。因此若想以直接選舉的方式實現民主轉型，僅爲了能成立主持選舉的機構，都得先在整體上改換政權。

遞進民主制的所有選舉都在人數有限的「層塊」範圍內舉行，因此無需主持選舉的機構，也不用政權先發生整體改變，從而使對抗發生的激烈程度大大降低。另外，遞進民主制的決策是一種委員會行爲，這就構成了專制政權進行鎮壓的難題——法不治衆。專制鎮壓的一貫思路是「打蛇打頭」，抓住少數「黑手」，其他參與者就會「樹倒猢猻散」。遞進民主制的「黑手」卻是選舉者，是多數，當選者是被選舉者「操縱」的。鎮壓機器從來只對少數有效，面對多數就會失去辦法。對當選者下手沒有道理，也解決不了問題，因爲即使抓走當選者，馬上又會再選出新人，除非連選舉者一塊抓。然而那些選舉者又是由其下更多的選舉者所選，是不是還要繼續抓？這樣層層推下去，最初始的選舉者是全體民衆。即使是最暴力的政權，也不能把所有民衆都抓進監獄。從這個角度，暴力對遞進民主制就失去了效力。這是遞進民主制對抗鎭壓的最大力量所在。

當然，專制當局仍然可能把拘捕當選者當成一種威懾，以讓人不敢當選。這時就需要有一些敢於犧牲的人不斷當選，抓一個再選一個——即甘地提倡的「塡滿監獄」精神。只要能夠不停地選下去，當局難道能夠不停地抓下去嗎？那將是一場比賽，究竟是暴力能堅持，還是非暴力能堅持。今日中國畢竟有了講法治的門面，並且受到國際社會制約，它不能把「當選」當成什麼罪名，也不能像毛時代那樣進行無限迫害。而只要代價不致承受不起，入獄者卻會由此更受尊重和擁戴，「塡滿監獄」就可以前仆後繼地進行下去，直到當局支持不住。

何況遞進民主制除了選舉以外，還有其他非暴力的不合作手段。舉例來說，如果遞進民主產生的鄉長被當局抓走，選舉了那位鄉長的各村主任仍然不承認當局委任的鄉長，也不接受當局通過其下達的指令，結果就等於當局失去了對那個鄉的控制。這種「不合作」對當局是致命的。如村委會收的稅只交給村委會主任選舉的鄉長，不交給當局任命的鄉長，當局若抓走村委會主任選的鄉長，就無法拿到那個鄉的稅收。一個縣有若干這樣的鄉，財政就可能出現困難，因此在鎮壓無效的情況下，縣當局也許就會不得已而讓步。

僅僅是單純不合作同樣會傷害到抗爭者自己，如罷工會使罷工者失去收入，因此難以持久。最有力量的不合作應該是在不與當局合作的同時，能夠保持內部的合作與日常運轉，才能在堅持的比賽中勝過當局。遞進民主制能把對當局的不合作和內部的合作做最好的協調，從而使民衆能夠與組織嚴密的專制政權進行長期和有效的抗爭。

嬗變的「奪權」

遞進民主制在發展階段會遵守這樣的規則，只要當局承認遞進委員會的內部自治和逐層遞選結果，遞進民主制就僅在內部實行，對外與其他未實行遞進民主制的社會單元一樣，仍然與原政權體系保持合作：當局安排的任務要完成，稅費得交，開會得去，下達的指標也要實現。這不是一種空頭允諾，而是由遞進民主的「理性的逐層提煉」和「隔層保護」性質確保的，同時也是一種容易獲得舊體制容忍的自我保護手段。專制體制雖然不情願自己體內長出另外的機體，但是鎮壓造成的不合作會導致失控，若予以容忍，實行遞進民主制的社會單元保持對舊體制的承認和對舊規則的服從，至少還能維持穩定。尤其是在危機發生、控制力減弱的情況下，當局默認遞進民主制更可能是一種明智選擇。

對原體制的尊重和配合並不意味遞進民主制不再前進，因爲會有其他社會單元不斷採納遞進民主制。舉例來說，一個有三十個鄉的縣，開始只有一、兩個鄉實行遞進民主制，隨後其他鄉陸續效仿。在這個過程中，實行了遞進民主制的鄉仍然服從縣當局，其變化只對內不對外，全縣範圍仍然是按舊體制運轉，相安無事。但是當實行遞進民主制的鄉變成多數時，就會開始起變化。遞進民主產生的鄉長會要求自行組成縣的委員會，選舉縣長。因爲實行遞進民主制的鄉已經是多數，尚未實行遞進民主制的鄉只能跟隨。這時遞進民主制就由鄉級擴大到縣級，整個縣也就實現了遞進民主制。

隨後同樣的過程會再現，只不過提高了一個層次。實行了遞進民主制的縣仍然與上一級（地市）舊政權保持配合。等到那個地市的多數縣都實行遞進民主制後，再繼續擴展，在整個地市得到實現。這個過程將不斷演進，直到整個國家的權力體系全部實現遞進民主制才會停止。而且這個過程將以加速度進行，因爲舊政權的鎮壓力量與遞進民主制的實現規模成反比，規模達到一定程度後，遞進民主的擴張節奏將越來越快，最後達到勢如破竹。

遞進民主制是非暴力的，卻比以暴力奪取政權容易得多，代價小得多，同時更有力量。因爲它不需要先奪取整個政權才進行變革，而是從基本的社會細胞做起，簡單易行，可以自發完成，再從小到大、從下到上地擴展，在舊體制內部逐步蛻變，最終成長起來。之所以說遞進民主制是最有效的非暴力手段，在於它不同於其他非暴力手段。其他非暴力手段發生作用的決定權不在抗爭者一方，而是在當局。只要當局堅持不讓步，抗爭者就沒有辦法，得不到進展。遞進民主制卻不需要當局讓步，哪一個單元實行遞進民主制，哪裡的權力就從統治者手裏轉移到被統治者手裏。遞進民主制是一種另起爐灶，卻不需要打碎原來的爐灶。它能夠以細胞爲單位逐一地進行置換，循序漸進，不耽誤社會的正常運轉。在社會保持穩定、人民保持安寧的不知不覺之中，舊社會漸漸隱退，新社會則逐漸呈現出來。

不讓「個人」成爲「群衆人」

遞進民主制對內自治的同時與外部舊秩序合作，是其能實現社會平穩轉型的關鍵。大規模民主無法做到這一點。可以想像，由一個鄉鎮的所有百姓直接選舉鄉長，衡量標準不是「能夠怎樣」而是「應該怎樣」。以稅收爲例，一個鄉鎮一旦民主化，民衆必然要求免除苛捐雜稅。但不能指望普通百姓可以合理地判斷適度稅收是多少。人的自利性總是希望付出越少越好。於是許諾拒絕繳稅的競選者很可能獲得多數擁護，而企圖說服百姓保持理性繼續繳稅的競選者必定不受歡迎。這只是一個稅收之例，大規模民主之所以是「剛性結構」，就是因爲它在各方面都會與舊體制發生衝突和決裂。

遞進民主制不會出現這種情況。還是以繳稅爲例，遞進民主制的鄉長是由村委會主任選舉的，村主任比百姓有更高理性、更寬視野以及更善妥協。所處位置使他們清楚，不繳稅無法獲得當局對該鄉自治的容忍。而當局迫使該鄉回到專制統治之下，那時稅仍然得繳，該鄉自治卻會葬送。若該鄉能保持遞進民主，至少可以先在本鄉內減少收費。

村主任組成的委員會通過裁撤該鄉工作人員，遏止腐敗，杜絕瀆職，降低管理成本，能夠相當程度地減少該鄉農民負擔。目前中國農民的負擔中，鄉級收費佔有相當比例，能夠先把鄉級收費壓縮下來，對農民已很有好處。何況稅費並非全屬無理，如果政權的管理功能因爲缺少稅收而降低，對民衆照樣會造成損害，因此必要的繳稅是不能免的。

把一個鄉的百姓放在一起（鄉級直選就是這樣場合），會形成一種趨於極端的「廣場」。民衆情緒可能相互觸發地合成總體發作。而如果讓百姓留在各自的經驗範圍（遞進民主是這樣的狀況），每人則會理智得多，通情達理，聽得進勸說。這種「個人」與「群衆人」之間的巨大反差，是我們在生活中毫不陌生的。遞進民主制就是要把人始終放在「個人」位置，而防止其變成「群衆人」。

三、對國家系統漸進地去黨化

以分層去除黨對村民自治的障礙

毛澤東當年一句著名的話——「支部建在連上」，成爲後來中共以黨控制政權的指導方針。中共把它的無數支部建在中國社會各種組織的基層單位，並控制主要權力。中國農村的每個行政村都有這樣的支部。一九八〇年代實行村民選舉後，名義上承認村莊由農民自治，實權仍然由中共任命的村支部書記掌握。村民選舉的村委會主任要麼是虛職，要麼和書記對抗也只會失敗。因此中共村支部成為當前村民自治的主要障礙。實現眞正的農民自治，首先就得甩開中共村支部及書記，讓村委會成爲惟一決策機構，村委會主任成爲眞正的負責人。

中國在法律上確立村民自治已經十幾年，爲什麼實權仍由書記掌握，村民選舉的村委會形同虛設？這裏不重複那些衆所周知的原因，只談尚未被注意的一點——目前的行政村選舉沒有分層。

一個行政村少則幾百人，多則幾千人，且分散在數個不同的社區（自然村）。村民面對中共支部和村委會兩個中心時，很難採取只擁戴後者不服從前者的一致行動。在選舉中對主任當選人投了反對票的村民，可以透過服從書記表達對主任當選人的反對。而只要有人服從，書記的權力就有存在基礎，其受當局支持的優勢也可以發揮，吸引更多村民從利益考慮對其服從。

變數過多會使事物進入脫離既定規則和預期走向的「混沌」狀態。行政村因爲人數(變數)過多而無法實現眞正自治，這是行政村選舉應該分層的道理之一。

遞進民主制利用農村現有結構的分層——家庭、社區(自然村)、行政村，先由家庭代表組成社區委員會，選舉自然村的村民組長，由村民組長組成行政村委員會，再選舉行政村主任。只要有了這種分層，就可以把權力從村支部手中轉移到村委會手中。因爲這種分層意味著村民已經認可行政村級的事務由村民組長代行，這時村黨支部書記面對的就不再是成百上千的村民，而是十數個村民組長。村民組長不會像村民那樣服從書記，因爲村委會本身是由村民組長組成的，甩開村委會等於是甩開他們自己。即使是在選舉中對主任當選人投了反對票的村民組長，也不會因此就去服從書記。既然委員會是靠妥協機制粘合在一起的，內部有長期交易和相互延期補償的關係，這次的少數下次可能變成多數，前提是大家要遵守共同規則。村民組長人數不多，不會進入破壞規則的混沌狀態，所以按照少數服從多數的原則，加以妥協、交易和補償，以及展望長遠的委員會機制，可以達成一致立場——即做爲村委會委員，大家只服從村委會的共同決議，並把日常執行權交給主任當選人。

一旦不再有人對其服從，村黨支部書記對村中事務也就失去權力。透過分層的遞進民主，當前村民自治的主要障礙就得到解決。

對中共建立的管理系統去黨化

對中共建立的國家管理系統去黨化更加困難。但正如前面所說，關鍵在於能不能爭取到一個漸進過程。時間比什麼都善於解決難題。只要有時間，甚至不必具體操心，現在想不出的辦法都能在時間中自然生出。再困難的局面，有時間就會有出路。然而時間不是拖出來的。拖延時間只會帶來更大危機。時間必須是爭取來的，是在「進」中得到的「漸」。遞進民主制就是這樣一個能夠得到時間的漸進過程。它在最基層的村可以成爲去黨化的開端，而遞進民主制一旦啓動就會逐層漸進地擴展。那種漸進不會停頓，但又不會失衡冒進，將延續相當時間，從而把去黨化的震盪減到最小。

例如不少村支部書記積有民怨，如果中共整體地失去權力，那些書記突然失去保護，很可能遭到群衆報復。類似的恐懼在中共基層官員中相當普遍，他們爲此會抗拒任何可能帶來此種前景的改革。但是遞進民主制在村級完成去黨化時，儘管村書記不再掌握實權，鄉級卻仍然保持舊體制，鄉黨委還在掌握實權，村書記還有依靠和保護，村民也會有所忌憚，同時遞進民主產生的村委會和負責人與舊體制保持配合，這些因素都決定了村書記不會因爲失去實權而失去人身安全，甚至還能保持一些「餘威」。至於沒有民怨的村書記就更無需擔心，如果他們有能力，受擁護，還可能被選爲新的村委會負責人。只是他們服務的對象需要變成村民，不再是黨。

等到鄉級也實行遞進民主制，中共鄉黨委的權力轉移到遞進民主產生的鄉委員會，但縣級仍是舊體制，中共縣黨委還在掌握實權，因此能對實行了遞進民主的鄉繼續保持威懾和施加影響，從而保證村、鄉黨務幹部不受群衆衝擊，還可以安置失去權力的鄉鎮黨務官員。這些活動在漸進過程中發揮消解震盪的作用。隨著遞進民主的層次提高，去黨化範圍擴大，中共對基層的影響將逐漸減弱，但只要中共中央還掌握國家權力，就有覆蓋全國的法統，可以防止衝擊，在漸進時間過程中逐步釋放與化解歷史積怨，避免爆發造成的傷害。

去黨化過程不應單純採取要行政不要黨的方式。那會引起能量極大且人才頗多的中共各級黨組織抵制，大大增加去黨化阻力。是否可以考慮將中共黨組織中與行政管理有關的部分與國家行政系統合併，只把純黨務部分剝離？這樣可以確保多數中共人員不會「失業」。在遞進民主制中發生變化的只是各級行政首長，行政系統要保留，而且要充分發揮功能。無疑，原已冗員充斥的行政系統再併進黨的系統，一定更加臃腫。但是沒有關係，過去中國有黨、政「兩個政府」，合併使其變成了一個政府，已是很大進步。總人數與總開支也沒有增加，卻能因此保持穩定。冗員可以隨機構改革逐步裁減。一方面把優秀的人才（無論是原中共系統的還是原行政系統的）保留下來，一方面妥善安置被裁減的人員。而能夠做好這一切，關鍵是要循序漸進，不能採取「休克療法」。

肢解官僚機器

官僚集團是各種社會制度既頭痛又不能不依靠的。公衆是其受害者，當權者也吃其苦頭——它使權力受公衆敵視，抹黑當權者形象，使權力意志變形、反應遲鈍、錯失時機，或把當權者的決心不露聲色地化爲烏有，落入「上有政策，下有對策」的怪誕。

本質上，官僚主義是一種以官僚機器爲本位的思想方法和行爲方式。它不將其應該實現的功能和效用做爲目標，而是把官僚機器自身的運轉——程式、教條、因果、環節的銜接、完整與順暢等做爲宗旨。人們通常把官僚主義視爲源自官吏個人的傲慢、推諉和弄權心理，其實更重要的原因在於社會治理結構過於複雜。以官僚的教條和文牘作風爲例，官僚機器之所以講究「規範」，拒絕靈活，即使到了荒謬地步也不變通，就在於精確性對複雜機體是至關重要甚至生死攸關的原則。既然官僚機器上的個別官吏誰也不可能弄清楚複雜的全貌，每個零件除了執行規範、完成規定動作以外，別的行爲都可能帶來難以預期的後果，因此主動性就等同於盲目，包含造成未知後果和連鎖反應的風險。儘管打破常規的主動性會使人感到更有人情味，或許辦事情也能更有效，但如果每個零件都有主動性，官僚機器就會分崩離析。所以官僚主義是官僚機器保護自身的一種機制。只有官吏零件化、運行程式化、鼓勵保守、抵制革新，官僚機器才能把複雜性當作可利用的資源，而不會被複雜性毀掉自己。

複雜性達到牽一髮而動全身的程度，對官僚機器的改造會難上加難，稍大動作都可能造成行政停滯乃至崩潰，只能頭痛醫頭、脚痛醫脚，做一些臨時更換、修補或增添。年長日久，愈發亂線如麻，盤根錯節，「斬不斷，理還亂」。官僚主義也就得到更多手段和生長的土壤。官僚機器由此長成一個具有自身意識、獨立生命與獨特習性並能自我保護的怪物。

如果把人體的調節功能全集中於頭腦，由頭腦「有意識」地管理每個細胞，那種管理會複雜到極點。爲了擔負那種管理重負，頭腦也必須增加許多功能和組織，變得極爲龐大，錯亂和呆傻在所難免——這就是以往社會管理體制的寫照。

改變這種局面，需要把管理功能分散給機體的每個部分。頭腦的作用只是在機體之間要溝通協調。這正好就是遞進民主制的作法。它在「全細胞自治」的基礎上以「遞進聯邦」擴展自治，又以「遞進自治」擴展聯邦。那時的公務員系統會比現在小很多，一是因爲多數事務由自治體自行解決，管理系統要做的只是協調；二是自治結構以「塊」爲主，現在佔管理系統主要部分的「條」大大減少，從而使管理系統獲得精簡。

「條」是頭腦管理機體的主要方式，也是管理系統複雜化的主要原因。消除「條」，把原本一個整體的官僚機器分割在衆多「塊」中，龐大的官僚機器就消失了，也就不再有官吏以暗規對付明規的屏障和壁壘。而只要官僚機器喪失玩弄暗規的能力，完全被明規所支配，就不會再有獨立意識和自身利益，而回歸社會工具的角色。

9　實現各族群共贏

一、解決民族問題在於避免民族菁英主導

民族主義是民族菁英操縱的結果

前面曾以西藏爲例，談到西方民主制在轉型期容易成爲民族衝突的催化劑。有人會認爲衝突是雙方民衆自己的選擇，跟西方民主制無關。事實上，雙方民衆之所以選擇了衝突，正是西方民主制的數量型求和結果。深入漢人百姓的日常生活，會看到他們大多數並不在意西藏與中國分離，那和他們的生活沒有關係。同樣，普通藏人也大多不關心

西藏是否獨立，主權歸屬對他們很遙遠。雙方民衆最需要的只是自己和家庭幸福平安。如果對普通百姓的這種個人意志向量求和，是不會爲了統獨之爭開戰的。

進行數量求和則不同。數量求和自上而下進行，需要有預設問題與方案，也需要對求和結果進行表述與解釋。正是在這些環節上，民族菁英不可或缺，他們也就可以把自身意志變爲「民族意志」。

菁英的民族意識強，對民族矛盾敏感，要求保護民族特性，這種積極面世所公認，不必多說。但是民族菁英往往還有另一種民族主義來源，即對權力的追求。主體民族的菁英反對少數民族獨立或自治，出於不願放棄權力；少數民族菁英要求獨立，也是希望把權力拿到自己手中。獨立可以得到一個新主權。在目前的國際體系中，一旦獨立就成爲與國際社會平起平坐的新國家，這種吸引力無疑是巨大的。

當然，民族菁英總是把反對分裂或爭取獨立說成民族利益，是全民族人民的要求。然而在「數量型求和結構」中，所謂「民族意志」只能由民族菁英代表。數量求和首先要把取向無限豐富的個人意志統一在共同的主義、綱領或方案下，才能使之變成數量。而無論是主義、綱領還是方案，都不會在大衆頭腦中產生，只能由少數菁英創造並傳播。

即使多數民衆表決擁護，也不能說那就是人民的意志，因爲問題還有這樣幾方面：

一、一個完整的個人意志包含衆多取向（針對不同問題）。當人對某個單一問題回答贊成時，體現的只是其中一個取向（如民族獨立），那取向在其完整個人意志中有可能會被其他取向（如反對戰爭）抵銷。菁英對民意的錯誤主導就在只問一個問題，然後就宣稱那是人民意志，其他問題則被迴避或隱藏起來。

二、對於超出經驗範圍的宏觀事務，大衆難以準確把握。他們無法充分溝通，於是只能對菁英的說法被動表態，按照菁英提供的狹隘選擇回答「是」或「不是」。在那種情況下，他們表態支持什麼，即使看上去是完全自願，甚至是狂熱，在很大程度上也等於被菁英操縱。

三、專制政權可以利用國家機器對人民灌輸意識形態，打著民主旗號的政客也可以利用媒體蠱惑民衆，那時民衆表現出來的不是民族意志，而是衆多個人受到的煽動與欺騙，再被簡單的數量求和累加在一起。

四、何況在更多時候，不同意見找不到表達管道。因爲言論管道由菁英控制和審查。沈默的多數被排斥在舞臺之外。而在外界看來，有機會表演的少數就成了整體。

民衆對菁英的追隨有時只是因爲別無選擇，而菁英可以打著人民旗號追求自己的目標。在這種情況下，漢人菁英表達的漢民族意志就看不出漢人百姓對西藏去留不關心；藏人菁英表達的藏民族意志照樣看不出藏族百姓對主權歸屬不在意。兩個民族菁英集團的對立與較量，在世人面前成了藏族人民與漢族人民的勢不兩立。

因此，在數量型求和結構的社會中，民族只能被民族菁英主導，民族問題因此很難從根本解決。只有轉變成向量求和結構，才能使民族擺脫菁英主導。那時，反對戰爭追求和平將會成爲主流，主權之爭則會被放在後面。

讓民族意志不再靠菁英代言

與數量型求和相反，向量型求和無需菁英介入。遞進民主制的當選者雖然也可被視爲菁英，但其作用只是充當「和載體」，體現「向量和」，而非充當民衆的主導者和統治者。因此民族意志在遞進民主制中才不需要民族菁英代言，可以自行體現。只有在那種情況下，不同民族之間才有進行眞實對話的可能。各族人民那時會發現共同的人性高於不同的民族性，解決民族問題將會比現在簡單和容易得多。

不過，遞進民主制卻不會以共通性壓制民族特性，因為那時社會的任一單元都是自治的，對內部事務都可以按自己意願管理，從而最佳地保護異質性。

在同一國家框架下消除不同族群之間矛盾的方法，不應該是要求族群融和，而是讓不同族群保持分立和自治。隨著人口流動增強，單一民族聚居同一地區的情況越來越少，其他民族人口不斷增加。如新疆漢族在不少地區已超過當地民族。這種情況下若實行西方民主制，淪為少數的當地民族就無法取得當地決定權。多數裁定原則將造成當地民族的邊緣化，甚至受壓制，可能促使民族矛盾進一步加深。而遞進民主制首先確保村莊、鄉鎮等基層單元的自治。即使在民族混居的狀態下，基層單元往往還是按民族聚居，如維族村、漢族村、蒙族鄉、回族社區等。各民族可先利用基層單元的自治權確保該民族之特性，然後再利用遞進委員會把自身意志做為向量加入整體之中求和。那種求和結果將不會是西方民主制的贏家通吃，而是總和為正數的多贏結果。遞進民主制最大程度地容納差異，卻不鼓勵衝突，之所以能做到這一點，靠的就是向量求和機制。

二、遞進民主是最有利於西藏的制度

使少數民族失去獨立動力

解決中國民族問題的衡量標準有兩個，一是充分實現各民族的自由和自治，二是保持中國統一。遞進民主制可以同時實現這兩點。

在遞進民主制中，社會每個單元都是高度自治，少數民族的異質性能得到最好的保護，因此獨立與否不再有重要意義。獨立的主權能爲民族菁英提供舞臺，帶來榮耀，卻不會成爲民衆的目標。主權只會被最高層享用，下屬各層卻要爲此付出財力、物力和人力，承受獨立帶來的風險和犧牲，以及獨立後的國防、外交等支出。如果實行遞進民主制，獨立只是比原來少了一層上級而已——如西藏的地市原本有北京、拉薩兩層上級，西藏如果獨立，上面只剩拉薩一層，其他方面都不會有實質區別，各地市仍然是「地方」。那麼追求獨立的價値對他們何在？即使民族高層願意獨立，但是強行去做下級沒有動力之事會面臨被罷免，也就不會去做這種努力。

前面談到達賴喇嘛對未來西藏政治架構的設計，存在一個「意見領袖→傳媒→大衆→議員→政府」的互動鏈，造成追求民族獨立的「廣場效應」。如果實行遞進民主制，首先意見領袖的激進程度會大大下降。因爲獲得權力的途徑變了，以往靠煽動大衆情感獲得選票，現在只能參加逐層遞選。「議」與「行」統一在一起，「議」就得負起責任。

意見領袖的理智會影響媒體，因爲意見領袖是媒體的思想來源，或者就是傳媒圈中人。雖然媒體總有追求市場的動力，但少了追逐權力的因素就比較容易擺脫政治正確，各種意見都敢出頭，形成觀點平衡，從而降低對大衆的單向煽動，帶給大衆多樣選擇，反過來也會減輕意見領袖和媒體面臨的市場壓力，形成正循環效果。

更重要的是遞進民主制切斷了「大衆→議員」之間的環節，即便「意見領袖→傳媒→大衆」的鏈結仍能產生激烈情緒，也會由於「大衆→議員」的環節切斷而被阻隔在決策之外。大衆選舉議員會使議員在選舉領導人和任命政府時迎合「民意」，從而把大衆情緒加諸政府。而在遞進民主制的西藏，由西藏各地區長官組成的委員會具有西藏的最高理性，能充分認識獨立的不利和帶來的危險，從而保持理智行事並這樣要求他們選舉的領導人。有了這種提升理性的層次，即使社會彌漫要求獨立的情緒，「隔層保護」的性質也能使西藏領導人按照對藏族最有利的方式去做。其放棄獨立並不僅僅是因爲明白西藏打不過中國，而是首先因爲遞進民主制已能最佳地實現「高度自治」，從而不再有獨立的必要。

是否可以讓西藏擴大一倍

達賴喇嘛提出的統一「整個藏區」，北京目前對此完全不考慮。「整個藏區」共有兩百四十餘萬平方公里，佔中國面積的四分之一。清代以來的數百年，中國政府一直有意識地將「整個藏區」分割爲兩部分，把其中一半面積分置於西藏周邊四個省（川、青、甘、滇）管轄。這種格局已持續百年以上，要讓中國同意改變歷史延續的治藏方略和成果並不容易。

中國如此分割西藏，根源就在於擔心西藏獨立。藏區統一將使藏族的領土、經濟和行政成爲一體，不僅實力大增，而且萬一出問題，帶給中國的損失也擴大一倍。但是反過來說，只要消除了西藏獨立的可能，藏區統一的問題就降爲一個行政區域劃分的技術問題，中國讓步的可能性也會增加。從這個角度，實行遞進民主制能夠爲藏區的統一鋪設道路。

遞進民主制不僅使西藏失去獨立動力，其遞進結構也決定了規模擴大並不會導致「野心」隨之增加。因爲每個單元都是自治的，自治本質是尋求自身利益而拒絕爲自身之外的事物「奉獻」，因此實行遞進民主制不會使西藏成爲統一體，反倒等於把西藏分成不同層面的多個自治體。其中每個自治體都是「高度自治」的，都謀求自身利益而非整體目標。即使所有藏區合併成「整個藏區」，這項性質也不會改變。反之「整個藏區」的統一倒可能有利於中國。第四次人口普查中，西藏自治區的藏族人口佔該區總人口的九五・四六％，如果單獨實行「高度自治」，幾乎是由單一藏族組成的自治體。而川、青、甘、滇四省藏區的藏族人口只佔總人口的五七・九三％，把西藏自治區與四省藏區合併爲「大藏區」，藏族人口的比例降爲七〇・八四％，非藏族居民的比例大大提高。從中國對西藏的主權出發，這種提高顯然是有利的。另外，整個藏區統一還可以避免對同一藏族實行不同政策。這種問題曾造成災難性後果，如二十世紀五〇年代的西藏自治區保留傳統制度，四省藏區卻實行「民主改革」，結果導致「叛亂」發生，留下至今難解的「西藏問題」。

還有一項因素應被考慮在內：如果在西藏實行西方民主制，可以確信選舉結果將是達賴喇嘛一方上臺，中共官員下臺。這樣的結局是不能被中共接受的。遞進民主制卻不會有這種先定的輸贏，因爲經驗範圍內的遞進民主不受宏觀層面操縱和大衆傳媒影響，因此沒有政治集團立足的基礎。流亡藏人即使回到西藏，也無法以流亡集團的身分掌權。所有希望當選的人都得進入具體實際生活，從基層開始。在那裏，流亡者和共產黨員完全平等。就這個角度而言，遞進民主制應該比西方民主制更容易被北京接受。如果達賴喇嘛把他的「中間道路」——「留在中國以民主制實現整個藏區的高度自治」加一個詞，變成「留在中國以遞進民主制實現整個藏區的高度自治」，也許能多一些彈性，雙方對話也會變得容易一些。

西藏在中國之內「合縱連橫」

我一直提醒堅持獨立目標的藏族朋友，不能只想獨立的好處，還要想獨立的難處。即使有一天西藏能獨立，狂歡過後馬上就得面對每天具體的柴米油鹽，全要靠自己。那時西藏最大的困難一是如何建立邊防，二是其現代化怎樣維持。

西藏自身沒有在漫長周邊建立邊防的人力物力。而沒有邊防，且不說抵禦外敵入侵，其被世界人口壓力最大的國家（中國、印度、巴基斯坦）包圍的地緣，沒有邊防也不能防杜非法移民和領土蠶食。西藏只能依靠一個大國——不是中國就是印度——建立邊防。如果西藏脫離中國倒向印度，中國是不會接受的，結果只會引起更爲嚴重的衝突。那時西藏成爲兩個亞洲巨人的較量之地，自身首當其衝。從這個角度考慮，與中國保持統一，由中國繼續擔負西藏的邊防，是避免引起變局的穩妥之道，符合西藏利益。

中國對西藏半個多世紀的統治，在西藏社會嵌入了相當規模的現代化，完全靠北京的供給才能維持。從這樣的數字——一九九九年西藏自治區內財政收入是四億五千七百三十一萬元，當年財政支出是五十三億二千五百四十四萬元（《西藏統計年鑑・二〇〇〇年》），高出收入十多倍的赤字大都是由北京補貼——可以看出西藏當地資源對維繫西藏社會相差多遠。如果西藏獨立，中國補貼中斷，西藏的現代化就無法維持。即使有西方的援助，也不可能像中國撥款那樣長年累月，數額巨大。或者有人認爲西藏不要現代化也能生活，然而問題是不管怎樣看待現代化，它已經是現實存在。一九九九年西藏自治區的「國有單位」職工共有十四萬七千人，其中藏人數量爲十萬五千人（《西藏統計年鑑・二〇〇〇年》）。即使僅把這一部分人看作西藏現代化的部分，加上他們的家屬，人數接近西藏自治區總人口的十五%。如果聽任西藏的現代化體系瓦解，這十五%人口的出路是什麼，會不會造成社會動盪?他們是西藏社會最有能量的群體，不解決他們的問題西藏便無法穩定。

因此，西藏與中國保持統一並非是西藏的委曲求全或迫不得已，而是西藏自身安全與穩定所需要的。其實只要實行了遞進民主制，即使沒有獨立之名，獨立的實質也差不多都能實現，同時又可以透過「留在中國」彌補自身不足。尤其在中國也同樣實行遞進民主制的情況下，留在中國對西藏就更是利大於弊。

有人會這樣質疑:即使整個中國都實行遞進民主制，以西藏人口與漢族人口相差之懸殊，藏人意志難道不會被漢人意志淹沒?對此首先應該記住遞進民主制形成的是自治體，而不是形成民族或其他什麼事物。所謂自治體就是從本體利益出發。在這種情況下，除非是漢民族聯合成一個自治體，藏民族聯合成另一個自治體，才會形成兩支民族相對的關係。西藏如果僅做爲中國三十一個省區之一，漢人爲主的省雖然佔多數，卻不會聯合在一起對付藏族。每個省追求各自的利益，在共同決定中國事務時，如果意見有所分歧，那不會是出於民族不同的分歧，而是出於利益不同的分歧。面對利益分歧，有的漢人省區可能和西藏意見不一致，另外的漢人區省卻可能和西藏意見一致。漢人省區與西藏的關係不是民族關係，而是視西藏爲三十一票中的一票，是各方都要爭取的。從這個角度看，對西藏最有利的不是把自己提升到與漢民族一對一的位置，而是做中國之內的一個省區，才能把對應的漢民族分割爲若干分，使自己得以「合縱連橫」。

另外，西藏雖然在三十一個省區首長組成的國家委員會裏只有三十一分之一的權力，卻已經得到了相當大的加權。因爲即使是「整個藏區」，全部人口也僅爲七、八百萬（第四次人口普查是六百四十五萬六千七百人），但是在國家委員會中的權力與幾千萬人的大省是一樣的。何況在涉及民族問題時，西藏在中國的遞進民主政體中並非孤立，至少可以有新疆、內蒙、廣西、寧夏，甚至包括雲南、貴州那些少數民族集中的省分做盟友。這種聯盟已經具有舉足輕重的分量。

防止神權操控西藏民主

西藏有數百年政教合一的傳統，十四世達賴喇嘛至今在西藏流亡社會仍有這樣的地位。西藏境內的宗教也廣泛影響世俗事務。在這樣一種背景下，西藏實行民主制並非就能獲得民主的實質。民主精神首先是個人意識的覺醒和多樣化選擇，如果多數人都是服從一個神王或少數活佛的精神指揮，民主就成了一種形式。

有人認爲西藏搞民主選舉，當選者將大部分是喇嘛。這種可能性不是不存在。即使法律禁止政教合一（達賴喇嘛這樣允諾），不允許神職人員參加選舉，也會有很多百姓按喇嘛指示投票。法律不能管人的思想，假如民衆的意志被宗教主宰，宗教介入政治就不必然得透過掌權，只要透過民主就可以做到。

當然可以說信仰宗教正是個人選擇，但是把自己的政治判斷和管理社會的權力都交給宗教人士代行，那已經是神權意志的延伸（西方民主社會雖然也有宗教，其政治傳統卻是排除神權的，宗教的彌漫也遠不如西藏那樣無所不及）。如果有一天西藏神權不巧落在一個專制者手中，民主在西藏甚至可能發揮專制的作用（例如文化大革命那種在毛澤東神意下的「大民主」）。

這不是爲了反對宗教，而是考慮如何既不損害宗教在西藏的命脈地位，又能防止宗教對政治的介入。這也是達賴喇嘛多年思考和強調的。遞進民主制正好可以做到這一點。因爲遞進民主制的政治都是在經驗範圍內，尤其對基層那種微觀的環境，宗教除了做爲倫理背景，不可能成爲具體的政治指令。如果讓民衆置身大規模的選舉範圍，人們因爲不瞭解該選誰，就會把活佛的指示當作依據。而類似村莊範圍的選舉卻不存在不瞭解的問題，因此人們會以誰當選對自己較有利爲投票標準。何況宗教一般也不會深入到選舉村長那種微觀政治中去。至於高層次的選舉，選舉者首先是對自己所代表的自治體負責，「隔層保護」又使其不必顧慮宗教界態度，即使基層民衆可以被宗教界鼓動，只要能獲得該層塊委員會理解，當選者就不會被宗教界牽制。

遞進民主制有兩個方面的功能，一是能把散漫的人群組織起來；二是可以阻隔強勢的宏觀事物（如神權）。這兩種功能都是重要的。西方民主制是一種宏觀政治，因爲與同樣宏觀的宗教無法避免重疊，要麼受神權制約，要麼就得設法破除神權。遞進民主制卻可以在不損害宗教的同時把宗教阻隔在政治之外。這種阻隔不需要以挑戰宗教權威爲代價，只是把宗教和政治分離在兩個不重疊的範圍，從而避免兩者產生衝突。這對於以宗教爲本同時又必須跨入現代文明的西藏，意義很大。

最適合西藏的選舉方法

美國有兩百年的選舉歷史，公民從小受選舉教育，但是選舉仍然問題叢生。二〇〇〇年的美國總統選舉，調查顯示四〇%的選民把布希和高爾的政策搞混。最後決定誰當選的佛羅里達州投票爭議，起於一種「蝴蝶」式選票使一些選民未在正確位置打孔。其實那種選票上有明顯的箭頭指示。如果在美國仍出現如此錯誤，西藏可想而知。

一位藏族基層官員向我描述他在農村組織選舉的經歷。那只是選舉鄉級「人大代表」而已。他在那個村莊待了三天，「口水說乾」（套用他自己的話），老百姓仍然搞不懂怎麼在票上打勾，連續三次不得不從頭再來，因爲投到票箱裏的選票大多是廢票。對農牧民佔絕大多數、存在大量文盲和缺乏政治訓練的西藏，未來採取西方民主制投票方式，出現比佛羅里達計票錯誤更嚴重的問題毫不奇怪。

西藏地廣人稀使大規模選舉的動員、競選和投票增加諸多困難。多數基層選民無法瞭解應該選誰，更無跋山涉水去投票的動力。既然家家有汽車的美國人都有一半選民不投票，西藏不參與投票的比例更高不是沒有可能的。而如果只有一小部分人參與投票（且不說投票品質如何），民主豈不成了徒有虛名？

遞進民主制在經驗範圍內選舉，分散於農村牧場的農牧民只選舉身邊的村長，無需奔波，也不需要內容複雜的選票，口頭表態、舉手表決，都可以輕易地實行；有沒有訓練、是不是文盲也都無關。對經驗範圍內的事務，沒有人比農牧民自己更有智慧。競選者在經驗範圍內無需電視、報紙也能與選民充分溝通。選民在經驗範圍內則不會被巧言令色、空談許諾所迷惑。他們瞭解每個人的底細，知道應該選誰。而只要最基層的選舉能夠妥善完成，往上所有層次的選舉也就順理成章，並且得到不可停頓的動力與良性循環的保障。

達賴的藏人和毛澤東的藏人怎樣共處

西方民主制是菁英的統治結構，而統治結構只能容納一個統治集團，因此不能適用於未來的西藏。在一個已經分裂成對立兩派的社會中，不論哪派上臺統治都意味另外一派被統治，非常容易導致衝突。成熟的民主社會有保護少數的機制，驟然民主化的社會卻可能由此造成多數對少數的壓制。如果少數佔的比例不是太小，且能量較大，就會導致社會出現分裂和動盪。

中國介入西藏為西藏社會帶來眾多變化，也造成大量歷史問題。不管是否願意，未來的西藏都得繼承這筆遺產。西藏若實現高度自治，首先要面對的就是中共時期的黨政人員如何處理；還有未來的西藏政府能否繼續供給目前靠北京財政維持的國有企業？類似問題還有很多，如毛時代的翻身農奴擔心變天，文革時期的積極分子擔心挨整……，半個世紀的風起雲湧、強權撥弄造成了藏人大分化，達賴的藏人和毛澤東的藏人共處，由誰統治都會成為問題，都難以整合對方。對這樣的前景是不能掉以輕心的。

因為遞進民主制所有單元與層塊都實行自治，不再有一個自上而下的統治集團，也不再有一方對另一方的壓倒性優勢，因此不同勢力可以共存，各方也容易保持寬容心態。自治還為各方自行組合提供了可能，如流亡藏人可以形成自己的自治體，共產黨的藏人也可以形成自己的自治體。每個自治體內部都無需擔心對方干擾。各自治體可以奉行自己的原則，流行自己的文化，保護自己的成員。而各自治體之間的交往是在遞進民主的更高層塊上進行，那種高層次交往富於理性且善於妥協。從這個角度看，遞進民主制是一種適合異質集團並存與合作的制度。待時間提供了足夠的過渡，分裂根源已經淡出，再逐步進入相互融合的階段。

另外，「全細胞自治」社會還有一個好處，就是每個自治體都自我消化矛盾。自治的基本特點是自治體與外界只保持「輸入－輸出」關係，內部如何運轉由自己決定。這就使自治體必須爲自己的行爲後果負責，無從推卸責任。反之，統治是自上而下無所不管的，統治者因此也得擔負所有責任。被統治者的一切不如意都可以怨恨統治者。特別是失去了專制統治強勢的西方民主制，往往顧得了這頭顧不了那頭，承受各方矛盾，危機叢生。而遞進民主制的每個層塊都是自我管理的委員會，大事在一起討論，方針自己制訂，首長由衆人選舉，工作大家一起做，因此不再有理由指責外界。社會矛盾與衝突會因此減少很多。

不過，這對於那些想在權力鬥爭中成爲贏家的一方會造成失落。遞進民主制和以往的政治不同，不會有既定的集團成爲贏家，不管他們此前曾付出多少。西藏流亡者爲西藏的自由奮鬥了幾十年，如果西藏實行西方民主制，他們能贏得權力做爲回報。而實行遞進民主制，他們只能做普通公民，繼續從政也要從零起步。不過，只有當權力不再成爲可獵取的目標，權力的罪惡才能被徹底消滅。從這個角度，這種失落同時也是一種光榮。

三、以遞進民主制確保新疆多民族和諧

中國民族關係最複雜的區域

新疆人口分佈有按民族聚居的特點。漢族相對而言分佈最均勻，在全新疆十五個州地市中的十二個比例超過二〇%。但最多的漢人集中在新疆中部亞歐鐵路經過的幾個州地市，在那裏比例佔六〇%以上。而在維吾爾人集中的南疆，漢人比例大大下降，如和闐地區的漢人只佔二・九%。

維吾爾人所佔比例超過二〇%的有七個州地市，都在天山以南。在新疆最南部的和闐地區，維吾爾人比例高達九六・九%，幾乎是單一民族地區。而在新疆最北的阿勒泰地區，維吾爾人只佔一・八%。維吾爾人超過人口比例五〇%的地區在整個新疆只有五個，但全部維吾爾族人口的八〇%以上集中於此。那五個地區的面積佔新疆總面積只略多於三分之一（三七・五一%），見表：

維族主要聚居區	維族人口	維族人口比例%	面積(萬平方公里)	占新疆面積%
和闐地區	一五〇五二六七	九六・九%	二四・七九	十四・九三%
喀什地區	二八六九八八五	八九・四%	十一・三七	六・八五%
阿克蘇地區	一四六五八〇五	七五・五%	十二・四一	七・四八%
吐魯番地區	三八〇一九二	六九・三%	六・九七	四・二〇%
克孜勒蘇柯爾克孜自治州	二六八二八三	六三・九%	六・七三	四・〇五%
總　計	六四八九四三二		六二・二七	三七・五一%

（以上人口數根據《新疆統計年鑑・一九九八年》計算；各地區面積按《新疆維吾爾族自治區分縣地圖冊》計算。）

哈薩克人主要分佈在天山以北，尤其是聚居在與哈薩克接壤的阿勒泰、塔城和伊犁三個地區。南疆維吾爾人聚居區幾乎沒有哈薩克人，如在三二〇萬餘人口的喀什地區只有一四三個哈薩克人（估計都是國家分配的幹部或職工），比例爲〇．〇〇四％，和闐與阿克蘇的哈薩克人比例爲〇．〇〇五％，幾乎可以忽略不計。

新疆雖然稱爲「維吾爾族自治區」，但境內還有四個民族另有自己的民族自治州（或地區），其中哈薩克族有三個自治地區，蒙古族有兩個，回族有一個，柯爾克孜族有一個。各族自治區域所占面積如附表。

新疆獨立是其繼續分裂的開始

這樣的數字不能不考慮：即使新疆未來眞有獨立的一天，將是什麼樣的獨立？是誰的獨立？僅僅與內地分開就能萬事大吉嗎？新疆其他民族是願意和維吾爾人共建統一國家，還是可能繼續尋求該民族的獨立，或是寧願歸屬相鄰的同民族國家？

如伊犁哈薩克自治州（包括伊犁、塔城、阿勒泰三個地區）與哈薩克有上千公里接壤。哈薩克是世界最大的內陸國，二七二萬平方公里，一七〇〇萬人。官方宣稱四三．

	面積（萬平方公里）	佔新疆總面積%
哈薩克族自治區域：		
伊犁地區	五・六八	
塔城地區	九・三九	
阿勒泰地區	十一・六二	
合計	二六・六九	十六・〇八%
蒙古族自治區域：		
博爾塔拉蒙古自治州	二・四五	
巴音郭楞蒙古自治州	四七・四二	
合計	四九・八七	三〇・〇四%
昌吉回族自治州	七・七六	四・六七%
克孜勒蘇柯爾克孜自治州	六・七三	四・〇五%
總　計	九一・〇五	五四・八五%

（各地區面積按《新疆維吾爾族自治區分縣地圖冊》計算）

六%的人口是哈薩克族，據說實際爲三九・三%。哈國憲法宣稱哈薩克是所有哈薩克人的國家，承認世界各地哈薩克人的雙重國籍。爲了扭轉哈薩克人在其國內不佔人口多數的局面，哈薩克政府一直推行大哈薩克主義，號召全世界哈薩克人回歸。如果新疆與中國分離，對新疆哈薩克人而言，與其歸屬維吾爾人的國家，很可能不如歸屬哈薩克人自己的國家；何況哈薩克一定會張開雙臂歡迎新疆哈薩克人連同富饒的北疆土地一道併入該國。

蒙古與新疆的接壤比哈薩克更長。新疆境內的蒙古族自治區域佔新疆總面積的三〇%。其中僅一個巴音郭楞蒙古自治州就有四十七萬餘平方公里，相當於兩個英國。維吾爾人一直認爲建立蒙古族自治州是中共對新疆分而治之的伎倆，因爲巴音郭楞州的蒙古族人口只佔四・五%，維吾爾人卻佔卅四・三%；在另一個蒙古人的自治州——博爾塔拉，蒙古族人口比例僅爲六・八%，維吾爾人卻爲十三%。但即使新疆未來獨立，維吾爾人想撤銷蒙古人的自治領地也不會是輕易之舉。一是原來的法統已成定式；二是如果以住民投票的方式決定，維吾爾人雖在兩個蒙古自治州超過蒙古族人口，卻達不到總人口的多數。兩州佔絕對多數的都是漢人。

回族的自治領地昌吉州雖然回族人口只有十一・三％，卻高於只佔四・一％的維族人，所以回族人也會希望繼續當昌吉州的主人，而不願意服從維吾爾人號令。回族人散佈新疆各地，許多人世代在新疆生活，對新疆極爲熟悉。靠近新疆的中國西北地方還生活著幾百萬回族人，與新疆回族來往密切，他們聯起手來，力量也不可小覷。上個世紀西北回族軍閥就曾在新疆耀武揚威。

當然，最難辦的還是在新疆的漢人。如果不是把他們全部驅離新疆，他們不會甘當東土耳其斯坦的臣民。即使新疆眞脫離中國，留在新疆的漢人也會想方設法保持自己獨立。新疆大部分城市的居民都是以漢人爲主。石河子那樣的純漢人城市不必說，即使是新疆首府烏魯木齊，漢人比例也高達七二・七％。因此新疆的多數城市可能都不會服從「東土耳其斯坦國」的管轄。

新疆漢人還有一個「生產建設兵團」，其轄下土地分佈新疆全境，有上百塊之多，總面積達到七萬四千三百萬平方公里（《新疆生產建設兵團一九九八年年鑑》），超過一個寧夏或兩個臺灣。在兵團人心目中，他們的耕地、果園是自己幾十年在荒漠戈壁上開墾出來的，不會拱手送人。兵團原本在「新疆維吾爾族自治區」內就相當於一個獨立的「漢人自治省」，即使他們擋不住新疆脫離中國，也不會願意把自己的「領土」併入「東土耳其斯坦國」。

設想一下，做爲推動新疆獨立的主體，新疆維吾爾人如果不能掌握哈薩克族、蒙古族、回族以及漢族控制的地域，其「東土耳其斯坦國」就只能穩定住喀什、和闐、阿克蘇一帶的新疆西南。而原本被認爲可以做爲東土耳其斯坦立國之本的石油，主要產地不在維吾爾人地區。克拉瑪依油田在哈薩克地區。塔克拉瑪干油田主要在巴音郭楞蒙古自治州。新疆三大油田只有吐（魯番）哈（密）油田在維吾爾人屬地，但又靠近漢區（哈密與甘肅接壤），被漢人（無論是在新疆割據的漢人還是中國漢人）佔據的可能性很大。新疆的另一大資源——棉花，在維吾爾人穩定控制的區域也只剩下不到一半的產量。「東土耳其斯坦國」一旦缺少了被稱爲「一白一黑」的經濟支柱——棉花和石油，即使能實現建國，也難以富強。

維吾爾族無力控制新疆全境

當然，維吾爾人不會認同這種前景，「東土耳其斯坦國」必須能控制新疆全境，不能是分裂與割據的，不過這需要解決法理和能力兩個方面的問題。

新疆獨立的法理依據之一是當地民族「自古居住於此」，那麼哈薩克人、蒙古人也是世代居住，和維吾爾人一樣有要求獨立的權力，不一定非得和維吾爾人合在一起；獨立的另一個法理依據——民族自決，在新疆生活的十三支民族也都可以如此要求。如果維吾爾人不同意其他民族自決，只同意全新疆範圍的公決，那就破壞了新疆獨立自身的法理依據。因爲按照那種道理，新疆能不能獨立也就得透過整個中國範圍的全民公決了。因此在法理上，只要「東土耳其斯坦國」能立國，就沒有理由阻止新疆其他民族和區域要求獨立。

那麼屆時「東土耳其斯坦國」是不是也得打起「維護統一，反對分裂」的旗幟呢？可想而知是必然的。那除了會被指責和當年的殖民者如出一轍，還涉及到第二個問題——維吾爾人有沒有能力做到？如新疆哈薩克人雖然比維吾爾人弱小（兩者人口比例約爲一比七），但其背後的哈薩克國家是維吾爾人難以戰勝的。同樣，蒙古國及相鄰的內蒙古是否會援助新疆蒙古族人，也可能帶來複雜變數。更不要說新疆的七百五十萬漢人佔據了大部分城市，兩百多萬漢人的「新疆生產建設兵團」幾乎分佈新疆全境。漢人控制著新疆的油田、企業、鐵路、機場、金融和口岸，現代社會的所有主要環節，幾乎全部由漢人掌控。還有軍隊、員警和武器也都被漢人控制。新疆適於發揮現代化優勢，廣闊的地域需要機動性，平坦的地形適於大部隊作戰和重武器施展，而這種優勢正是在新疆漢人這一邊。同時新疆有豐富的資源和相對完整的生產體系，可以就地籌措燃料、補給與後勤保證，不像在西藏的軍隊只能靠內地供應。因此即使沒有中國內地的支援，新疆漢人都可能和維吾爾人長期相持。

我一直認爲，新疆未來的民族衝突可能很激烈，但新疆實現獨立的條件卻不如西藏。西藏基本上是單一民族、單一宗教和文化，地域界限分明，歷史地位清楚，國際社會高度認可，有衆望所歸的領袖和政府。新疆則是民族關係複雜，地域交錯，界限不清，變數過多，一旦離開原本的框架就會發散，導致一環比一環更難解決的問題鏈。複雜的民族關係使民族問題在新疆比在西藏更難解決，需要更高的理性和智慧。

把中國比喻爲一口在火上燒的鍋，在鍋裏的滋味固然不好受，但如果把新疆從中國的大鍋上敲下來，並不能自成一體地成爲獨立小鍋，反而會使鍋裏的東西散落火中，遭受更多灼燒與毀滅。因此在我看來，把新疆獨立當作施加壓力的策略可以，當作最終目標卻不會得益。最好的結果維吾爾人也只能控制新疆西南一帶，爲此讓新疆四分五裂，經受無窮戰亂和付出衆多生命，是否值得呢？

從這個角度考慮，對維吾爾人有利的不是新疆獨立，而是讓新疆保留在中國框架之內，實現新疆的高度自治。在中國的主權框架內，「新疆維吾爾族自治區」的法統可以保留，從而確保維吾爾族在新疆的主體地位，並由此維持新疆的完整，避免新疆被分割。同時有中國做爲後盾，還能防杜外國勢力對新疆的覬覦。

遞進民主制有利於多民族共處

眞正的高度自治除了沒有外交和國防之權（也沒有相應的負擔），其他方面都是由新疆當地人民自主，與獨立所達到的自主沒有多少區別。新疆當地民族的地位和人民利益完全可以得到保證。因此不求獨立，但求高度自治，是解決新疆問題最好的一種「路徑依賴」。

新疆實行遞進民主制的好處，和前面所說西藏的情況一樣，相同之處無需重複。新疆多的是西藏所沒有的多民族共處，而這正是遞進民主制最能體現優越之處。遞進民主制的「全細胞自治」確保所有社會單元自我管理，沒有一個單元被統治。如哈薩克族自治州雖在維吾爾族自治區之下，卻不會受維吾爾族的統治，因爲它也是高度自治的。哈薩克族三個自治地區的行政首長各自由其地區委員會選舉，服從該地區委員會意志。當選的行政首長同時成爲新疆自治區委員會的委員，與其他地區的首長一道制訂整個新疆大政方針和選舉全新疆的行政首長。如果說哈薩克族自治地區也要服從整個自治區委員會的決策，那不是受到壓制，而是服從自己參與制訂的決策，仍然屬於自治。

同時，在哈薩克族自治州內部還有以其他民族爲主的社區。如有些城市可能以漢人爲主，有些村莊是蒙古族村莊。在遞進民主制中，那些單元也一樣是高度自治，不會受到哈薩克族壓制。新疆的民族分佈被形容爲「大雜居，小聚居」——即每個地區都有多個民族，但往往以單一民族的小聚居區分佈其中。這種格局特別適於發揮遞進民主制的長處。首先在單一民族的小聚居區實現以民族劃分的自治，然後在更高層塊實現多民族的共和，最終達到整個社會的和諧統一。

以民族劃分社會單元有利於保存民族文化，再以遞進民主制把異質民族的單元組合進同一架構，這種「異質同構」將既有利於各民族，又能維護國家的統一，因此遞進民主制是解決民族問題的最好方式。

不過從遞進民主制的角度，最好不以民族名稱爲自治區域冠名，也不再以法律方式規定必須以哪個民族的人擔當何種職務。新疆多數地區都不是單一民族，很多地區甚至沒有一個民族的人口超過半數，強行規定以哪個民族爲主，由哪個民族的人擔當主要領導都不會合適，反而容易引起不同民族間的矛盾。只要有了遞進民主制，願意保持民族特性的人可以按照民族單元凝聚，當選者一般就會是該民族人士；再由當選者進入上級層塊，組成更大的該民族單元；或者達到一定層次時，和其他民族單元的當選者組成共同委員會，相互進行向量求和，實現不同民族單元的和諧相處與共同滿足。

當然，每個民族都會有一些人不在該民族單元聚居，而是根據工作需要或生活狀態與其他民族人士共處，相互融合。那些人主要追求的已不是民族特色，而是共同利益與興趣，並按照利益和興趣從事該單元的管理與選舉。在這種情況下，就更沒有必要靠規定凸顯民族因素，人爲地製造民族隔閡。很多民族矛盾本來不會有，反而是因爲對民族的「照顧」才被凸顯和製造出來。

四、遞進民主制面對臺灣的理智與信心

有人說臺灣問題的出路不是一國兩制，而是一國良制，即「民主統一」。這在理論上是對的。但那種認爲只要中共放棄一黨專制，在大陸開放多黨競爭，臺灣政黨能參與大陸政治，就會願意和大陸統一則是令人懷疑的。如果大陸實行西方民主制，臺灣問題的難度不見得會降低。即使國民黨願意回大陸參與民主角逐，明知自己贏不到大陸選票的民進黨卻不會有這種興趣。民進黨目前是臺灣的執政黨，擅長利用族群矛盾，能夠控制臺灣多數民意。其爲了抗拒統一，甚至可能加快臺獨步伐。那時，如果大陸民衆以民主表決要求以武力統一臺灣，臺灣甚至比面對中共更缺少保護自己的手段。因爲面對中共進攻，全世界的民主陣營都會援助臺灣，而當攻打臺灣是大陸民衆遵照民主程序做出的決定時，民主陣營該怎麼面對兩個民主社會之間的戰爭呢？他們會失去原本鮮明的判斷標準，臺灣反而會因爲大陸民主化而失去保護自己的最好武器。因此，大陸民主化不見得是臺灣的福音，還要看大陸實行的是什麼民主。

希望以大陸民主化吸引臺灣接受統一的人也需要考慮這個問題。西方民主制轉型可

能爲中國帶來相當長的社會動盪，內耗增加，經濟衰退。當代轉型的國家幾乎無一不經過這個階段，類似情況在大陸只會更加嚴重。臺灣民主化前有過幾十年的縣市選舉，今日臺灣政治仍被臺灣人自己評價爲「惡質民主」。大陸迄今只有十幾年村級選舉經歷，未來的民主狀況只會更糟。所以肯定不會大陸一民主，臺灣就興高采烈地接受統一。除非等到大陸的民主水準和經濟水準都超過（至少是趕上）臺灣，才可能對臺灣民衆產生吸引力。然而那一天遠未在視野裏出現，統一的願望因此也只是一廂情願。

遞進民主制的政治轉型是一種漸進置換，能夠最大程度地保持平穩，避免衝擊，不會導致社會失序和經濟衰退，也不會步臺灣民主的黨爭後塵，從而向臺灣民衆展示清新印象。當然這並不足以讓臺灣人接受統一，但遞進民主制還可以爲臺灣提供多一種選擇：如果臺灣願意加入中國的遞進民主結構，它仍然可以保持自己原有的一切狀態。臺灣內部不必實行遞進民主制，保持目前的政治制度，仍以全民普選產生首長，只是其當選首長將成爲中國國家委員會的卅四個成員（包括香港和澳門特別行政區）之一。臺灣現狀沒有任何改變，卻增加了參與中國國家決策的權力，具有卅四票中的一票，還可以合縱連橫，影響大陸其他省區，從而爲臺灣爭取到比現在大得多的活動空間和更多機會。這種沒有任何損失卻有所得之事，何樂不爲？即使臺灣眞獲得獨立，也不會比加入遞進民主制的中國自由到哪去。因爲遞進民主制下的高度自治擁有的自由非常充分。何況還會讓臺灣保留軍隊、自行辦理外交、有獨立的出入境管理權等特殊權力。臺灣那時相當於擁有獨立國家的一切權利，同時又能享受把中國當作同一國家的一切便利。面對這麼多好處，臺灣是否還會拒絕呢？

不過，實行大規模民主的臺灣可能根本不考慮好處，就是堅持選擇獨立。即使那樣，我相信遞進民主的中國也不會考慮動武。一是在遞進民主中產生的國家委員會具有避免戰爭的充分理性；二是有下面好幾層「隔層保護」，使得決策高層可以不受民衆情緒左右。無疑那時大陸也不會無所作爲，除了繼續制約國際社會不承認臺灣獨立，還可以採取把臺灣隔絕在大陸市場之外，拒絕一切與臺灣的合作，禁止臺灣人入境等多種措施。臺灣會因此嚥下代價高昂的苦果。而大陸並不需要擔心臺灣獨立成爲最終事實，因爲遞進民主制比臺灣的制度更爲優越，遲早會結出豐碩成果，喚起臺灣人的回歸願望，甚至在經過對比之後，有一天臺灣也會實行遞進民主制。

10　中共的「柳暗花明」

一、爲中共主動政改創造條件

本書開宗明義說的就是「中共自我改革是中國之幸」，如果中共當政者能主動採納遞進民主制，將是最爲快捷和平順的途徑。對此首先需要看遞進民主制能否避免中共擔心的「大壩僵局」、「政黨亂局」、「勝負定局」和「清算結局」。當然即使能避免，也不等於中共就會笑納。中共不是一個整體，其權力集團分爲領袖和官僚體系。官僚只會是政治改革的阻力，領袖中卻可能存在異數。在某些特定情況下，由於歷史的時機、個人的考慮、偶然的機遇、甚至意外巧合或錯位，都有可能使領袖人物的某些選擇啓動政治改革。

正因爲專制制度下的領袖人物具有舉足輕重的個人作用，其變化就有可能帶來整個社會的變化。

例如中共領袖的任期制導致短期化心態和行爲，一方面可能造成中共領袖不考慮長遠，拖延政治改革，把難題留給後任；同時也蘊涵著另一種可能——既然自己不能終身把持權力，何不在位時保持絕對權力，退位時實現政治改革，讓自己成爲改變歷史的偉人呢？

一些微妙考慮有時也會促使專制領袖推動政治變革。如有史家認爲，慈禧同意立憲除了有變法圖強的大勢所趨，她和光緒的矛盾也是重要因素。她不願意光緒掌握自己擁有的無限權力，制訂憲法、建立議會可以對光緒施加制約，令其成爲虛君。據說袁世凱制訂立憲日程時對此費盡心機，既不能在慈禧活著時妨礙她的權力，又要在她死後讓憲法和議會發生作用。這種揣測無法證實，但專制領袖擁有的過大權力，的確使其個人細小瑣碎的因素有可能極大地影響社會進程。

舉這例子，是從人的利己一面考慮，不排除某些領袖人物可能有高尚的一面，出於對人民負責、避免社會危機而尋求政治改革之道，那種領袖可被稱爲「聖人」。不過出「聖人」首先要有路，有成功的把握，至少不會陷入上述四個局。

二、讓大壩的每塊磚都有閘門

在專制制度下，西方民主制的元素基本上不能自己爭取到發展空間，而是要靠當政者允許才能發展。政治改革往往就是指當政者開放了某些空間。然而西方民主制的元素在西方是漸進形成的，相互配合與制約，具有整體的整合框架，從而達到穩定、理性與平衡。專制當局的政治改革卻從來不會允許民主元素一下就具備整體性的整合框架（因為那就等於取代了專制當局），只是對個別元素（如政治異議、新聞開放、基層選舉等）開放。在那種情況下，民主元素因為缺乏整合，不能「共謀」，只能各自獨立表達，就會在互動與競爭中形成得寸進尺、不斷擴張的態勢，迅速突破專制當局所能容忍的界限，這就是「大壩僵局」。

遞進民主制之所以能避免「大壩僵局」，主要是因為遞進民主制的元素不同於西方民主制的反對黨、群衆運動、新聞自由、三權分立等競爭性元素。西方民主制本來就鼓勵競爭，其元素在缺乏完整框架整合時更易趨於極端和惡性衝突。遞進民主制的主要元素則是委員會自治。委員會機制是妥協與合作，追求總和爲正數的結果。而遞進民主制的自治主要是對內，對外則服從舊權力體系，遵守原有制度和規則，在舊體制內逐步置換。這種特性是遞進民主制能夠避免「大壩僵局」的關鍵所在。

在遞進民主制中，每個實現了遞進民主的單元（委員會）都構成完整的整合框架，得以自我實現理性與平衡。遞進民主規模的擴大只是單元的增加與組合，相當於把各單元已形成的理性組合在一起，是對理性求和。具體形容，遞進民主制的整合框架是「滾雪球式」的。從最初的雪核開始，其框架就是完整的，所有要素都不欠缺。雪球不斷滾大是無級的，並不需要內在要素發生變化。西方民主制的整合框架是「蓋房式」的，必須先在整體規模上搭起一個完整框架，才能在其上添磚加瓦，完成其他部分。這種「蓋房式」的框架成本高，牽扯層面大，並且難以爲專制制度所容。

前面提出能否在攔蓄洪水的無閘大壩上施工，造出控制自如的閘門，把專制制度積累的爆發能量可控地釋放？遞進民主制不需要拆毀大壩（那會使洪水一瀉千里），而是對大壩一塊磚一塊磚地進行置換。那種置換甚至不是用新磚換掉舊磚，只需要在舊磚的內部進行變化，因此始終不影響大壩的穩固。但是每置換完一塊磚，磚上就會出現調節自如的閥門，可開可關，可大可小。隨著這種置換過程，專制大壩蓄積的洪水也就會可控地逐步消退。

三、對政黨政治釜底抽薪

中共堅稱中國絕不搞多黨制，一方面是出於自己把持權力的目的，同時也有對中國陷入「政黨亂局」的擔心。多黨制是西方民主制的核心，只要政治改革走西式民主的道路，多黨制無論如何繞不過去，最終一定要面對。而中共堅決拒絕多黨制，其主導的政治改革就不可能走西式民主的道路。

遞進民主制不搞多黨制，不是因爲遞進民主制禁止政黨。政黨可以自由組建，只是在遞進民主制中失去了存在意義。政黨不同於謀求影響權力的利益集團，它的目的是獲取權力和執掌權力。在西方民主制下，政黨獲取權力的管道是贏得選舉。參與西方民主制的大規模選舉，需要廣泛動員選民，運用媒體，進行宣傳和表演，由此帶來籌措資金、吸納人才、調查研究等活動。這些活動都不是自然人可以做到的，須有千百人協同努力，以相互認同和科層關係把他們組織在一起——也就是政黨。

遞進民主制把大規模選舉變爲經驗範圍選舉。在經驗範圍中，選舉者和被選舉者互相瞭解，能夠直接溝通，因此不需要動員、造勢、宣傳和包裝，也不再需要籌措款項，所有選舉活動都可在人與人之間自然完成。在這種情況下，也就沒有了政黨功能發揮的餘地，政黨因而變成多餘。

遞進民主制與傳統的「中樞組織」不一樣，是自下而上的「自組織」，不但不需要政黨操作，且與政黨方式背道而馳。在「自組織」狀態下，原來只有政黨能完成的功能被分解到每個社會單元，變得簡單易行。那時即使有政黨，也不再與掌握權力有關，只相當於普通的利益集團。

「政黨亂局」主要是指衆多政黨爭奪權力造成的動盪。在遞進民主制中，政黨不再與權力有關，失去了爭奪目標，自然也就不會再有「政黨亂局」。那時的中國將跨越多黨制，從一黨專政直接進入主權在民。中共自身也將失去權力，走向消亡。不過這種變革若由中共自己完成，則屬體面的安樂死——以消滅自身而實現宗師馬克思消滅政黨的預言，可算中共的涅槃。

四、中共的涅槃

我相信很多中共人士都能看出歷史潮流無法抗拒，只改經濟不改政治的作法最終一定會有危機。那時不但中共會垮，還會為中國社會帶來災難，中共因此將成千古罪人。若主動進行政治變革，則既可避免中國社會的災難，又可使中共洗刷以往之罪，接續以往之功，實現人類歷史上最大的自我轉變。看出這一點不難，難的是選擇什麼途徑來變革。中共對此一直找不到方向。當今世界在專制體制之外只有西方民主制，而中共與西方民主制之間卻無轉換邏輯。中共即使主動實行西方民主制，結果也會遭到審判。這是兩種制度已經定型的歷史關係決定的。這種「勝負定局」決定了中共不會按西方民主制的方式進行政治改革。

因為找不到出路，中共就把政治改革儘量往後拖，同時消滅一切「不穩定因素」。然而統治一個大國不能光靠強力，還得有能說服民眾的「說法」，提供自身行為的依據和解釋。共產主義意識形態破產後，中共失去了能和西方民主制匹敵的理論，在西方民主制面前總是理虧詞窮，處於下風，惟有使用「中國特色」一類遁詞，或是在技術層面強調

「條件不成熟」，而在大是大非上始終被西方意識形態主導。這一方面造成西式民主的因素在中國有隙可乘，總是可以利用中共對民主的抽象肯定來突破其在實際上的否定；另一方面中共對民主的鎮壓呈現自我否定，言行不一，成爲世人和國際社會面前的反動角色。兩個方面循環互動，使中共越來越陷於被動。

在西方民主制取得壓倒性優勢的當今世界，中共要麼最終被西方民主制埋葬（遲早之事），要麼只能去尋找一條擺脫「勝負定局」的新路，進行有別於西方民主制的政治改革。遞進民主制正是這樣一條新路，既能實現西方民主制包含的民主理念，又能超越西方民主制，成爲與之並駕齊驅的另一體系，提供一套獨立於西方意識形態的完整論述。只要中共開啓遞進民主制進程，西方就將失去以意識形態進行討伐的口實，只能等待和觀察進程結果，國際壓力因此得以緩解。連開放村級選舉都能得到衆多好評，全面推行遞進民主制的效果更是可想而知。

對國內，讓政治改革跳出西方民主的軌道，以遞進民主的方式進行政治改革，就等於閃開了原本集結於中共對面的政治反對聯盟。國內政治反對派基本上是以西式民主理念整合在一起，並以西式民主手段爲武器。政治改革若走西式民主之路，正好給了他們崛起的空間，中共肯定競爭不過他們。而若採取遞進民主制，則是換了一個舞臺，把西式民主的舞臺晾在一邊，從而讓中共避免與西式民主派直接交手，使反對派失去打擊中共的施力點，中共便可如願以償佔據舞臺中心，充當改革主角，控制主動權。而民衆對政治改革並無定見，只要開始變革之舉，就會給民衆希望，產生等待的耐心，失控因素因此減少，穩定因素則會因此增加。

遞進民主制將使中國政治跳出「勝負定局」，既然中共與西式民主已無需交手，何來勝負之分？在遞進民主制中，所有參與者都是從頭開始，起點相同，沒有歷史遺留的因素，不再用傳統的評判標準，因此將是既無勝者也無敗者的一次社會變革。

「六四」是遲早必須解決的問題。對西式民主的政治改革，「六四」將是繞不過去的第一關，很可能也是中共過不去的一關。而採用遞進民主制進行政治改革，「六四」問題的解決則可以放在後面，甚至可以留待遞進民主制全面實施後由新政權解決。

無疑，當遞進民主制達到國家最高層之時，中共也就失去權力，並和其他政黨一樣失去存在意義。但那不是中共的失敗，而是其主動開創的歷史新紀元。

五、中共如何一舉免去所有歷史責任

按照西方民主制進行政治改革，一旦中共失去強權，會有數不清的受害者以各種方式要求追究其幾十年來製造的冤案，眾多貪官污吏也會面臨民眾壓抑已久的清算。如果轉型過程出現動盪或失控，落入「民主的發作」，清算甚至可能演變成「群眾專政」（尤其在鄉鎮基層和國有企業），導致相當多的中共官員失去生命財產的安全保障。這也是中共不接受西式民主改革的原因之一。

有人會舉俄羅斯共產黨的例子：俄共不僅沒遭受大規模清算，至今還保持政治能量，贏得相當選票，為何中共就不能像俄共一樣呢？中共與俄共的情況和環境是不同的。首先，蘇聯解體使蘇共自動消亡，蘇聯歷史的責任只應由蘇共承擔，俄共不是蘇共，因此沒有成為清算對象的理由；其次，蘇聯解體使很多歷史公案分散到不同國家，切斷了案件的完整性，因此難以追究；三是蘇共雖然殘暴，卻主要是針對社會上層及其黨內高層，涉及普通民眾的程度遠不如中國；還有蘇聯的政治改革先於經濟改革，蘇共的腐化程度因此低於中共，民怨又透過政治改革得到一定程度的疏導，社會矛盾的強度不如中國。

在這幾個使俄共避免遭受清算的因素中，我認爲最重要的因素是蘇共消亡。那麼中共能否從這裏得到一些啓發：如果中共隨遞進民主制自動消亡，是不是避免「清算結局」的辦法呢？

並非實行遞進民主制後就不再追究中共時期的貪污腐敗、枉法欺民等罪行。那類案件即便在中共體制下也是罪行，只不過犯罪者利用權力逃避了懲罰。遞進民主制會讓每個犯罪者承擔責任，然而要嚴格遵守法律，不允許群衆私刑，也不會有不分青紅皂白的剝奪財產或株連親友——只有烏合之衆才會如此，而在遞進民主制中恰好不存在烏合之衆。考慮到這一點，犯罪者即使在遞進民主制下被追究，也比落入「民主的發作」更安全。

另一種規模更大、可能造成社會嚴重分裂的清算——關於中共執政時期的歷史責任，則可因中共的自我消亡而終止。中共既不存在，清算對象也就消失。這在法理上相當於破產企業的債務免除，在道義上相當於責任者以自斃償付責任。中共做爲一個整體所應承擔的歷史責任就此了斷。而所有的具體執行者，不論職位高低，不論扮演什麼角色，因爲歸根結底只是中共組織的工具，只要其未違反當時環境下的法律，一律免受追究。

肯定有人會不滿這樣的結果，甚至可能形成聲勢浩大的反對聲浪。在西方民主制中，如果輿論壓力過強，原本允諾的和解與免責發生變卦的情況並不罕見，但是遞進民主制不會，因爲遞進民主制的「隔層保護」和「理性的逐層提煉」可以避免高層在社會壓力下隨波逐流。遞進民主制的層塊越高，理性越強，越會清楚冤冤相報的清算是毒藥，必須戒斷，哪怕一時痛苦也須堅持，以換得一個不再相互仇恨的明天。

六、主動轉型能讓中共高層掌權更長

前面說過以遞進民主方式「奪權」有一種加速度，過了「開頭難」的檻，節奏將越來越快，最後變成勢如破竹。這種節奏是遞進民主制自身擴張的規律，一旦進入軌道就不再由人控制。但若不是「奪權」，而是中共主動採納遞進民主制，進展節奏則可在相當程度上由中共高層控制。這是因爲在抗爭與等待之間，人們總是願意選擇比較容易的等待。只要中共能向社會公佈變革的方案和日程，並按日程規定的時間逐步兌現，社會就會產生等待的耐心，哪怕時間稍長都可接受。

提前公佈方案和日程在某種程度上可以產生合法性作用。如以政變奪取政權的軍政府只要公佈實行選舉的日期，就能讓社會對其保持容忍。同理，中共若在尙可控制局面時推行遞進民主制，其高層當權者的掌權時間也許會更長。

遞進民主制是自下而上的逐層變革，最後才觸及高層權力；原權力結構中越高的層塊緩衝時間越多。等到從鄉級官員層層向上置換到最高當權者時，其任期也該結束。因此從最高當權者自身利益考慮，推行遞進民主制既不影響其在任期內保持權力，甚至可以使社會更爲穩定（因爲社會基層的矛盾會隨遞進民主制的實行逐步減少），又能使其成爲結束中國千年專制的變革者而載於史冊。

對遞進民主制而言，節奏慢一些將有更充分的漸進過程，增加學習和成熟時間，有助於社會擺脫歷史遺留的包袱，從而得以更平穩地接管社會，也非壞事。

七、高層改革者如何擺脫官僚集團

因爲遞進民主制的轉型是自下而上逐層進行，越下層的官員越早被觸及。下層官員年紀輕，有野心，爲仕途努力多年，一旦實行遞進民主制，仕途成爲泡影，努力成爲徒勞，許多人離開官場甚至無法謀生，所以專制集團的中下層——官僚集團的主體——將對改革反對最烈。這是一個很大的障礙：改革只能在權力主導下進行，權力主導要透過權力機構實現，而權力機構是由反對改革的官僚集團運作，改革如何實現？

以西方民主制進行改革很難解決這個問題，因爲西式民主的選舉離不開機構（如選舉委員會）主持，而機構是由官僚運作的。他們暗的可以用怠工、操縱、賄選、製造混亂等使選舉無法進行或變形；明的則可以聯合起來，以黨內鬥爭的方式公開反對。他們在中共權力集團內部足以形成表決的多數，用符合程序的手段否定改革，甚至迫使發動改革的領導人落馬（高層會有他們的代表）。專制體制平時可以沒有任何民主，然而一旦涉及官僚集團自身利益，他們是很善於利用原本裝飾門面的民主條文進行反擊的。

要想跨越官僚集團對政治改革設置的障礙，只有找到一種無需權力機構介入也能推動的政改路徑。因爲只要動用機構，官僚集團就會透過連鎖的科層關係結爲一體進行阻撓，政治改革也就會落入官僚集團的羅網而遭扼殺。以毛澤東的權威都不能迫使官僚集團按其意志行事，以至於他要實行自己的想法，必須跳過機構在天安門上揮軍帽發動民衆。只不過毛的方法雖能發動民衆衝垮官僚集團，卻只能停留於造反階段，不能達成整合，最終還是要重新建立統治機構。而那種自上而下的權力金字塔一建立，哪怕全部換上新人也會迅速地官僚化，蛻變出新的官僚集團。毛最終還是免不了落入官僚集團的羅網。

遞進民主制的政治改革卻可以脫離機構主持。只要把方法教給民衆，權力高層開放綠燈，使民衆敢於突破官僚集團的禁錮自發行動，靠遞進民主自下而上地逐層置換，就可以架空官僚集團。這種上面給合法性，下面甩開官僚集團自發行動的作法，有點像毛在文化大革命使用的上下夾擊。不同的是遞進民主不是造反，不是打碎機構和打破秩序，也不會變成失控的無政府狀態，而是不斷以新萌生的自治組織置換舊體制的統治組織，始終保持有政府和有秩序，以及社會的組織化。官僚機構被各層塊自治委員會逐步取代，最終被棄置。

不過官僚集團的成員並非都被拋棄，只要有經驗、有能力、沒有民怨，完全可能被選進各層塊的委員會，或被各層塊行政首長聘用爲部門負責人。以遞進民主制的理性，是不會浪費人才的。

而遞進民主制全面實現之時，理論上也就輪到推行遞進民主制的改革者讓位了，不過那並不意味其眞的就會從此退出政壇。除了遞進民主制善於留住治國之才，還有這種改革者已經積累了相當的道義資源。如果讓我預測，未來遞進民主中國的第一任國家元首，很可能就是由這種改革者擔當。

八、中共為實行遞進民主制所做的準備

村民自治經過全國人大立法認可，迄今已實行十七年。這可以成為推行遞進民主制的基礎。農村人口佔中國人口百分之七十，還有相當數量的農村人口近年才轉為小城鎮人口，生活狀態和社區關係仍保持農村格局，只是村委會變為居委會而已。可以說，村民自治覆蓋著中國一大半以上人口。推行遞進民主制的第一步恰好是農村村莊和城鎮居民社區的自治。這一層自治和選舉普遍搞成後，只要再有一個突破——能夠遞進到下一層，遞進民主制的發展和實現就將成為自動的進程，無非是繼續複製和規模放大。因此可以說，中共已經為實行遞進民主制打下了重要基礎，省下多年時間，作用之大不可估量。

同時，中共堅持不讓直接選舉延伸到鄉級以上，又等於在爲遞進民主制保留空間。我一直不希望中共開放鄉鎮政權直選。雖然我相信鄉鎮直選肯定優於不選，然而一旦鄉鎮政權直選了，從此就只能將直選不可逆轉地擴大下去，走上西式民主的道路，遞進民主制則難以再被接受。試想一下，即使美國有一半不投票的選民認爲選舉總統沒有意義，一旦讓他們只選「村長」而不選總統，他們一定會認爲被剝奪了權力，不可接受。世界多數國家目前都已實行大規模直選，因而不再會採納遞進民主制（除非有現實的榜樣展現出優越之處），只有中國還有這個機會。我正是在這個意義上認爲，中共不開放鄉級直選，不管其眞實動機是什麼，對遞進民主制而言反是好事。這意味著中國還存在創新的機會，還能爲人類制度探索做出自己的貢獻。

中國的人民代表大會制度存在著可以把中共與遞進民主制連結起來的符號。人民代表大會形式上也包含逐層遞選制和遞進委員會制，甚至可以追溯到更遠——蘇聯一九一八年的蘇維埃憲法就規定逐層遞選更高一級的蘇維埃代表，並由各級蘇維埃行使權力，最後形成蘇維埃聯盟。當然，無論是蘇維埃還是人民代表大會，與遞進民主制都有實質的不同。它們不與社會日常組織重合，規模遠超出經驗範圍，不能隨時選舉，沒有競選，甚至代表之間不能自由溝通，因此也就淪爲列寧主義的花瓶機構和橡皮圖章。然而對於中共改革者推行遞進民主制，卻可以被當作一種合法性資源，提供「說法」，同時也是展現歷史繼承性的堂皇外衣。

九、找到大是非，佔據制高點

是非判斷對社會和個人都非常重要，沒有是非的社會難免陷入紊亂，人生也會找不到依據。理想、信仰、主義一類屬於「大是非」。「大是非」是「小是非」的「綱」，綱舉目才張。即使在強權即公理的社會，掌握了「大是非」也抵得上百萬雄兵。典型如蔣介石消除軍閥割據統一政權，很大程度是靠「抗日救亡」的大是非（王小強）。

中共正是失去了「大是非」。原本的理想被擱置到遙不可及的未來，實際所爲歸結到唯利是圖的實用主義，一切只爲權力。能拿得出來的說法惟有「穩定」和「發展」。然而這種形而下的說法回答不了根本問題，因爲穩定和發展有多種模式可以實現，沒有理由非實行中共這一套不可。況且中國以往的不穩定和欠發展，中共也脫不了干係。

因爲失去主義支撐，沒有思想體系，當今中共無論面對西方民主制還是毛澤東主義的原教旨都處於下風，只能強詞奪理，成爲笑柄。「三個代表」一類的理論修補只是自說自話的自封，「與時俱進」一類的修辭更是沒有底限的投機。而如果沒有大是大非承托，實用主義的改革最終會變成失控怪獸。歷史上的偉大領導者總是想方設法賦予改革以理想和哲學意義，爲的就是保持對改革的馴服。

實行遞進民主制的變革有豐富的理想資源，在人民主權、大同社會、直接民主、全民參政、自治、聯邦、族群問題等眼下各種政治制度都望洋興嘆的層面，遞進民主制可以獨闢相當大的空間，從而能夠佔據大是大非的制高點。相形之下，代議制只是一種缺乏價值支持的技術手段，「民主的縱向因素至今仍然是沒有理想的」（薩托里），而遞進民主制卻有「向量型求和」、「理性的逐層提煉」等諸多縱向理想與完整的價值依據，比西方民主制有更大的超越性。

如果中共實行遞進民主改革，可以建立一套自立於世界的體系，足以自傲於西方體系，且可以與馬克思主義的脈絡連接，保持意識形態的連續性，在繼承社會主義傳統的同時跨入更高層次。

十、遞進民主制與社會主義

中共的社會主義（共產主義）旗幟儘管有很大程度已成了「羊頭」，畢竟是其理論基礎和歷史傳承，不能不掛。中共不斷企圖以社會主義傳統理論解釋自己的行爲，雖不成功，也反映出其與社會主義斬不斷理還亂的淵源。

社會主義理想曾長久激勵人類，在我看來，這個理想今日的敗落，問題並不在理想本身，而在於實現理想的路徑。我曾寫過這樣的文字：

公平與效率至今仍然是人類一對不解的矛盾。資本主義的立身基礎在於效率，共產主義的立身基礎在於公平。公平雖然總是能令更多的人同情，但是共產主義終究敵不過資本主義，原因就在資本主義已經找到了效率的「無形之手」，共產主義卻一直沒有找到公平的「無形之手」。而只要是用「有形之手」去實現公平，除了效率降低是在所必然，也就一定免不了產生形形色色的毛澤東，以及那些匪夷所思的殘酷故事……。

在生態問題日益凸顯、資源逐漸匱乏、全球化程度越來越高的今天，人類對總體節制的需求只會加強。僅僅靠自由和民主不能解決新時代擺在人類面前的新問題。自私是人的本性——這在毛澤東改造人性的革命失敗之後，已經成爲無可爭議的公論。而若沒有節制，自私的人難道可能從貪婪與瘋狂的物欲軌道上自行退出嗎？當我們意識到人類社會不能沒有節制、並且還需要加強節制時，毛澤東留給我們的慘痛記憶就應該成爲一種強烈提醒：未來社會的節制之手究竟是「有形之手」還是「無形之手」，實在是意義重大。我們必須解決這道難題，爲公平（也就是爲節制）找到一隻「無形之手」，並讓它與效率的「無形之手」和諧共存（《毛澤東主義與人間天堂》）。

遞進民主制就是這樣的「無形之手」。「無形之手」指可以透過自動調節保持最佳狀態的機制。那種調節不需要權力介入，也不會隨當政者更換而變化。遞進民主制使每個社會成員的意志都得到同等的向量表達，從而實現公平；其「全細胞自治」給每個個人和社會單元表達意志和參與決策的可能。在這個意義上，它的基礎是自由主義的，提供了一個廣闊的自由平臺，但它又不會放任，而是以「理性的逐層提煉」和「隔層保護」在自由平臺上搭建避免社會毀滅的總體節制。

馬克思要消滅生產資源的私有制，但是如果不同時消滅社會權力的私有制，只會是更爲糟糕的社會。只有在「共產」走到了盡頭的社會，「共產必須共權」的問題才會被提出，解決權力私有制的遞進民主制才會出現，也許這就是人類爲共產主義犧牲奮鬥的價值所在，而中共也可以在遞進民主制中找到承前啓後的鑰匙。

11 遞進民主制的局部試行

一、國有企業職工自救

除了產業結構的問題，國有企業陷入困境主要出於企業領導階層的緣故。中國國企領導人本質上是官員而非企業家，企業是其官場階梯，心思大都圍繞著討上級歡心的「政績」，充斥短期行爲、好大喜功、竭澤而漁，再加上腐敗瀆職、撈取個人好處，往往造成與企業職工嚴重對立；而當企業陷入困境，作法通常是趕走工人，再把企業吃光偷光，從而使國有企業變成滋生怨氣的溫床，把不穩定擴散到社會，再轉嫁給政府。

中國現有國有企業十五萬九千家（二〇〇二年），雖然不斷減少，數量仍然可觀。如果找不到出路，這些企業相當一部分只能自消自滅，轉化成社會問題，造成社會質變和國有資產喪失，大量國企職工被拋向社會，各級政府面臨更大的就業壓力和社會問題，群體性鬧事和社會不安定的規模會繼續擴展。

從當局「穩定壓倒一切」的思路出發，解決國有企業問題的首要目標應該是把職工凝聚於企業，而不是將其推向社會。要確保職工心安氣順而非怨氣繼續增長，然後再談「發展」和「效益」。而把職工留在企業，使他們不成爲社會負擔，最好方式莫過於讓企業職工充分自治。只有在自治情況下才能發揮職工的才智和積極性，改變什麼問題都由政府解決的狀況。當職工有權自己決定命運和選擇前途時，後果也就會由自己承擔。企業不管處於怎樣的困境，如果首先在內部形成公平機制，職工能夠同心同德，度過難關、找到出路的可能性就會增加。否則，職工不滿，內部紛爭，條件再優越的企業也會被搞垮，這樣的例子屢見不鮮。

做到這一點，關鍵就是改變企業領導人由上級任命的制度，在企業內部實行民主管理，同時以民主方式選舉產生企業領導階層——這是實現企業自治和公平的基礎。由於大規模民主的弊病對企業也是一樣的，因此企業實行民主管理和民主選舉的最好方法也應該是遞進民主——每個班組的工人自我管理，選舉班組長·，再由班組長組成管理工廠的委員會，選舉工廠主任；工廠主任組成管理工廠的委員會，選舉廠長……，向上的層次（總廠、集團等）皆以此類推。

有人會認爲企業並不適宜民主方式，因爲職工是企業的零件，不是主人。的確，資本主義企業是專制的，但我們現在說的是處於困境的社會主義國有企業。既然理論上一直說職工是企業的主人，處於困境的國有企業又沒剩下多少油水，與其廉價賣給私人，再花更多的錢解決遣散職工造成的社會問題，不如把企業的經營權（及相應股分）歸於企業全體職工，讓他們成爲名副其實的主人，具有彼此同等的權利。在這種情況下，企業實行遞進民主制就名正言順，也會比專制管理有更好的效果。

這需要事先和主管部門及相關各方簽訂企業須遵守的基本規則——如權責的界定，保障職工權利，對退休職工的義務，還有與有關方面的關係，盈利後與國家的分配比例，以及遇到風險怎麼辦等等，由全廠職工投票通過，經法律認定，往後企業行爲不得與此相違。而只要不與簽訂的規則相違，一切事務皆由企業自己做主，外部力量不得干涉。

實行遞進民主制後，企業全體職工結成利益共同體。每個基層單元進行自我管理，層層推舉出上級管理者。企業最終目標是爲全體職工帶來最大的安全和利益。這就改變了把職工當作企業機器「螺絲釘」的傳統理念和經營方式，眞正做到「以人爲本」。而企業要能爲全體職工帶來最大安全和利益，必須在自身與市場之間找到最好的結合，隨瞬息萬變的情況而精確調整。這種高度理性和技巧是無法從全體職工的直接民主中產生的，只能靠遞進民主獲得。前面對此已有討論，不再論證。

二、對中國非政府組織（NGO）的體制設想

中國非政府組織的普遍弊病

中國的NGO往往由於體制問題而無法發展成具有社會意義的社團，只成爲少數發起人的私人領地和表演舞臺。社團成立初始階段，章程和程序通常徒具形式，因爲除了核心人物（一般即爲發起人），其他人既不知道怎麼做，彼此也不熟悉。所謂「理事會」往往是拉名人做門面，不發揮實質作用。章程規定的會員選舉也不具操作性，或硬行操作也不會有好的效果。在這種階段，有一個以「人治」爲主的過渡期是必要的。但問題

在於中國的非政府組織幾乎都停留在這個階段不再前進，把組織變成發起者的家庭作坊，用感情維繫一個親近者的小圈子，所進行的活動也大多都是吸引媒體和討好出錢者的表演。

在組織規模小的時候，這種形式不會暴露太多問題，反而可能更有效率。但隨著組織擴大，這種方式不可避免地會造成對多數人的排斥，因此引發種種矛盾，最終成爲組織發展的致命障礙。很多非政府組織的實例都對此提供了證明。

由發起人實行「人治」還算有合理性，因爲發起人有較強的責任感，投入心血也多。但發起人終將讓位給其他人，新的領導人如何產生、輪換、被制約和被監督，就需要靠一種體制來完成和確保。接任的領導人不會有發起人的天然資格和權威，也不一定有發起人那種無限的責任心。禪讓制（挑選「接班人」）的弊病一是可能選不準，二是接班後可能發生變化。而只要接班人出問題，組織的前途就將斷送，或成爲其謀取私利的工具。

應該採用何種體制？可想而知的一種方式是由全體會員進行選舉，那是有民主理念的人可以不假思索地擁戴的。但若認眞思索一下就會發現不那麼簡單，籠統的選舉不能包治百病。首先遇到的就是成百上千名（甚至更多）社團成員彼此毫不瞭解，如何進行選舉？又能選出什麼結果？即使採取競選方式，會員分散各處，除了一年幾分會刊幾乎沒有聯繫，也無法有眞實的競選。惟一能做的是召開社團成員大會，參選者各自發表演說，由能夠到會的成員（無疑只是一部分）根據對演說者的印象投票決定，可想而知那將是多麼淺薄和容易被操縱。

在NGO中應用遞進民主制

在我的分類中，NGO屬於「衆權組織」，不屬於公權力，可以根據自己的意願採用各種組織體制。但對目前中國的NGO組織，我認爲遞進民主制可能是最好的體制。這是因爲NGO一旦走過最初創辦階段，就需要正規化，而NGO的正規化既不能走官僚化道路，也不能走公司化道路。前一條道路NGO沒有那麼多權力資源，後一條道路NGO沒有那麼多經濟資源。缺少這兩種資源，NGO很難形成約束力，只要參加者有一點不如意，就可以撒手不幹。NGO的資源優勢主要是理想和道義。參加者之所以能夠被吸引，是因爲NGO能夠實現他們的價值認同和理想追求，但首要前提是需要讓參加者感覺到是自己的主動選擇，而不是來自上面的命令、指揮和安排。可以說NGO的生命力取決於這一點。然而社團組織又不能讓成員各行其是，隨心所欲，沒有章法。如何協調這其中的矛盾？遞進民主制既能發揮每個參與者的主動性，讓他們獲得主人的感覺，又能建立一條完整的制約鏈，使每一個環節都受到制約，因而形成一個有序整體。這對當前中國NGO的健康發展有著特殊價值。

在NGO中實行遞進民主體制，核心要義可以用一句話概括——**由正在進行的各專案之負責人構成常務理事會，決定大政方針，並選舉做爲執行者的總幹事。**

(一)爲什麼由專案負責人構成常務理事會

NGO的理念和目標是透過做專案來表達和實現的。以項目負責人構成常務理事會和選舉總幹事，最能夠推動專案，因此也最能實現組織的理念和目標。專案負責人從事具體工作，比榮譽性的掛名理事瞭解情況，有責任心，關注組織發展。他們在日常工作中相互溝通也較多，最能夠制訂出好的組織大政方針。

㈡怎樣認定項目

在創始階段，以發起人爲核心的過渡班子需要有意識地選擇和發展項目，當正在進行的項目數量達到三至五個時，過渡期即可結束，發起人讓位給專案負責人構成的常務理事會。

後續開展的項目，只要有n名以上社團成員參與（人數要求一是爲具備群衆性，二是爲了對項目負責人構成制約），持續活動n月以上（時間限制是爲了確保可持續專案的負責人才能成爲常務理事，從而有利於常務理事會的穩定性和長期眼光），經常務理事會評估，認定有成果並且可持續，該專案即成爲具有常務理事資格的項目，其負責人成爲常務理事，參加常務理事會，有在常務理事會中的投票權。參與該項目的所有成員由社團辦公室備案。

所有項目（包括延續下來的老項目）每半年進行一次審評，由項目負責人準備報告，列出所從事的活動和成果，參與該專案的所有成員簽署意見，表示是否認可報告，有何異議。報告提交常務理事會審核，凡專案成員提出異議之處要進行調查。如果審評未獲通過，該專案取消常務理事資格，撤銷對專案的支持。

已經完成或自行停止的專案，專案負責人應主動向常務理事會報告，並自動退出常務理事會。

㈢怎樣認定專案負責人

專案負責人由參與該專案的全體成員選舉產生。理論上項目成員可以隨時罷免負責人，選舉新的負責人，但只要專案負責人沒有重大錯誤，這種情況一般不會發生，因爲專案負責人往往都是專案的發起者，對專案最積極，是所有聯繫的樞紐，別人也不易取代。

當發生更換負責人的情況，專案所有成員要在認定書上簽署意見，贊同票超過三分之二者當選，自動成爲常務理事，原負責人則自動解除常務理事之職。

即使專案成員沒有對負責人提出異議，也要每半年簽署一次認定書，目的是防止專案成員礙於情面不主動提出重新選舉。

㈣常務理事會如何工作

常務理事會定期舉行例會（也可由總幹事臨時召集或常務理事臨時提議舉行會議）。三分之二以上的常務理事到會有效。社團的所有重要決策都需常務理事會表決。

㈤常務理事會如何選舉總幹事

全部常務理事三分之二以上票數選出總幹事。無人獲三分之二票數時，就得票數前兩名者重新投票。如仍不能出現三分之二票數，由獲相對多數票者任代理總幹事。任何時候，只要有常務理事會的四分之一成員同意重新選舉總幹事就要進行選舉。每次選舉和更換總幹事需佈告社團全體成員。

㈥總幹事

當選之總幹事如果原是專案負責人，需離開所屬專案，不得兼任。總幹事職能主要是執行和完成常務理事會決議，領導社團各職能部門，協調與服務已有項目，創辦和推動新項目，擴展成員規模，辦刊，組織活動，負責財務，提出預算和決算，籌款等。

在有條件的情況下，總幹事應是有給的專職人員。

(七)職能部門

社團規模小的時候，一間辦公室可以擔負所有職能。組織規模達到一定程度則會分化出相應職能部門。

職能部門由總幹事領導。

職能部門的工作人員由總幹事提名，工資標準由總幹事擬訂，但需常務理事會批准。

在社團達到一定規模時，職能部門工作人員應由支薪的專業人員擔任。

(八)新項目如何形成

社團成員皆有權提出專案構想，並串聯其他成員參與。專案可行性分析首先送專案推動部門，專案推動部門認爲符合要求後轉發全體常務理事討論，如獲通過則正式立項，納入專案管理；辦公室提供服務；項目對外可用社團名義，並受社團的審查和制約。從立項之日開始，進入對專案的n月審核期（審核通過負責人即可獲常務理事資格）。

一般而言，項目應自己解決主要資金來源（也是衡量項目能否持續的標準之一），但常務理事會可根據對專案的判斷給予一定資金支持；辦公室也有義務幫助有潛力的專案尋求國內外資助。

(九)沒有參加項目的會員

一般而言，不可能做到全體成員都參與專案。沒有參加項目的社團成員以交年費的方式表達對社團的支持，以社團通訊和集體活動保持聯繫。這種成員可以儘量增加，成爲社團的社會基礎。

(十)專案負責人會不會在常務理事會中爭奪資源

可以避免。一是只有長期項目才有常務理事資格，那種項目一般已有專款專用的資金來源，別的項目無法覬覦；二是由多數裁決，不會陷入僵局，也能保持總體的公正；三是常務理事們會懂得共同的目標與利益在哪裡，保持公正之心；四是有總幹事的平衡。

⑴常務理事的人數

常務理事的人數以五人以上十人以下爲宜，這也就等於正在實行的長期專案的數量，比較符合一個民間社團的能力。如果將來專案和組織規模繼續擴大，可以再分出新的層次，如專案下面增加活動小組，第一層選舉爲活動小組成員選舉小組長，然後由小組長選舉項目負責人。這樣可使項目容納的成員提高數倍。再如幾個社團聯合，可由各社團的總幹事組成委員會，對聯合體進行整體協調和決策，並選舉聯合體的負責人。

三、業主如何改變面對開發商的弱勢

如果說國有企業正在衰落（從一九九七年的廿六萬兩千家減少到二〇〇二年的十五萬九千家，五年減少四〇%），不久將被敗光，近年迅速增長的「住宅小區」倒是遞進民主制可能生長的新天地。目前住宅小區面臨的普遍問題是業主與開發商（房地產公司和物業公司）之間的對立，業主難以捍衛自身權益。業主的組織形式——「業主委員會」

目前立足於大規模人群。一個小區少則幾百戶人家，多則數萬戶，衆多業主之間彼此難以溝通和協調，無法形成有效的組織和整體力量，其選舉也有大規模選舉的一切問題，由此造成了本應具有決定權的業主，面對開發商時只能處於無可奈何的地位。

業主委員會理論上應該維護業主利益，其成員由業主共同選舉，當局目前也不限制業主委員會的競選，但是在互相不瞭解的範圍中，出來競選和能夠當選的人即使初衷是維護業主權益，也有積極表現，在當選後的固定任期中，業主就無法對其監督和控制。反之，開發商卻很容易暗中收買當選的業主委員，將其拉爲同夥，或至少不與開發商爲難。多數業主對這種幕後交易無從知曉，即使感覺有問題也難以召集業主大會質詢和彈劾，只有等到下屆選舉才能換人。那時被收買者該得的好處已經拿到，是否再當選對他們並不重要。而開發商對新當選者故技重施，無非是九牛一毛，因此開發商對此總是信心滿滿。

目前的業主委員會相當於代議制，衆多業主把自己的權利委讓給少數代表，由他們代爲行使。在這種情況下，普通業主態度冷漠，大規模人群也容易滋生「搭便車」心理。眞正想有所作爲的業主委員面對衆多業主時，同樣無法喚起積極回應及組織協同行動。

目前的普遍狀況是業主委員會有名無實，廣大業主無能爲力，得過且過。

以遞進民主制組成業主委員會不是把權利委讓給代表，而是每個業主都參與管理。首先，同一樓層（或相近幾層樓）的業主結成小組，共同協商如樓層衛生、公共照明等與各家利益相關之事，當然也對整個小區事務發表意見，選出樓層負責人；各樓層負責人組成全樓委員會，決定全樓事務，如防火防盜、收發郵件、漏水、整體維修等，同時選舉全樓負責人，由其具體執行全樓委員會的決定；各樓的負責人再組成小區委員會（相當於目前的業主委員會），決定綠化、保安、停車、健身設施、服務專案等，以及選擇物業公司，談判合同與價格等，同時選舉委員會主任。由數個小區組成的大型住宅區還可以再增加層次。

以這種方式組織起來的業主委員會有遞進民主制的所有優點——經驗範圍、隨時選舉、經驗的隔層延伸、理性的逐層提煉、隔層保護等，從而免除代議制業主委員會的弊病，使業主在與開發商的關係中成爲主動的一方，不但能有效制約開發商，提高其服務質量，還可以透過對物業公司的制約，以及遞進民主結構的各層自治分攤管理工作，相當程度地降低當前居高不下的物業收費——這一點將成爲業主參與管理的最大動力。

四、恢復民間社會——社區重建

有人認爲現代社會的特徵之一就是共同空間的社區解體，人們在更廣泛的空間建立交往。鄰里關係消失，人與人的關係成了一種個人選擇，而不再被空間決定。這的確是當前城市的普遍現象，人與人之間長年累月間隔幾十公分（一道牆），但彼此不知姓名，從不來往。這種趨勢在鄉村也已開始，雖然低頭不見抬頭見，鄰里關係還不致於沒有，然而互助關係越來越少，交往也越來越淡。

只要有錢，商業社會能提供所有服務，簡單便捷。相形之下，傳統互助的人情關係反倒成了負擔。人們不願意「欠人情」，逐漸也就沒有了人情。那麼商業社會的人是否就眞的不需要社區了呢？其實舊的需要沒有了，新的需要又會產生。從今天業主面對開發商和物業公司的普遍弱勢就可看出，即使是購買服務也需要社區合作，需要鄰里共商，否則就可能落入任人宰割的狀態。

更需要社區的是鄉村及小城鎭，因爲城市畢竟還有物業公司，村鎭卻不可能交給物業公司管理，因此村鎭更離不開社區協調，更需要鄉親之間的互助，或至少是互不損害。

我在貴州鄉下看到這樣的現象：村裏人家把自己房屋院落收拾得乾乾淨淨，一根柴禾都會擺放整齊，但每家廁所都臨街而建，糞便直接排放到街上。村裏小街泥濘坎坷，屎尿橫溢，臭氣熏天。這典型地顯示社區衰亡。沒人願意自己門前街道是這種情景，但是社區無力規劃，不能組織共建，沒有權威確保規矩，也不能制裁第一戶把糞便排到街上的人家。於是家家都這樣做，與其說是爲了方便，不如說是爲了嘔氣。去中國農村走一走，會發現類似事例有很多。不是社區沒事做，而是社區喪失了功能。鄉村之所以出現惡霸橫行的狀況，原因正是喪失了社區機制，才讓暴力有了施展空間。

古代鄉村社區有宗族、士紳等自然形成的權威，以及與其相適應的層級和結構。毛澤東時代用外部強加的政治組織取代，實行集體化的全能控制。隨著集體化被揚棄，毛的手段不再奏效。當局希望重歸鄉村自治，然而傳統自治是文化演進的自然結果，失去了相應的文化基礎，那種自治已無法再現。目前中國鄉村成了既無結構，也無權威的散漫平面，不可能實現眞實意義的自治。眞正的自治要有立體結構。在不能依靠文化形成結構時，人格化的權威不會再被認可，因此今日中國只能將平等而不能將不平等做爲形成立體結構的基礎。讓平等成爲立體，平等而有權威，這是一道難題。不過有心人可能已經注意到，遞進民主制的遞進委員會和逐層遞選，不就是這樣一種建立在平等基礎上的立體結構和有效權威嗎？

五、遏制鄉村宗族與暴力

鄉村宗族的黑幫化

中國農村和農民正遭逢千年未有之變局。農村的生產方式和生活方式面臨徹底改變，大量農民和他們的後代正在或將要離開土地，進入城市。這種變化帶來的衝擊非常深遠。目前一方面是農村社區嚴重沒落，政權對基層失控；一方面是宗族一類傳統組織再度出頭。

對宗族復興的問題各方評價不一。有人將其視爲「本土資源」，價値巨大；有人擔心會對農村民主和法治建設產生破壞作用。對前者我的看法是，鄉村社會的宗族在歷史上無疑有積極作用，但前提是要被置於一個覆蓋全社會的完整文化框架中。家文化的「忠」、「孝」、「仁」、「義」四根支柱不能僅限於鄉村宗族的熟人社會，還要擴展到「天下」。如果在熟人社會的宗族中有忠孝仁義，在非熟人社會的「天下」則不忠不孝不仁不義，宗族組織對社會就不一定是積極因素，甚至可能成爲破壞性因素。

一位警界朋友講了這樣一個故事：某地區案件頻傳，但始終不能破案。任務交給了一位經驗豐富的老警官。老警官把發案地點在地圖上一一插上小旗，發現那是一個圓。圓內每個村莊都發生過案子，惟有處於圓心的村莊從來無事。老警官把目標對準那個村莊，結果破獲的正是一個在宗族組織下全村男女老少皆參與犯罪的集團。

宗族治理可以使那個村本身做到「路不拾遺，夜不閉戶」，但忠孝仁義若不對「天下」而只對該宗族，由此帶來的齊心協力、分工合作、守口如瓶等只會使他們具有更大的能力對外犯罪。做一個極端設想，在社會解體的情況下，如果沒有宗族，個人之間還容易保持和平，因爲個人能力畢竟差距不大，彼此不敢輕易攻擊，但宗族可以導致力量大增，反而敢於放手攻擊他人，結果更容易發生殘殺。這說明如果沒有文化結構的宏觀整合，宗族會變成黑幫，而中國文化恰恰是結構上的解體，所以對宗族復興的樂觀值得懷疑。

如何消解宗族勢力的負面作用

但是不管怎樣，宗族復興在中國很多地區已是既成事實。「村民自治」選舉中宗族因素也已介入很多。有人由此質疑遞進民主制是否能解決這個問題。我的看法是，首先宗族不是一塊鐵板，人歸根結底要的還是個人利益。在利益面前兄弟成仇、父子反目的情況都是常事，何況宗族？二是需要有正確的方法。例如村民在不能確保投票不被人知的情況下，不敢不把票投給同姓氏候選人是很正常的，否則將得罪所有同宗，但若可以確信投票保密，宗族的影響因素就會減弱。有些曾親臨現場推行鄉村民主的朋友總結出，民主不是道理，而是非常具體的細節，例如圈票處是否有布簾遮擋，其他人必須距離圈票處幾米以外等。有這些細節，可能就有民主；沒有，民主就只是口號。

遞進民主制要求在行政村選舉中分出自然村層次也有這方面的考慮。鄉村選舉超出經驗範圍時，人們能夠共同把握和認同的因素減少，宗族因素就會凸顯，以致成為主要因素。隨著選舉範圍縮小，宗族因素相應減弱。進入充分的經驗範圍後，人們能夠共同把握和認同的因素很多，重要性也超出宗族關係，宗族對選舉的干擾就可以在很大程度上被排除。

另外，從非民主到民主的過渡期少不了一個背負歷史遺產的階段，如在實行遞進民主制初期，宗族影響可能一時不會全部退出。但那並非規律，不能視爲常態，而會隨時間和遞進民主進程逐漸消解。舊時代的潛在規則在新時代初期可能繼續發揮作用，但是新時代將改變那些潛在規則原來賴以生存的環境，因此終會退出舞臺，代之以新時代的新規則。

反制村霸需靠民主的暴力

日益發展的鄉村暴力被視爲鄉村治理的大障礙。鄉村民主體制能否敵得過暴力也是常被人置疑的話題。對此應看到暴力產生的環境正是社區解體。當社會功能衰敗之時，單純的法律無論對解決民衆糾紛還是遏制惡勢力都無能爲力，暴力必然會乘虛而入。暴力解決問題是有效和及時的，而且人人都可使用，不像法律有諸多限制和漫長週期。如果法律讓人絕望，人就容易走上暴力之路。加上基層政權也以暴力手段彌補自身的失靈，豢養衆多打手對付百姓，成爲鄉村暴力蔓延的另一項原因——許多「村霸」的前身正是政權的「狗腿子」。

雖然消除暴力產生的環境是消除暴力的根本，但是在暴力已經蔓延的環境中如何遏制暴力，是更爲現實的需要。除了靠一個有效和清廉的政府自上而下防治，還需要鄉村自身也具備這種機制。因爲如此廣大和偏遠的鄉村是無法全靠政府及時和有效管制的，而暴力卻總能及時和有效。能和暴力同樣及時有效的只有暴力本身，因此在鄉村遏制與消滅暴力是離不開暴力的（至少是暴力的威懾）。前提只是那必須是不會被濫用的暴力。

這十幾年來推行的「村民自治」對此顯然不靈，因爲村霸現象正是在這十幾年才嚴重起來的。「超經驗範圍」的民主有一個弱點，就是缺乏「自組織」能力，只有在主持下才能行動。而村霸只要將暴力對準主持人，造成無人敢主持的局面，村民人數再多也是一盤散沙，無力反制暴力，惟有明哲保身。

遞進民主制具有自組織性，無需主持人就能實現充分溝通和協調行動。在這種情況下，除非村霸的暴力能同時制服全體村民，否則就會處於下風。因爲暴力無非是組織起來的人。遞進民主制可以把人最好地組織起來，因此就能擁有壓倒其他暴力的暴力。舉例來說，即使村霸再身高力大，一個頂兩個，四個小夥子難道不能制服他（每人對付其一肢)?全體村民難道不能制服其同夥?何況在遞進民主的結構中還可以獲得其他支援。如自然村組長或行政村主任在同級委員會求援,其他自然村和行政村也可以派人來幫助其制服村霸,因爲其他村也會有同類需要,彼此支援是一種交換。

可以放心的是遞進民主不會濫用暴力。有在經驗範圍內隨時選舉的制約,當選者就不可能把村民當成個人所用的暴力工具,只能是必要情況下的集體正當防衛;在遞進民主的結構中,村莊也不可能結成對外攻擊的暴力團體,因爲它被包覆在完善的社會整體組織中,任何不當行爲都會受到其他組織的有效制約。這在前面已談過其道理,此處無需再述。

結語：請上帝發笑

在結束本書的時候，我原想列一分感謝名單，但最終放棄了。因爲多年來在各方面給我幫助的人實在太多，一一列名要佔太多篇幅；其中一些朋友目前可能並不希望姓名曝光；而我又擔心遺漏另一些本該被列名致謝的朋友。所以穩妥的方式莫如先在這裏一併致謝，等到不必擔心會對人造成不利影響、名單也沒有遺漏之時，再選擇合適機會一一致謝。

對我提供幫助的朋友並非都出於認同我的觀點。有些朋友正是出於對我的關心，衷言勸我不必在歧路上徒耗時光，應該把才智用在更有價值的方面。我曾經聽說過某國科學院的「圖騰」是一條咬著木頭的鱷魚，寓意是只要選定了研究方向就像鱷魚一樣不再鬆口，哪怕咬的是一塊沒有價值的木頭，這種研究的價值至少可以讓後人不再重蹈覆轍。我想如果我最終的結果是徒耗時光，能夠對別人有這樣的價值也就值得了。

有的朋友勸我去做實驗，並引用了「一步實踐比一打綱領更重要」的語錄。實驗當然是我夢寐以求，也應該是中國所需。中國現在不是選擇太多而是太少，只有從各方面同時探索才能為未來做好準備。連慈禧聽到無法理解的維新想法時都會說「找個不打緊的地方先試試」，有些問題靠爭論可能永遠不會有結果，只有透過實驗才能看明白。遞進民主制的一些基本問題，透過一個鄉鎮的實驗就能看出大概。中國有四萬多個鄉鎮，一個鄉鎮的實驗即使徹底搞砸也影響不到「穩定」。梁漱溟當年的鄉村建設具體內容今天幾乎無人記得，他的可貴正在於實驗，在於中國知識分子不僅動口還去動手，因此才成為後人榜樣。當然梁的前提是韓複渠拿出一個縣（後來擴大到十三個縣）給他實驗。而今日偌大中共，還沒有當年一個太后或山東軍閥的度量，才是悲哀所在。

想、說、做是三個不同階段。「想」的階段我已進行了近三十年，主要部分基本上完成。「說」的階段剛開始不久。我的準備是再「說」上三十年。「做」的階段目前還看不到起點，因為那不是靠個人努力能推動的，需要社會條件和歷史契機，還需要甘於寂寞的等待和順應天命的平常之心。藏族諺語說「人的一生，貓的哈欠」，每一代人能做的都非常有限。我對此生看到結果並不抱多少希望。

制度變革的起步從不會是群衆運動，只能被少數人推動。正是這一點決定了遞進民主制理論與實踐之間的鴻溝。遞進民主制的操作本身其實並不困難，問題在於操作動力何來？迄今爲止任何成功的改革都是個別集團或階級強力推動的結果。之所以能夠強力推動，是因爲其可以透過改革獲得最大的利益分額，動力來自於利益分配的不平均。以向量和爲基礎的遞進民主制卻是一種平均得益的機制，不會爲任何一個階級或集團帶來特殊利益，這本是它最有價值的優點，同時卻也構成阻礙它啓動的原因。對於平均得益的改革，強勢集團往往反對，弱勢集團卻寧願搭便車，沒有一個集團會眞正投身於這種改革，於是只剩下紙上談兵。

對我來講，假使不改革也過得下去，那就不改也罷；如果改革道路有多條，條條都通，那就不必爭一定非走哪條不可。只有在不改是死路一條，改則只有一條出路時，才眞正需要認眞對待。遞進民主制是不是這樣一種改革，尚需歷史檢驗。在歷史還沒有顯示它的印證時，沒有理由要求別人相信什麼，甚至不應指望人對此發生興趣。如果中國的未來並不需要遞進民主制，我不會爲了我的一家之說強爭強辯，那不是我的目的。我之所以把生命的大部分都放在這項主張上，是因爲我相信有一天它會對中國有用。如果我錯了，那沒有什麼，因爲徒耗的只是一個人的生命，而如果能有用，則會爲很多人帶來好處。歷史永遠比人強，有時它似乎靜止，漫漫無期，有時又是「一天等於二十年」，令人眩目。掌握歷史的節律，就是要在那似乎靜止的漫漫無期中去「想」和「說」，到了「一天等於二十年」時抓住時機去「做」，才不會措手不及。當歷史大勢尚未湧動之時，個人能做的無非是思考。雖然人類一思考上帝就發笑，但畢竟上帝並不現身替人思考，也就只好任他老人家發笑。在未獲知上帝的最終安排時，人能遵循的，惟有「謀事在人，成事在天」的古訓。

二〇〇三年六月—二〇〇四年六月　初稿於北京

二〇〇四年七月—九月　修改於拉薩、北京

國家圖書館出版品預行編目資料

遞進民主／王力雄著；
-- 初版.-- 臺北市：
大塊文化，2006 [民 95]
面：　　公分.-- (From ; 32)

ISBN　986-7291-83-2(平裝)

1. 民主政治－中國大陸　2. 民主制度－中國大陸

573.18　　　　　　94024748

LOCUS

LOCUS

LOCUS

LOCUS